21世纪技能创新型人才培养规划教材
NEW MEDIA 新媒体系列

新媒体运营

主　编　肖　凭
副主编　施　薇　李灿辉　李辉熠

NEW MEDIA OPERATION

中国人民大学出版社
·北京·

图书在版编目（CIP）数据

新媒体运营/肖凭主编．--北京：中国人民大学出版社，2020.11
21世纪技能创新型人才培养规划教材．新媒体系列
ISBN 978-7-300-28792-8

Ⅰ.①新… Ⅱ.①肖… Ⅲ.①传播媒介—运营管理—教材 Ⅳ.①G206.2

中国版本图书馆CIP数据核字（2020）第226549号

21世纪技能创新型人才培养规划教材・新媒体系列
新媒体运营
主　编　肖　凭
副主编　施　薇　李灿辉　李辉熠
Xinmeiti Yunying

出版发行	中国人民大学出版社		
社　　址	北京中关村大街31号	**邮政编码**	100080
电　　话	010－62511242（总编室）		010－62511770（质管部）
	010－82501766（邮购部）		010－62514148（门市部）
	010－62515195（发行公司）		010－62515275（盗版举报）
网　　址	http://www.crup.com.cn		
经　　销	新华书店		
印　　刷	中煤（北京）印务有限公司		
开　　本	787 mm×1092 mm　1/16	**版　　次**	2020年11月第1版
印　　张	14.75	**印　　次**	2025年1月第8次印刷
字　　数	340 000	**定　　价**	39.00元

前言

随着新一轮科技革命和产业变革孕育兴起，人工智能、大数据、云计算、区块链等新技术飞速发展，从可读到可视，从静态到动态，从一维到多维，移动应用、社交媒体、网络直播、短视频等新应用、新业态不断涌现，重塑了智媒时代的新媒体格局和生态圈。

除了自媒体人外，很多企业，无论是互联网企业，还是传统企业，为了能够在互联网环境下发展，都纷纷涉足新媒体领域，如微信订阅号、微信服务号、微博、知乎、简书、今日头条、喜马拉雅、蜻蜓FM、快手、抖音等，每个人/企业都想在新媒体领域能够占据一席之地。

本教材按照学习者的认知规律，以党的二十大报告提出的“为党育人、为国育才”为立足点，深挖新媒体运营人才培养目标中所蕴含的思想价值与精神内涵。立足立德树人的培养目标，从新媒体的基本认知入手，以新媒体运营岗位的基本技能需求为主线，将理论与实操相结合，主要介绍了新媒体与新媒体运营、社交平台运营、资讯平台运营、音频平台运营、视频平台运营等新业态下企业常用的新媒体运营策略、技巧和方法，帮助学习者形成新媒体运营的职业能力和职业素养，赋能企业新媒体运营战略。

本教材由五个项目组成，每个项目以真实案例作引导，通过知识目标、能力目标、素养目标、运营故事、知识嵌入、案例链接、素养园地、职业技能训练等形式，强化“从点到面、从理论到方法、从方法到策略”的知行合一的学习模式，帮助学习者读懂互联网时代新媒体的运营与推广新思路，轻松玩转各个新媒体平台。本教材具有以下特色：

1. 视角新：以最新的视角寻求商业突破内容变现。

从创新创业、精准扶贫、地摊经济、美丽乡村建设等出发，深入剖析了微信、微博、头条号、公众号、喜马拉雅、抖音、直播等社交平台、资讯平台、音频平台、视频平台的运营策略和变现模式。教材内容前瞻，思维新颖，能让学习者快速掌握新媒体运营奥秘，实现行业转型、商业突破、内容变现！

2. 内容新：以“双线贯通、四大板块”为主线构建教材内容。

以社交平台运营、资讯平台运营、音频平台运营、视频平台运营四大板块为核心，从“运营线+实战线”两条线出发，以微博、微信、今日头条、知乎、简书、抖音、淘宝直播、喜马拉雅等主流新媒体平台的运营为纵向，以新媒体项目营销策划、图文编辑、视觉设计、音视频编辑、数据分析、吸粉引流、营销变现等实战为横向贯穿五个项目。内容深入浅出，形象生动，通俗易懂，符合学习者的认知规律和教育教学实际。

3. 方法新：将“十大类别、十大思维”植入最前沿新媒体运营技术。

每个项目以真实案例作为引导，涉及日化用品类、食品类、互联网应用类、影视娱乐类、旅游类、美妆类、汽车类、房产类、金融理财类、3C 数码类等十大类别热销行业的营销真实案例；融入了饥饿营销、事件营销、口碑营销、情感营销、互动营销、病毒营销、借势营销、IP 营销、社群营销、跨界营销等十大新媒体思维模式。

4. 体例新：将“五神、五德”贯穿全书。

在编写体例上，增加了“素养目标”“素养园地”等环节，将爱国精神、创新精神、科学精神、法治精神、工匠精神等“五神”，以及职业道德、网络道德、个人品德、社会公德、传统美德等“五德”贯穿教材内容始终，实现立德树人、课堂育德的目标。在案例方面，注重选择正能量、能提升学习者思想素养的案例内容。在技能训练方面，引导学习者在进行图文、视频等创作编辑时，注意用语、用图的正确性、正面性。在实施营销效果转化时，树立学习者诚实守信、公平公正、遵纪守法的意识。

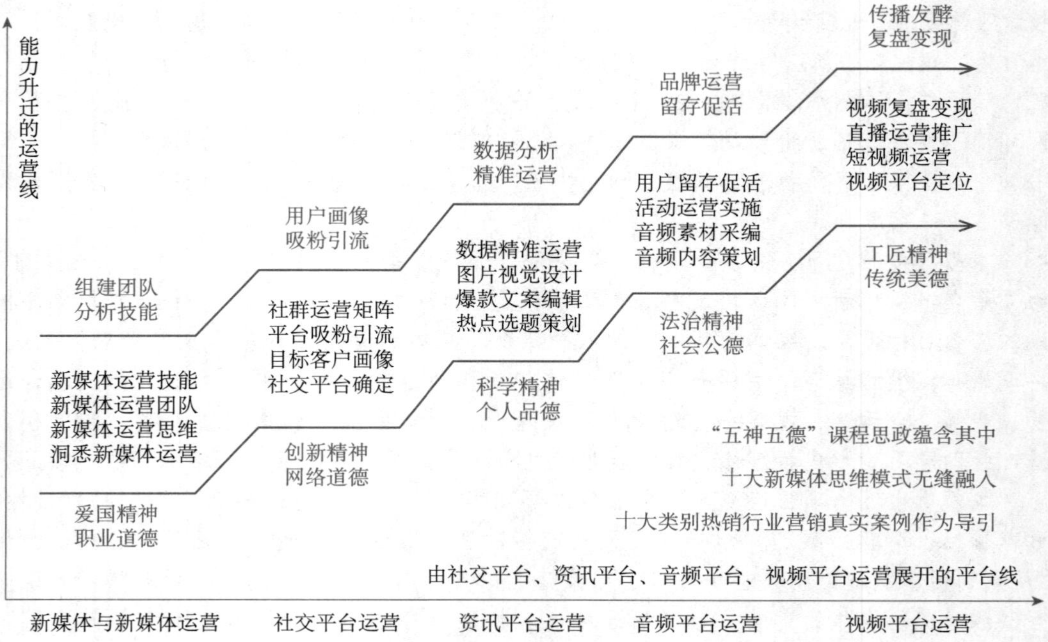

本教材由湖南大众传媒学院肖凭教授担任主编，负责大纲制定、统筹及校正工作。湖南大众传媒学院施薇、李灿辉、李辉熠担任副主编。项目一由肖凭、章劼宇（欢聚集团 JOYY）编写，项目二由施薇、陈颖编写，项目三由李灿辉、范艳军、蔚萍（刀锋互娱）编写，项目四由李灿辉、蒋丽芬、贺锋烨（芒果 TV 湖南快乐阳光互动传媒娱乐有限公司）编写，项目五由李辉熠、马迅（深圳市亿科数字科技有限公司）编写。本书既可以作为高等院校和职业院校各专业新媒体营销、新媒体运营课程教学的教材，也可作为企业及社会相关从业人员学习新媒体运营实战技能的培训指导用书和参考用书。

本教材在编写过程中，得到了许多移动互联网企业的大力支持，吸取了许多热心于高等职业教育的专家和新媒体运营者的意见，参考和借鉴了新媒体界同人的有关文献和网络资料及部分高职院校的研究成果，在此表示诚挚的谢意！

肖　凭

目　录

项目一　新媒体与新媒体运营 …… 001

任务一　洞悉新媒体运营 …… 003

任务二　新媒体运营思维 …… 014

任务三　新媒体运营团队 …… 020

任务四　新媒体运营技能 …… 026

项目二　社交平台运营 …… 037

任务一　社交平台确定 …… 039

任务二　目标客户画像 …… 049

任务三　平台吸粉引流 …… 059

任务四　社群运营矩阵 …… 068

项目三　资讯平台运营 …… 081

任务一　热点选题策划 …… 084

任务二　爆款文案编辑 …… 092

任务三　图片视觉设计 …… 102

任务四　数据精准运营 …… 115

项目四　音频平台运营 …… 131

任务一　音频内容策划 …… 134

任务二　音频素材采编 …… 143

任务三　活动运营实施 …… 150

任务四　用户留存促活 …… 165

项目五　视频平台运营 …… 176

任务一　视频平台定位 …… 178

任务二　短视频运营 …… 190

任务三　直播运营推广 …… 206

任务四　视频复盘变现 …… 217

参考文献 …… 230

项目一

新媒体与新媒体运营

互联网的出现打开了人工智能技术的想象力，人工智能的影响已经覆盖人类生活的方方面面，媒体本身已经在时代趋势下进入了智能新媒体时代。

——北京大学新媒体研究院院长　谢新洲

知识目标

1. 正确认识新媒体的本质、特征及发展趋势。
2. 掌握新媒体运营的内涵、传播新法则及主要形式。

能力目标

1. 具备洞悉、界定新媒体平台，并合理组建新媒体运营团队的能力。
2. 具备综合运用新媒体运营思维，利用新媒体平台进行运营活动的能力。

素养目标

1. 了解新媒体运营矩阵传播渠道，感受中国速度、中国力量，培养具有爱国精神的高素质技能人才。

2. 能够对自己的职业生涯规划有深入认知，对今后进入新媒体企业的主要工作内容及流程有整体认识，树立新媒体运营岗位的职业道德意识。

运营故事

李子柒新媒体品牌运营

“90 后”李子柒在四川绵阳北川的一个小山村，编织了自己的“归园田居”梦。那一段段充满田园诗意的视频，不仅治愈了很多中国人，也火到国外视频网站，她坐拥几百万粉丝，仅凭某视频播放相关分成，一年就能进账五千万元。她的淘宝店冠军产品月销量 40 多万件，开店一年旗下产品销售额达数千万元。

1. 深耕新媒体内容领域，打造个性化 IP 品牌

“李子柒”品牌的内容定位是古风美食、中国传统技艺的制作。其视频主要有两大类：一类与吃相关；另一类与传统文化相关。李子柒视频的背景是青葱绿山、田野、溪流、果园和古朴的农家小院，作为视频中的主角，她日出而作、日落而息，她的美食与季节交融，春耕秋收，从地头到餐桌的中间环节，都由李子柒亲自完成。“李子柒”品牌内容个性化体现在展现带有古风色彩的田园式生活。

2. 多媒体平台投放，建立传播矩阵

“李子柒”品牌的内容投放有微信、微博、B站、美拍、秒拍等多个媒体平台。在微信上，“李子柒”品牌以公众号的形式进行运营，运营内容包括短视频、软文、图片等原创内容，让用户更加细致全面地了解内容生产的过程，增加用户黏性。微博作为“李子柒”品牌运营的主要平台，粉丝高达1 451万，成为用户对品牌的忠诚度的基础。在美拍上，李子柒保持着一周一更的频率，靠着优质的内容输出，截止到2020年2月24日，李子柒在美拍平台上的粉丝数量累计257.5万。同时，各个平台互相关联，打破信息孤岛，通过不断分享，形成传播矩阵，并以微博、微信为主导，其他媒体平台做辅助，进行运营传播，如图1-1所示。

图1-1 “李子柒”新媒体传播矩阵

3. 专业新媒体运营团队，传承中国传统文化

李子柒早期的视频食材质朴、菜品简单，随着观众的增多和新媒体运营团队的加入，其视频的内容更加丰富多彩，营造了更加唯美的田园诗意。除了做饭，李子柒开始掌握更多乡村生活技能，当裁缝、做木匠、绣手绣、染布、造纸、养家禽等，无所不能。而与吃相关的周边元素也呈现出来，磨豆腐、制作酱油等传统技艺得以呈现，吃不再是简单地做一盘菜，而是用饱满、质感的镜头事无巨细地呈现春耕秋收、植物生长的过程。有了团队参与，李子柒的视频有了更多的创造性。

资料来源：顽偶创新咨询．李子柒商业案例成功背后的3个关键点．知乎．(2019-12-15)[2020-02-31]．

分析提示

“李子柒”通过新媒体运营团队，输出优质、独特的内容，在传承中国传统文化、树立国人文化自信的同时，打造个性化IP品牌，牢牢地抓住了消费者的注意力，着力于培养忠诚顾客。根据目标用户的特点，其团队建立了新媒体传播矩阵，通过树立品牌独特的价值观，使用户与品牌之间产生沟通，为企业利用新媒体平台开展运营活动提供了范式。

任务一 洞悉新媒体运营

一、认识新媒体

"新媒体"的存在给人们的生活、工作和交往方式都带来了巨大的变革，在促进社会发展的同时，也带来了更为先进和科学的运营理念。作为新时代的运营者，首先必须掌握新媒体的相关知识，做好新媒体运营的准备工作。

（一）新媒体的内涵

1. 界定新媒体

对于"新媒体"的界定，社会各界众说纷纭。新传媒产业联盟秘书长王斌对新媒体的定义为："以数字信息技术为基础，以互动传播为特点、具有创新形态的媒体。"华纳兄弟总裁施瓦茨威格认为："新媒体就是非线性播出的媒体。"而美国《连线》杂志认为新媒体是指"所有人对所有人的传播"。联合国教科文组织对新媒体下的定义是："以数字技术为基础，以网络为载体进行信息传播的媒介。"从各界对新媒体的定义中，我们总结出以下几个方面：

（1）"新媒体"是一个相对的概念。相对于传统媒体而言，新媒体是指在报刊、广播、电视等传统媒体以后发展起来的各种新型的媒体形态，包括网络媒体、移动媒体、数字电视等。

（2）"新媒体"又是一个时间概念。在不同的时间段，新媒体有着不同的内涵。在互联网普及的初期，新媒体主要以互联网为媒介，网络新媒体为主流。而现在，随着大数据、云计算、人工智能、VR/AR、物联网、移动终端等新技术、新手段的不断更新和演变，我们处于"万物皆媒"的新环境阶段。当前，新媒体涵盖了所有数字化的媒体形式，包括所有数字化的传统媒体、网络媒体、移动端媒体等。

（3）"新媒体"还是一个发展的概念。科学技术在不断进步，人们的需求也在不断更新，新媒体不会停留在任何一个现存的平台上。当前，新媒体主要是指利用数字技术、网络技术，通过互联网、宽带局域网、无线通信网、卫星等渠道，以及电脑、手机、数字电视机等终端，向用户提供信息和娱乐服务的传播形态。

综上所述，就现阶段而言，新媒体是以现代信息技术为支撑的，具有高度互动性和非线性传播特质的，能够传输多元复合信息的大众传播媒体。换言之，新媒体是新的技术支撑体系下出现的媒体新形态。Kantar Media CIC 资讯公司发布的《2019 年中国社会化媒体生态概览白皮书》指出，视频、音频、图片、微博、微信、App、小程序、游戏、问答、社交网络等均是新媒体的形态之一，如图 1－2 所示。新媒体的本质在于：人人都可以是生产者，人人也都是传播者。新媒体的意义在于：每个人都可以发声，每个人都有对内容的投票权。

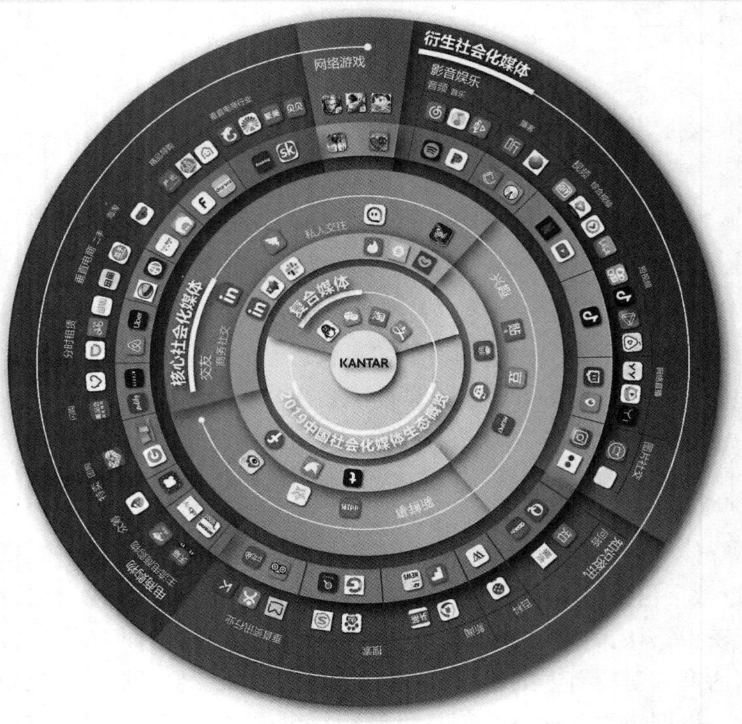

图 1-2　2019 年中国社会化媒体生态概览

2. 新媒体特征

新媒体在传播方式、传播模式、接受方式、传播行为、传播速度、传播内容等各方面表现出独有的特征。

(1) 交互性。在信息传播方式上，新媒体改变了传统媒体“传播者单向发布，受众被动接受”的状态，形成一种“每一位新媒体用户，既是信息的接受者，更是信息的创造者和传播者”的双向传播体系，使得信息的互动传播变得更加方便、快捷。尤其是5G时代的到来，其“大带宽、低时延、大连接”的特性，将为万物互联全面赋能，在极大提升用户体验感的同时，促进各种媒介资源、生产要素有效整合，实现信息内容、技术应用、平台终端、管理手段共融互通，进一步创新主流话语体系、丰富传播场景、重构用户关系，真正做到了用户与用户之间、媒体与用户之间以及媒体与媒体之间“融为一体、合而为一”无门槛式的互动。

(2) 非线性。在信息传播模式上，新媒体场域中，信息开始改变以往的垂直线性生产模式和受众同质化的信息接收方式，开始形成基于个性化网络平台且流通于受众之间的立体网络的非线性传播模式。这种模式打破了时间和空间的限制，更加具有开放性，受众通过新媒体可以实现不同民族、不同地区、不同文化背景下的自由传播和信息交流。它强调了受众拥有了更多自主权，受众体验大大提升。新媒体在无限地拓展了信息的传播方式和渠道的同时，还进一步体现和强化了用户的个性化需求。

（3）个性化。在信息传播行为上，新媒体的传播方式是针对精准化用户的需求，使得每一个用户都可以定制自己喜欢的节目、文章等信息，充分地满足每个用户千差万别的喜好。新媒体让每一个人不管是作为信息的传播者还是接收者，都可以自由地发布观点、传播信息等，满足不同人的不同需求，给新媒体使用者提供了个性化展示平台。但个性化的传播方式让受众体会到发布信息、影响他人的快感的同时，也带来了个人隐私泄露、内容良莠不齐的弊端，给信息管理和监控带来了困难，也对受众的信息选择能力提出了更高的要求。

（4）移动化。在信息接收方式上，新媒体使用户彻底地从传统媒体的桎梏中解放出来，使其可以自由地通过随身携带的手机和其他移动设备，实现随时随地利用新媒体获取、接收信息，并且这种行为习惯带有移动化、碎片化的特性，即用户在移动端通常会利用零碎的、闲散的时间来搜索信息、阅读文章或收看节目，并在快节奏的生活状态下，享受片刻轻松时光。只不过与传统媒体比较，新媒体移动设备在使用上由于受时间碎片化限制和手机屏幕小等固有特点的影响，对新媒体发布的内容篇幅和表现形式提出了新的要求。

（5）实时化。在信息传播速度上，在数字技术与网络技术的支持下，新媒体的信息传播速度非常快。每个新媒体用户都可以成为“记者”，在第一时间发布现场的所见所感，信息的接收者也可以随时查看、阅读或收看第一手的信息，并对信息发表自己的观点。

（6）多元化。在信息传播内容上，新媒体在进行内容传播时，可以做到将文字、图片、视频等同时传播，呈现出多元化的特点。随着技术的发展，可穿戴设备等移动智能终端也日益普及，用户接收消息的方式更加多样化。新媒体传播内容的多元化不仅增加了传播内容的信息量，而且在一定程度上扩大了传播内容的深度和广度。新媒体时代下的不同国家和地区的用户通过互联网联系起来，可以随时了解世界其他地方的信息，通过网络的联通实现了空间的拓展，丰富了信息的来源。

（7）便捷性。新媒体的便利性既体现在内容产生和制作上，又体现在内容接收者使用方便的程度上。新媒体上的用户自己就可以是一个媒体平台。如在微博、优酷等网站上，用户只需要简单地注册，使用服务商提供的页面模板，便可以在网站上发布文字、音乐、图片、视频等信息。同时，手机等移动终端的普及使得用户可以轻松地接触到信息资源，很多信息都是免费的，加之其传播速度快，且容易携带，用户可以随时随地获取自己需要的信息。

总之，现在的新媒体不再是以固有的传播者与受众的定位来进行传播，而是更偏重于两者之间的共享与互动，新媒体用户的互动更为频繁，新媒体个性化、便捷性的特征将更加明显。

（二）新媒体的类型

《2019年中国社会化媒体生态概览白皮书》从用户关系和平台内容的角度，将我国的社会化媒体划分为复合媒体、核心社会化媒体和衍生社会化媒体三大类型。复合媒体是指多功能一站式平台，目前能够定义为复合媒体的有QQ、微信、支付宝、淘宝四大平台。核心社会化媒体是重关系的平台，而衍生社会化媒体是重内容的平台。基于此，我们根据应用场景的不同，将新媒体的类型分为以下几种。

1. 社交类新媒体

社交类新媒体是指人们彼此之间用来分享、交换各自的生活体验或其他信息的工具和平台，其主旨为帮助增强人际关系。社交类新媒体有大批网民自发贡献、提取、创造内容资讯然后传播，故其有两个明显特征：一个是人数众多，另一个是自发的传播。社交类新媒体的分类方式有很多，按通信工具划分主要有微信、QQ、Facebook、Twitter等；按社交网络划分主要有微博、知乎、问答、豆瓣、贴吧等；按开放方式划分主要有开放式和封闭式两种社交新媒体类型，开放式社交新媒体主要有微博、QQ、豆瓣等，封闭式社交新媒体则主要是指微信平台，如图 1-3 所示。

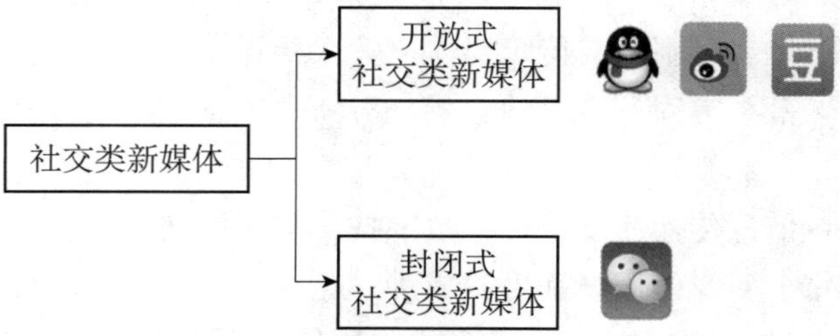

图 1-3 按开放方式划分的社交类新媒体

2. 资讯类新媒体

资讯类新媒体是指用户可以从内容生产者处获取符合兴趣的信息的服务程序和平台，其主旨为帮助平台增加黏性，赚取流量。用户能从内容生产者处获得更加个性化的信息，以进行更好的决策。现阶段，按照不同的资讯特征，资讯类新媒体可以分为强推荐类、综合类、问答类、新闻类、垂直类等几种类型，如图 1-4 所示。强推荐类主要指以向用户推荐其感兴趣的内容资讯来获取较大流量的资讯新媒体，目前较为常用的有公众号、今日头条、百家号、大鱼号等。综合类是指提供综合信息的媒体或媒体创作者平台的资讯新媒体，如企鹅号、一点资讯、趣头条、简书等。问答类是以问答形式为用户提供各种有利资讯的新媒体，如悟空问答、知乎、360 问答、百度知道等。新闻类主要是由新闻门户网站、传统媒体等提供的官方资讯媒体平台，如网易新闻、搜狐号、凤凰号、澎湃新闻等。垂直类则是各垂直领域媒体推出的资讯平台，如艾瑞网、虎嗅网、36 氪、钛媒体等。

3. 音视频类新媒体

音视频类新媒体是指为了丰富阅读场景，提升用户视听体验的平台。研究表明，79%的消费者认为视频是在线了解品牌最简单的一种方式，74%的消费者能够在社交媒体上聆听或观看音视频，并与其购买决策过程之间直接建立联系。因此不少企业在音视频类新媒体中投入大量成本，致力于运营自身产品。目前，根据表现形式不同，音视频类新媒体可以分为音频、视频、短视频和直播等几种类型，如图 1-5 所示。

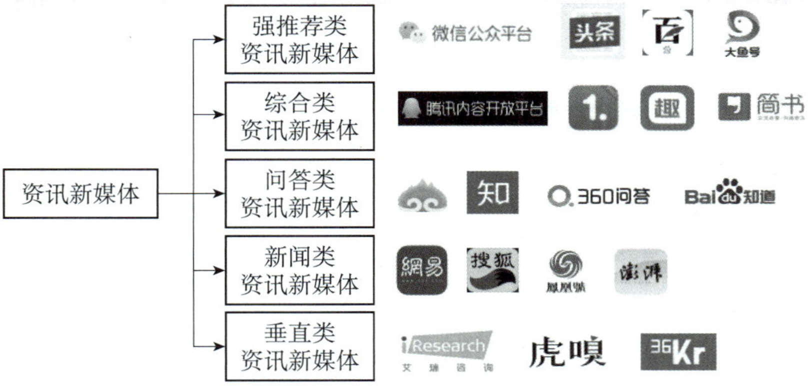

图 1-4　资讯类新媒体

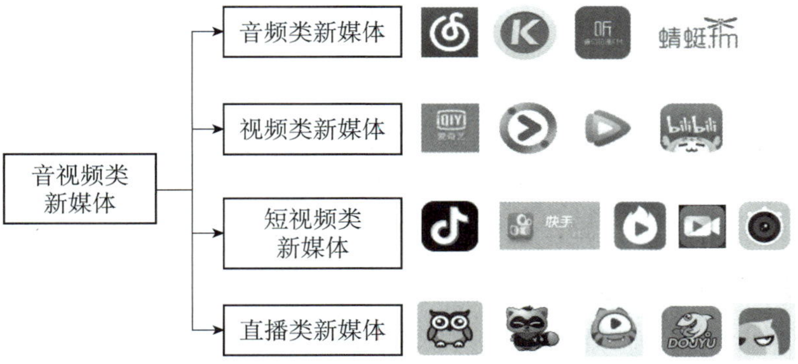

图 1-5　音视频类新媒体类型

音频新媒体按音乐类划分主要有虾米、网易云、酷狗等，按电台类划分主要有荔枝FM、蜻蜓 FM、喜马拉雅、懒人听书等；短视频新媒体以抖音、快手、火山、梨视频、小咖秀、美拍、秒拍等较为主流；直播新媒体根据内容特点不同可分为不同类型，如映客、YY 等以娱乐为主，而虎牙、斗鱼、花椒等则以游戏为主；视频新媒体以爱奇艺、优酷、腾讯、搜狐视频、新浪视频、bilibili 等较为常用。

实例分享

“梅山文化”多维传播矩阵构架

梅山地区覆盖湘中大部，影响四川、贵州等中国西南地区，诞生于其地的梅山文化源于中华始祖之一蚩尤帝，是湖湘地域文化的重要组成部分。因此，立足“十文化”“十旅游”“云游”“虚拟旅游”等新文旅业态，构建具有湖湘地域文化特色的梅山文化多维传播矩阵，是积极参与跨界传播，形成生态传播方式，打造“文化湘军”品牌的主要途径，如图 1-6 所示。

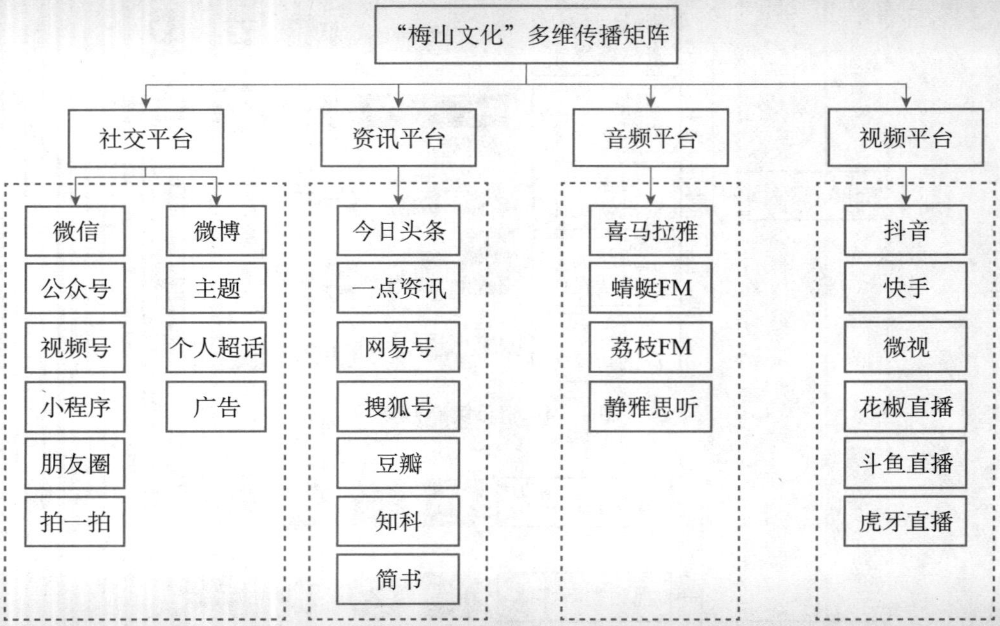

图 1-6 "梅山文化"多维传播矩阵

（三）新媒体发展趋势

伴随人工智能、VR、AR 等技术的持续进步，新媒体领域呈现出前所未有的巨大变化。面对迭代变迁，只有清楚地认识与把握新媒体的变化趋势与发展特点，才能充分地运用新技术、新应用创新传播方式，真正实现占领信息传播制高点。

1. 圈层隔离效应明显

在新媒体时代，微信、QQ 等即时通信类的新媒体，将人与人之间的距离缩得无比短，原来的六度人脉，现在只需要 2～3 度就能找到，但人们还是倾向于找同行或者同类，所以新媒体在一定程度上导致了"信息茧房"的形成，这就是圈层隔离。圈层隔离从同心圈层、不同行业圈层和不同经济发展圈层三个维度展开，可以划分出非常多形态的圈层。因此，只要因地制宜地调整好适配，现在在某一圈已经过时的新媒体运营模式，今后还会在其他城市、其他行业里再进行复制，再次产生良好的宣传效果。

2. 内容视频化势头强势

中国互联网络信息中心（CNNIC）发布的《第 45 次中国互联网络发展状况统计报告》显示，截至 2020 年 3 月，我国网民规模已达 9.04 亿，手机网民规模也已达 8.97 亿，网民通过手机上网的比例高达 99.1%。此外，网络视频用户规模达 8.50 亿，网络直播用户规模达 5.60 亿。如此众多的网民数量和强大的无线网覆盖程度，无疑对短视频、直播的发展起到了推动的作用。爱奇艺、腾讯视频、哔哩哔哩、优酷等多家平台均开始尝试互动视频，在互动电视剧、互动综艺、互动电影等领域实现了多点开花，同时设立创作基金，鼓励优秀内容创作，推动更多互动内容走向大众视野。互动视频一站式创作平台陆续出现，帮助创作者使用通用模板上传、发布作品，降低创作门槛，推动互动视频内容的落地。此外，5G 技术商用也为互动视频的发展提供了新机遇。

3. 矩阵化布局成趋势

如今，随着信息资源获取越来越容易，用户对信息的需求也越来越多样化，只有针对不同人群定位，开设相应账号，精准匹配目标用户，才能使内容更加聚焦。未来的新媒体矩阵化布局主要有以人群进行 IP 化矩阵、以内容建立矩阵化平台和以产品形态建立矩阵三种类型。

4. 社交电商的风口持续

社交电商归根结底是把商品卖给消费者，因此，要做好社交电商，产品质量是关键。从这个逻辑上看，社交电商想要获得持续的发展，必须在服务和商品品质上下功夫。简而言之，要想让社交电商真正成为一种极富生命力的商业模式，就需要将商品、信息和用户三者真正“好而快”地连接起来，让电商销售终端无处不在，连通消费者生活的各个角落。

同时，在保障产品品质之外，利用新媒体平台进行多维赋能与场景打造也是社交电商的制胜法宝。目前，社交电商获取流量的模式主要有拼团型、口碑分享型和内容导购型三大类型。除了流量赋能，结合技术、产品、供应链等多种赋能方式持续提供社交电商增长动力，是其长久发展的新模式。

二、认识新媒体运营

新媒体的发展日新月异，运营方式也发生着巨大变革，企业经营者越来越注重利用新媒体平台特性，强化运营活动的体验性、沟通性、差异性、创造性和关联性。

（一）新媒体运营的界定

从字面上来说，新媒体运营可以理解为：借助各类新媒体平台推广品牌、营销产品的运营方式。

从战略上来说，新媒体运营是一个整体，对内衔接企业产品，对外衔接目标用户。新媒体运营部门需要挖掘用户需求并协助产品提升，设计优质内容提升用户体验，即对产品及用户双重负责。因此，新媒体运营是借助新媒体工具，实现对产品研发、产品推广、用户反馈、产品优化闭环的精细化管理。

从职能的角度来看，新媒体运营包括调研定位、内容运营、用户运营、活动运营、渠道运营和数据分析等六大模块。因此，新媒体运营是利用新媒体工具进行定位、内容、用户、活动、数据及渠道六大运营模块的统筹与运作。

从形式的角度来看，当前的新媒体运营主要在社交类、资讯类、音频和视频类新媒体平台展开。因此，新媒体运营是充分发挥社交类、资讯类和音视频类新媒体的不同优势，构建营销矩阵，进行产品宣传、推广、营销的一系列运营手段。

总体来说，新媒体运营是指企业或个人在新媒体思维的指导下，通过对内容、用户、产品、品牌的精准定位，围绕品牌与目标受众兴趣的契合点策划具有高传播性的内容，搭建高黏性的用户参与体系，充分利用各类新媒体平台的功能、特性，构建营销渠道矩阵，开展拉新、留存、促活、转化等营销推广活动，并对用户、内容、渠道及活动运营数据进行实时监测分析，不断优化改进，达到提升客户参与度、品牌知名度及实现产品销售变现的全过程。

新媒体运营并不是一个简单的概念，而是从战略到形式、从全局到细节执行的系统工作。

案例链接

蒙牛 ZUO 酸奶在抖音发布“我才是好喝表情帝”挑战，用“表情”秀“好喝”，以低门槛“表情演绎”作为互动内容载体，趣味贴纸激活创意体验，巧妙形成表情包。同时，“NO.1 宇宙第一表情帝”还将获得“登上抖音封面”的机会，吸引抖音优质达人争相参与。由于 UGC 视频质量高，可对品牌二次传播提供巨大助力，如图 1-7 所示。

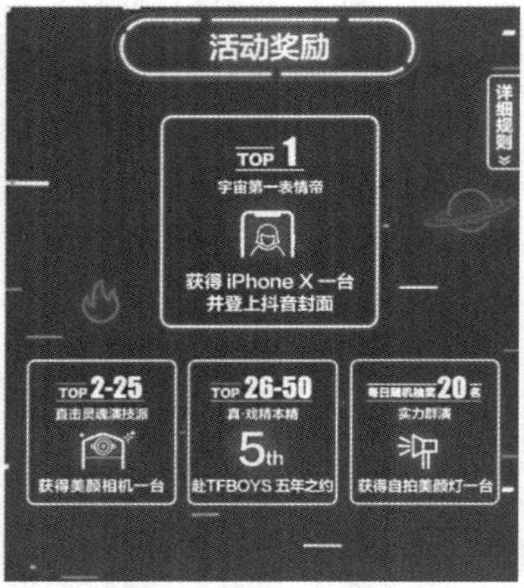

图 1-7 “蒙牛 ZUO 酸奶”抖音活动

活动上线首日就吸引 30 万以上用户参加，参与频率相当于 4 人/秒，三天内曝光量达 7.2 亿。最终，“挑战赛活动”视频总播放量高达 10.2 亿，视频参与量 55.7 万支，3 400 万以上的点赞量，190 万以上的评论，超过 88.6 万次分享，活动贴纸使用量超过 13.9 万。微博话题阅读量 3 000 万以上；行业自媒体发布文章阅读量 16.4 万以上。

资料来源：巨量引擎．蒙牛 ZUO 酸奶 X 抖音#我才是好喝表情帝#．广告门．(2019-02-01) [2020-02-20].

【分析提示】

蒙牛 ZUO 酸奶精准锁定年轻人群体追求个性、喜欢社交、乐于分享的个性特点，充分利用抖音平台开屏广告、热门挑战推荐、热搜内容……多种资源推广，引发全民参与高潮，将“网红酸奶”概念渗透至全平台。

（二）新媒体运营传播新法则

当前，多重媒介导致用户更愿意主动搜寻自己感兴趣的信息，企业的运营目标也从以吸引用户注意变成以消费者兴趣为出发点。北京大学刘德寰教授根据移动互联网时代，用户信息获取主动性增强的生活形态变化，提出了一个“以用户受众为中心”的全新“精细化运营法则”，即“ISMAS 法则”。该法则从 Interest（兴趣）、Search（搜索）、Mouth（口碑）、Action（行动）和 Share（分享）五个层面分析了用户消费行为模式的变化，对新媒体运营活动的开展具有深刻的借鉴意义，如图 1-8 所示。

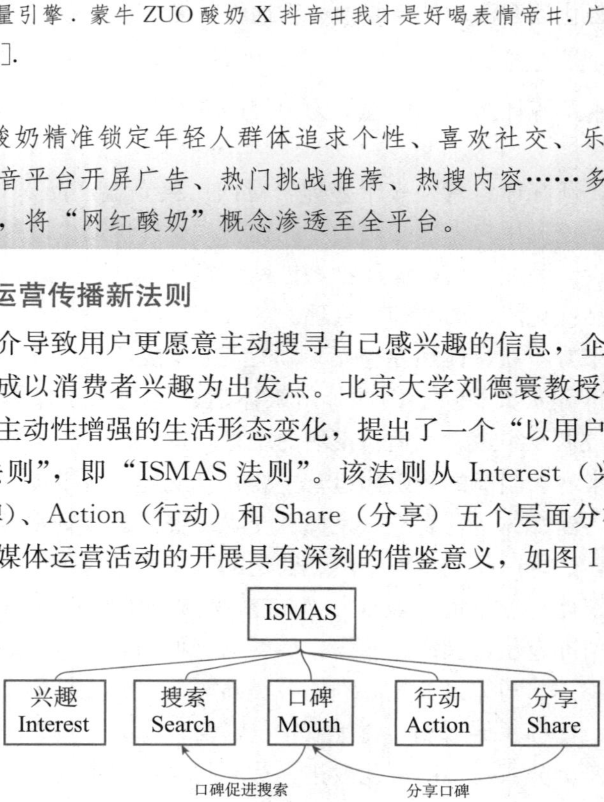

图 1-8 “ISMAS 法则”模型

1. Interest（兴趣）

“ISMAS 法则”中，“兴趣”不仅是一种运营层面的作用，更是针对潜在消费群体的认知与理解，促使消费者主动且持续关注。运营者需要在分析用户的喜好与行为模式的基础上，拓展出面向公众与目标人群的深入信息采集，以求在同样兴趣的用户当中，根据“人的属性”细分出公众消费决策的不同倾向性，使运营规划更贴合实际市场消费需求，真正将“以人为本”的运营理念贯穿企业经营活动全过程。

2. Search（搜索）

“ISMAS 法则”中，“搜索”使得传播者有更多的机会“接触”到公众。公众从强制被动接收信息，转变成主动搜寻感兴趣的信息，其中的驱动力也从传播者变为受众自身。因此，运营者通过兴趣引起公众的主动关注后，需借由受众喜闻乐见的形式传播具备契合度的内容，使消费者更容易接纳信息并进行搜索。

3. Mouth（口碑）

“口碑”是“ISMAS 法则”中的重要环节。口碑效应的传播需要信息具备价值，对受众拥有足够的契合度，引起兴趣并进行搜索认知，符合分享与评论的心理需求。简单地说，口碑即消费者认为品牌或产品的传播内容具备价值，进而产生的支持与信息转发。口碑具备成本低、精确度高、可信性强、团体性等特点，能够提升企业与品牌形象、消费者忠诚度，从而提高消费转化率，使品牌或产品更具亲和力，且能够增强差异化竞争与影响消费决策。

4. Action（行动）

“ISMAS 法则”中，“行动”包含消费者行为，同时也包括企业运营者的行为。消费者的行动从兴趣出发，在主观、客观两个方面受到多重影响。此时运营者不仅要促使消费者的行动，更要使消费者对品牌与产品产生深入的认知，甚至是沉浸式的体验过程。例如，组建线上社区或社群，让消费者深入体验品牌的生态环境。而协调提升消费者与公众、品牌与公众、品牌与消费者，以及媒体与品牌、媒体与公众之间的关系，也是在促进价值与情感上更加紧密的关系。

5. Share（分享）

分享是基于有既定价值认可的行为，“ISMAS 法则”中的“分享”更加注重消费后的重复分享。比如，消费者在购买体验后，通过线上和线下的各类渠道和场景，将优质的体验信息不断重复传递。这种面向公众的价值循环，在积累与发酵的过程中，可以使企业实现更多价值的开发与激活。

（三）新媒体运营的主要形式

新媒体运营载体的形式非常多，而且随着新技术和新思维的层出不穷，新的传播渠道也日新月异、不断涌现。从新媒体不同平台类型的角度来说，目前新媒体运营形式主要包括以下四种。

1. 社交平台运营

社交平台运营是指企业或个人借助互联网基础，充分利用社交平台的用户基数大、交互性强等优势，组建社群运营矩阵，开展吸粉引流等推广活动，实现提升用户黏度、树立品牌以及产品销售运营目标的一种运营方式。简单地说，社交平台运营即企业或个人在社交类平台开展的新媒体运营活动。依据开放方式，社交平台运营主要分为开放式和封闭式两种类型。

开放式社交平台运营由于内容特点、针对的用户群体有所不同，故优劣势也千差万别。如微博以社会类、明星类内容为主，且以大学以上高等学历群体居多，故其具有用户基数大、互动性强、媒体属性强、紧跟热点、易扩散的优势，同时存在不适合深度阅读的劣势；而知乎以知识性内容为主，以知识青年群体居多，故其具有用户垂直度高、内容知识性强、互动性强的优势，同时存在用户基数较小的劣势。

封闭式社交平台运营主要是指微信平台运营，该平台以兴趣类、价值类内容为主，且以男性、企业员工群体居多，故其具有用户基数大、使用黏性高、沉浸式阅读、服务功能完善的优势。同时，由于封闭的特性，微信平台信息扩散的难度也较大。

因此，充分发挥不同社交平台的优势，精准定位目标人群，开展吸粉引流的运营活动，合理构建社群运营矩阵，形成品牌效应，是社交平台运营的关键。

2. 资讯平台运营

资讯平台运营是指企业或个人围绕自身品牌和目标人群兴趣的契合点，采集热点信息，撰写爆款文案内容，通过图文排版设计和发布，吸引用户关注，并对内容访问数据进行实时跟踪分析，不断对文案内容进行优化的过程。简言之，资讯平台运营即在资讯类平台通过发布用户感兴趣的信息或内容开展的新媒体运营活动。

虽然不同资讯平台的内容特点、针对用户群体各有不同，但均存在用户基数大、信息可按地域推送、平台根据点击量决定推广力度的优势，同时，也有用户群体垂直度差、内容深度参差不齐的劣势。

因此，收集用户感兴趣的热点信息，撰写有深度的爆款内容，制作有视觉营销冲击力的图文版式，开展精准的数据采集分析，是资讯平台运营的关键。

3. 音频平台运营

音频平台运营是指企业或个人利用音频平台多元化运用场景的优势，围绕用户需求策划、编辑、制作音频内容，促使用户向微信、QQ 等社群留存、促活，形成音频品牌，实现流量变现目的的运营方式。

音频媒介因具有伴随性、代入感和延续性的特征，多元化的收听场景吸引了大量的年轻用户群体。当前，音频平台的内容以音乐、小说、财经、人文、情感、相声、脱口秀等为主。不同的音频平台针对的目标人群各有不同，但均存在内容专业性强、信息更具表现力的优势，同时也存在制作门槛较高、使用场景受限的劣势。

因此，策划用户需要的音频内容，采集编辑音频素材，促使用户留存，提升用户活跃度，开展音频品牌运营，是音频平台运营的关键。

4. 视频平台运营

视频平台运营是指企业或个人以内容为核心，以创意为导向，以视频形式为载体，利用精心策划的视频内容，实现产品销售与品牌传播的运营活动。视频平台运营兼具“视频”和“互联网”两者的特点，不仅感染力强，形式内容多样、创意新颖，而且互动性强、传播速度快、成本低廉。企业可根据输出内容与目标用户的定位选择适合的运营平台。

（1）短视频平台运营。虽然不同的短视频平台功能类似，但由于各平台目标用户的不同，提供的主要内容也各有不同。短视频平台具有能借力微博及其他社交媒体和娱乐性强的优势，同时也存在内容缺乏深度的劣势。

（2）直播平台运营。这类平台运营具有即时性、娱乐性、互动性强，当前处于平台红利期的优势，同时也有内容缺乏深度的劣势。

（3）网络视频平台运营。这类平台虽然针对的人群各不相同，但功能、内容较为类似，可以供用户自行上传视频内容，对视频时长的限制较少。其具有内容更有张力，内容栏目化、专业化的优势，同时，也存在制作门槛较高，用户基数较小的劣势。

因此，撰写吸引用户的视频脚本，根据用户需求拍摄剪辑视频内容，对视频内容进行传播发酵、数据监测，实现视频商业变现，是视频平台运营的关键。

案例链接

“一禅小和尚”情感类公众号是苏州大禹网络科技有限公司旗下的千万粉丝现象级动漫 IP。最初，其主要是以公众号为平台，以每周更新情感类漫画的形式，成功塑造二次元虚拟 IP“一禅小和尚”，通过一禅与师父日常生活对话引出人生道理，用小和尚的视角看世界，引发观众思考，用老和尚的话语阐述人生，吸引了大批粉丝进驻微信群。随后，其入驻抖音平台、蜻蜓 FM、喜马拉雅等音视频平台，深受粉丝追捧。2019 年上半年其和母婴类明星品牌“杯具熊”联合出品儿童保温杯套装，客单价 198 元，仅预售 24 小时内就卖出 40 000 套，销售额超过 800 万元。上半年销售量 21 万套以上，累计销售额超过 4 000 万元。目前，“一禅小和尚”全网粉丝超 5 000 万，动画视频累计播放超 100 亿次，视频点赞数达到 1.9 亿。其中：公众号活跃粉丝 347.03 万；今日头条、抖音粉丝共计 4 743.5 万；喜马拉雅平台粉丝 63.9 万。“一禅小和尚”新媒体运营平台矩阵如图 1－9 所示。

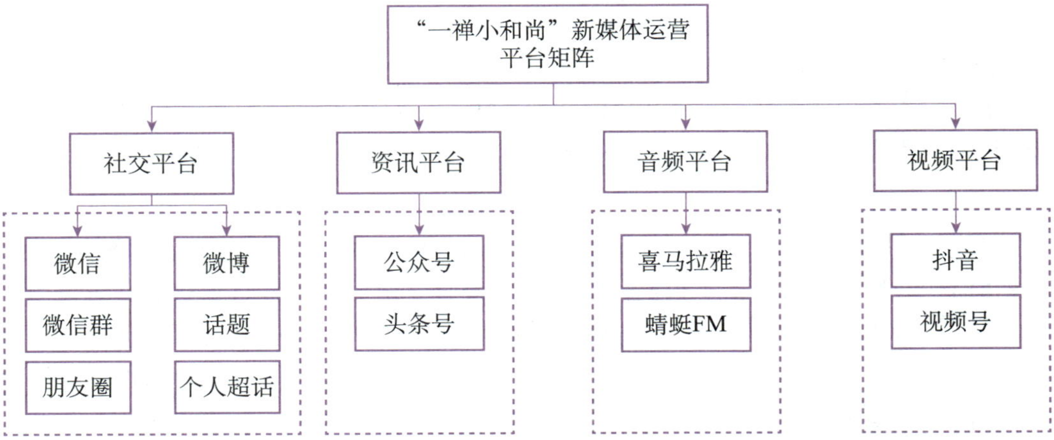

图 1－9　“一禅小和尚”新媒体运营平台矩阵

资料来源：西瓜君．日常 10W+，坐拥 360 万粉丝，“一禅小和尚”到底优质在哪里？．站长之家．（2019－08－01）[2020－02－22]．

【分析提示】

“一禅小和尚”以微信公众号为核心，打造微信群、音频、视频新媒体运营矩阵，树立高辨识度的 IP 形象，通过优质的内容，带来巨大流量，创造巨大商业价值。

任务二　新媒体运营思维

新媒体改变了人们的交互模式，也打破了原有的运营生态，新媒体始终是动态的，新媒体运营者只有具备清晰的运营思路，才能打开新的营销通道和市场。成功的新媒体运营必须具有正确的互联网思维，适应这个不断变化的营销环境，为用户创造价值。

一、线上思维

“线上思维”是指通过线上运营可以更好地覆盖用户人群，提供更符合用户需求的产品或服务；同时，与线下消费相比，线上经营的模式更加便捷和个性化。随着移动互联网技术、移动通信技术的发展，移动线上运营信息传递的快捷性、便利性和准确性超越了以往的任何媒体，并实现了精确的分众化传播，使信息能准确地到达每个目标用户，让每个用户都可以成为信息的传递者，移动终端逐渐变为企业和商家连接用的首要途径。在线上思维概念下，我们还需具备以下思维。

（一）互动

在现代运营中，用户已经完全参与到品牌塑造和传播的过程中，成为品牌的推广者，因此企业必须改变与用户沟通的方式和态度，通过直接对话快速获取用户的第一手信息，在了解用户的基础上找到用户真正的需求和痛点，了解用户需要什么、讨厌什么，了解怎样引起用户的情感波动，激发用户内心深处的好感，建立更深的感情连接。

（二）碎片化

新媒体运营主要利用了用户的碎片化时间，从企业的角度出发，要想达到有效的运营效果，也必须满足移动用户碎片化的特性，比如：如何在短时间内让用户选择我们，如何快速与用户建立良好的联系，如何全渠道覆盖用户更多的碎片化时间等。

（三）粉丝

新媒体运营以用户为中心，可以说“得粉丝者得天下”，拥有粉丝变得越来越重要。新媒体时代的粉丝充当着重要角色，新媒体运营的一切目的都转向了获取高质量的粉丝，新媒体运营之战其实也是粉丝之战。粉丝经济告诉我们，一个媒体平台，如果不能“聚粉”，那么这个媒体将会慢慢失去其价值。这种情况下，用品牌理念和价值吸引粉丝，与粉丝建立深厚的情感联系，引导粉丝的积极互动和参与，显得尤为重要。

（四）焦点和极致

无论是哪一种运营渠道和模式，焦点战略都是不可或缺的，在很多情况下，小而美比大而广更重要。因此，在新媒体运营中，运营者需要具备聚焦用户“痛点”的思维。

在新媒体运营中，“第一”往往更能吸引用户关注，无论是行业品类第一、思维想法第一，还是服务体验第一。想要第一时间博得关注，就必须进行准确定位，只有保持与运营环境发展的一致，保持与用户步调的一致，在新媒体运营中做到极致，才能找到成为“第一”的正确途径。

当然，新媒体运营并不是不需要线下运作；相反，一个完整的新媒体运营都是线上和线下的配合，主要表现在线上运营的内容制作、吸粉、互动、运营推广等，线下活动的推广，如海报宣传、线下活动、商业合作等。成功的新媒体运营都是线上线下一体化的运营。

二、免费思维

新媒体运营带给用户的好处不仅是便利，还有实惠。很多商家借助新媒体平台开展免费的运营模式，不仅快速开辟了大片市场，甚至打造了优秀的用户口碑。当然，免费思维模式的目的并不是单纯地提供免费产品和服务，而是通过免费模式达到收费的目的。

（一）免费模式

新媒体运营中常见的免费模式主要有以下四种。

1. 先免费消费，再付费消费

先为用户免费提供商品，同时在商品基本功能的基础上进行二次开发，提供更多、更好、更实用、更便捷的功能或服务，引导用户进一步消费。这种方式在很多行业中都应用得比较广泛，需要注意的是，该模式想达到预期的效果，必须保证所提供的产品或服务有价值、有特色、符合用户进行消费或再次消费的需求。

2. 间接收费

先对一部分用户或一部分功能免费，再通过这部分用户背后的隐形消费或其他功能来盈利，这种免费模式通常都带有附加条件。这种方式也是比较常见的一种促销手段，如购买手机时，手机免费使用，但每个月必须消费一定额度的话费。

3. 交叉免费

向一方免费的同时向另一方收费，让收费和免费交叉进行。比如：返利网等平台同时面向买方和卖方开放，为了实现双方的利益交换，进行交叉免费。消费者在该平台上购物时，可以领到额外的优惠券，甚至是转发朋友圈、微信群达到一定人数的，购买时，会将消费者的支付金额全部或部分返还，而向卖家按照成交笔数收取佣金。

4. 暂时免费

类似分期付款的一种模式，以用户可以通过信用担保分期偿还购买款的方式，分散用户的一次性购买压力，刺激用户进行购买。

企业在设计免费运营模式时，不要仅仅将免费模式当作促销手段来使用，而应该全面布局，考虑免费模式的更多价值，设计出更好的运营方案，提升品牌知名度，并及时获得市场反馈的信息。

实例分享

“卷毛佟”是一名手机摄影师，其通过在头条号、公众号以及抖音等新媒体平台，发布免费的手机摄影技巧文章、视频等内容，仅3个月时间就吸引了300万粉丝，视频播放量超过2亿人次。在此基础上，其在头条号开通橱窗销售价值59.25元的书籍《拿起手机人人都是摄影师》；在公众号开通订阅专栏“指尖摄影课堂”，让想进一步学习手机摄影的粉丝，心甘情愿地购买课程，仅一堂299元视频课就有2 097人购买学习。“卷毛佟”通过运用免费模式，为自己带来流量的同时，也创造了收益。

（二）免费模式的设计思路

免费运营模式的类型虽然多样化，但运营方案的具体设计和实施还应该结合企业、用户的实际情况而定，一个理想且效果良好的运营模式必然能为用户提供他们真正所需的价值。

1. 免费体验

以体验为主的免费运营模式主要运用在新品上市和产品推广上，目的是通过用户的体验使用，建立其对产品初步的信任和认可。特别是新品上市阶段，用户容易对新品持有怀疑态度，通过免费体验不仅可以消除用户的怀疑，还能加强买卖双方的交流。体验式的免费运营以免费赠送和免费试用为主，免费赠送主要是让用户免费体验，打造前期基本的品牌口碑；免费试用主要是通过提供给有需求的用户，促进其后期的付费购买。

2. 免费产品

免费产品是指产品免费、附加功能付费。该模式主要包括三种产品类型：一是诱饵产品，即将产品部分功能免费，吸引用户，再通过后续服务引导其进行其他功能的消费；二是赠品，即将一款产品或服务设计成另一款产品或服务的赠品或附加品；三是分级产品，即为产品设计不同的版本，对更加高级、更加个性化的版本进行收费。

3. 免费增值服务

免费增值服务是指为产品或服务提供免费的增值服务，增值服务是对产品和服务功能的延伸，可以提高用户的黏性，促进用户重复消费，如卖产品提供全年保修、卖资料提供使用指导等。在设计免费增值服务运营策略时，必须先保证增值服务的质量，更实惠、用户体验更好的增值服务可以提升产品价值，提高品牌影响力，达到销售和口碑双赢的效果。

除了上述免费运营设计思路外，在指定时间、地点，对某产品或某功能免费的运营模式也十分常见。这种模式有利于培养用户的消费习惯，从而形成良性的消费趋势。

三、用户思维

用户思维是互联网思维中最核心的思维，用户需求永远是运营工作的导向，企业在开发、研制、运营任何一款产品或服务时，都应该以用户为核心。特别是在互联网时代，做好用户就是做好运营。

（一）“以用户为中心”的核心

用户思维要求企业在价值链的各个环节中都要以用户为中心，深度理解用户。用户更知道自己需要什么，用户体验使产品更有生命力，用户的反馈信息越多，企业的产品研发越能紧跟用户的需求步伐。在了解用户需求的过程中，有三个比较核心的问题，即市场定位、品牌和产品规划、用户体验，研究这三个问题实际上就是在研究目标用户是谁，目标用户的需求是什么，产品和品牌怎样满足用户的这些需求。

了解用户最好的方式是直接接触用户，从用户心理、用户特征、用户需求等各个方面搜集用户信息、分析用户数据，最终汇集成目标用户画像。用户画像不仅能帮助企业找到用户的主要需求，还能找到很多隐性需求。

为了提升运营效果，在吸引到用户之后，还需要提升用户的参与感。用户参与感的培养方式比较多，比较常见的包括：为用户设计个性化定制产品和让用户参与产品开发优化的过程，这些方式也能进一步精准地提供用户需求信息。参与感还能让用户进一步变成粉丝，粉丝比用户的忠诚度更高，粉丝会为品牌投注感情因素，是企业最优质的目标消费用户，品牌更需要粉丝。

产品在满足用户需求时，必须给用户带来良好的体验效果，这样才算真正满足了用户的需求。好的用户体验应该关注每一个细节，并将细节贯穿到体验全过程，让用户能清晰地感知这些细节，给用户带来意外的惊喜。

（二）用户思维的运营

用户思维的运营是一种更加人性化的运营，找到用户心理的共同点、卖点和痛点，更容易提升运营效果。

运营用户心理的共同点是指找到用户群体的共同特征，然后针对他们的共同心理将产品推广出去，吸引用户主动汇聚。运营用户卖点相当于运营用户口碑，在产品的不同阶段，可以打造不同的口碑重点。比如：小米前期面对专业级用户的口碑是为发烧而生，运营后期面对大部分普通用户的口碑则是 10 项黑科技。运营用户的痛点是指强调现有设计的落差，满足用户的期望，让用户感觉他们需要这个产品。

四、品质思维

在任何营销环境中，品质永远是产品的主要价值，特别是在互联网经济下，只有把产品、服务和用户体验做到极致，超出用户预期，企业才能保持恒定的竞争力。

（一）产品品质

在互联网经济下，大多数产品都处于供大于求的状态，在市场比较饱和的情况下，企业如果不能保证产品品质，将很难在市场中站稳脚跟。互联网经济时代的竞争是用户认知的竞争，是粉丝的竞争，用户对品牌、对产品的认知，很大程度上决定了他们的消费观念。无法得到用户认可的产品难以传播，所以企业必须提升产品的价值和内涵，向精细化发展。

（二）服务品质

互联网环境下的目标用户需求更加个性化，也意味着更加难以满足。对于企业而言，产品必须准确抓住用户需求点，必须提供更极致的品质和服务，必须使用户获得极致的使用体验，这样才能引发产品和品牌的传播。在这个社会化媒体时代，用户会主动对好产品进行口碑传播。所以除了产品品质之外，服务品质也是品质思维的重点，甚至对于很多无法在品质上超越竞争者的产品而言，服务才是营销的关键。

五、品牌思维

品牌是企业的无形资产，也是产品的附加价值，很多企业之间的竞争，实际上就是品牌的竞争。品牌知名度、美誉度是企业保持长期竞争力的内在动力，甚至现在很多运营渠道的选择、运营价格和促销模式的选择，都是建立在品牌影响力的基础之上的。

（一）运营品牌概念

品牌直接影响用户对产品的认知、认可和评价，用户通常会优先选择品牌知名度、美誉度更高的产品，在这种情况下，品牌影响力越大，用户黏性就越高，忠诚度也会越高。在用户心中营造品牌的概念是为了给用户树立一个鲜明的、独一无二的品牌形象，打造品牌的独特价值，吸引用户的认可和购买。企业在设计品牌时需要清晰定位，要符合市场需求和用户需求。

1. 产品分析

产品分析应该围绕产品进行挖掘，只有好产品才能支撑起有影响力的品牌，产品特点、卖点、功能、形象、服务等都可以作为品牌特色打造。

2. 策略分析

策略分析是指打造品牌的差异化，通过细分市场满足用户的个性化需求，从而获得独特的品牌优势。

（二）品牌宣传

品牌宣传主要包括传统媒介和新媒介两种方式，传统媒介如报纸、杂志、电视、广播等，新媒介如社交平台、数字产品、网络等。传统媒介的宣传成本比较高，相比之下，更多的企业和品牌开始转战新媒介，微博、微信等社会化媒体成了宣传品牌的主要媒介。信息传播途径的多样化、智能化为品牌宣传提供了更多渠道，在这个信息爆炸的环境下，越真实、新颖、有个性、有创意的宣传，口碑传播效果就会越好，这也对品牌口碑传播的策划提出了更高的要求。

六、平台思维

新媒体运营的平台机会都是社会化媒体平台，这些平台的本质是用户即媒介，用户可参与和创造内容，这就要求企业要善于利用新媒体平台与用户沟通和交流，再通过新媒体平台实现市场推广。平台思维是现在非常主流的运营思维，可以帮助企业重塑与用户之间的沟通关系，重塑组织管理和商业运作模式，改变企业生产、销售、运营的整个形态。

（一）使用新媒体平台

当今时代，人人都是自媒体，口碑传播在新媒体平台可以产生巨大的效果裂变，为企业带来十分客观的运营效果。通过自媒体的形式，企业可以达成产品与用户的链接，促进产品在用户的社交圈传播，实现产品和品牌的裂变式推广。

案例链接

2017 年 5 月 7 日，百雀羚凭借一组一镜到底的神广告火爆朋友圈：1931 年的老上海，一名摩登女郎看似街头漫步，实则是完成一项谋杀任务，女郎完成枪杀后表示“我的任务就是与时间作对”，同时引出预热母亲节的主题。

该条广告一经推出就被多方转载，不仅制作团队公众号短时间内阅读量实现 10 万+，一些业内公号二次转载后，阅读量也纷纷实现 10 万+。一个叫“4A 广告门”的公号 5 月 8 日转载后，除了阅读量 10 万+以外，还获得了 5.3 万余条点赞，其中置顶留言的点赞达到 2.1 万。据大数据统计，截至 5 月 15 日，百雀羚广告在微信平台的总阅读量已经达到了 3 000 万。除了曝光增加，此广告也让百雀羚这个百年老牌子走上了年轻化之路。

资料来源：百雀羚推出一镜到底的神广告：化身一九三一美女特工．数英网．(2018-05-01) [2020-02-22].

【分析提示】

百雀羚一镜到底广告图《一九三一》，通过新颖的内容表现形式，迅速攻占了朋友圈和微博，通过微信和微博的发酵之后，又引起其他运营账号的借势传播，迅速引起了一大波普通网友的关注和讨论，使百雀羚成功地走上了年轻化的道路。

（二）众包协作

众包是在互联网下诞生的产物，强调社会差异性、多元性带来的创新潜力，强调从外部吸引人才参与，实现创新与合作。众包蕴含着“携手用户协同创新”的理念，让产品设计由原来的以生产商为主导转向以目标用户为主导，延伸创新边界，借助社会资源来提升自身的创新与研发实力，通过用户的参与让产品更具创造力，更容易适应市场需求并获得利润。众包是以“蜂群思维”和层级构架为焦点的互联网协作模式，小米手机在研发中让用户参与实际上就是一种众包模式。

七、大数据思维

新媒体以其形式丰富、互动性强、渠道广泛、覆盖率高、精准到达、性价比高、推广方便等特点，在各行各业中占据越来越重要的位置，从而积累了大量用户和用户行为数据，这成为做用户分析的大数据基础。对于现在的新媒体运营来说，大数据几乎无处不在。比如，文字调性是否符合粉丝的口味，哪种类型的文章更受用户喜欢，用户喜欢在什么时间、什么场景下打开文章，等等。只有重视数据，善于用数据进行分析，才能创作出更受欢迎的新媒体产品或内容。

根据数据分析的时间段，可以分为事前分析和事后分析。

（一）事前分析

事前分析是指在开展新媒体运营之前，企业或个人需要根据以往的大数据，分析市场的容量、竞争状况，用户的属性、偏好、行为、需求情况，平台的用户情况、功能特点等数据，为进入新媒体平台、精准定位目标人群、规避竞争风险、搭建运营矩阵奠定基础。

（二）事后分析

事后分析是指在新媒体平台运营一定周期后，需要根据平台后台提供的实际产生的数据进行总结分析，为下一次运营做准备。同时，其也有助于探索一种为目标受众和用户提供个性化服务的新媒体运营方式。

大数据分析不仅是时代发展的产物，更是一个全新的思维理念，即基于大数据资产的商业经营模式。大数据思维的运用，能够帮助客户分析趋势、分析市场、分析用户，提高核心竞争力。

案例链接

2020年2月，随着疫情的逐渐好转，众多企业、品牌开始加紧规划“积累用户”的营销策略。妮维雅通过大数据分析发现：微博行业分布以美妆时尚为主，其次是影视娱乐；用户特征以女性占比较多，男性也有一定的比重；内容以非广告微博和原创微博占据主流。基于此，妮维雅结合自身护肤品牌的特性，利用官宣影视明星为本品牌代言人的契机，成功地开展了一次微博营销推广活动。

2月15日，妮维雅官博发出一条3秒的视频微博，未直接揭露代言人，但已经引来众多“紫米”的互动，为17日的正式官宣成功预热。17日上午，官博与代言人联动官宣，并推出“予妮呵护，始终如一”“用坚持表白”等系列话题，下午发博表示为疫情前线送去“温暖”，表白医护人员，传递品牌正向价值。在此之后，展开有奖征集故事的活动，以这种形式促进话题“用坚持表白”的讨论量以及品牌的营销传播。最终，此次活动给妮维雅官微带来24.48万人次的点赞，1.35万人次的评价和30.44万人次的转发，代言人的微博也有57.07万人次的点赞，4.84万人次的评价和49.03万人次的转发。成功为该品牌进行了宣传。

在活动结束后，通过微博热门主题词分析我们不难发现：“妮维雅”“代言”等关键词搜索量最大，其次是“护肤”“加油”“武汉”等。在留言热词中，同样是“妮维雅”“代言”等关键词搜索量最大，其次是“坚守”“致敬”“白衣天使”等。这些热门关键词不仅反映了代言人的影响力以及粉丝对妮维雅品牌的认可，同时也可以看出官方在营销过程中传递了正向价值的内容。

资料来源：西瓜数据．微博营销的策略规划，从分析竞品的品牌舆情开始．搜狐网．(2020-03-04)[2020-05-12].

【分析提示】

在疫情的特殊时期，妮维雅运用大数据思维、平台思维等互联网思维，通过充分的数据分析，链接消费者提升生活品质的需求，正确把握营销内容深度，在传递正向价值的同时，为自己树立了良好的品牌形象。

任务三　新媒体运营团队

众多想要在新媒体领域抢占运营和推广先机的个人和企业，都迫切需要知道和熟悉有关新媒体运营人才需求的相关知识以作为团队组建的指导。

一、新媒体运营工作内容

新媒体运营工作主要集中在六个方面：调研定位、内容运营、用户运营、活动运营、渠道运营和数据分析。

（一）调研定位

调研与定位是两个前后关联的工作，具体来说：先对市场环境进行调研，再策划把握新媒体运营的方向，定下运营账号的基调。只有基调定好了，后面的运营才能进行得更顺畅。比如“毒舌电影”公众号的定位就是做影评，而且每一篇影评的质量都很高，文章观点明确、有理有据。

调研定位的主要工作是建立调研问卷，进行内容定位、用户定位、产品定位、品牌定位。因此，必备的核心技能包括了文字提炼能力、表单制作能力、行业深耕能力。

（二）内容运营

新媒体的内容形式有文字、图片、音视频等，运营需要根据不同的平台特点，策划和创造出能吸引目标用户的内容。例如，“罗辑思维”做的内容是音频＋文章，“一条”是视频＋文章，还有不少做纯文章或纯视频等形式的新媒体账号。

内容运营的主要工作是建立内容标准、栏目规划建设、自己生产或促进用户生产内容、筛选处理内容、专题内容策划等。因此，必备的核心技能包括对优质内容的敏感度、内容策划能力、热点追踪能力、文案撰写能力。

（三）用户运营

以用户为中心，采用专业运营手段，达到拉新、留存、促活、转化等目标。其中具体工作有了解用户行为、探察用户心理、建立用户体系等。

用户运营的工作内容有推广拉新、促进活跃、搭建用户体系、策划用户活动等，要求从业者具备运营推广能力、沟通表达能力、需求理解能力。

（四）活动运营

针对公司不同的运营目的，策划一些公关活动、促销活动等，并跟进一系列的执行推进工作，以保证活动达到既定的运营目标。例如，新世相策划的“逃离北上广”等运营活动，大大地提高了自身的品牌知名度，使其一跃成为知名企业。

活动运营的工作内容主要是制订活动策划方案、组织线上线下活动、宣传炒作活动、分析数据复盘活动等，其核心技能包括活动策划能力、项目协调能力、执行落地能力、资源整合能力、创新能力、应急处理能力。

（五）渠道运营

好的内容只有配合好的推广，才能将效益最大化，并吸引到更多的目标用户和潜在用户。

渠道运营的工作内容主要有拓展渠道、优化渠道、策划合作方案、监控渠道数据、对接内外部、发布维护应用等，其核心技能包括商务谈判能力、信息搜集能力、整合资源能力、方案策划能力。

（六）数据分析

数据分析可以直接检验运营效果，运营人员也需要通过数据分析，及时地去调整下一步的工作。

数据分析的工作内容主要为流量运营的数据分析、用户运营的数据分析、活动运营的数据分析以及内容运营的数据分析。其核心技能包括数据敏感能力、数据采集能力、数据处理能力、数据异常诊断能力、数据分析能力、数据报表制作能力。

二、新媒体运营团队的人员组成

一般来说，企业在拓展新媒体业务时，都会成立相应的新媒体部门。虽然是以部门的形式呈现的，事实上，它是一个团队。虽然整个部门由为数不多的人组成，但是每个人的分工、职责都需要特别明确，如图 1-10 所示。

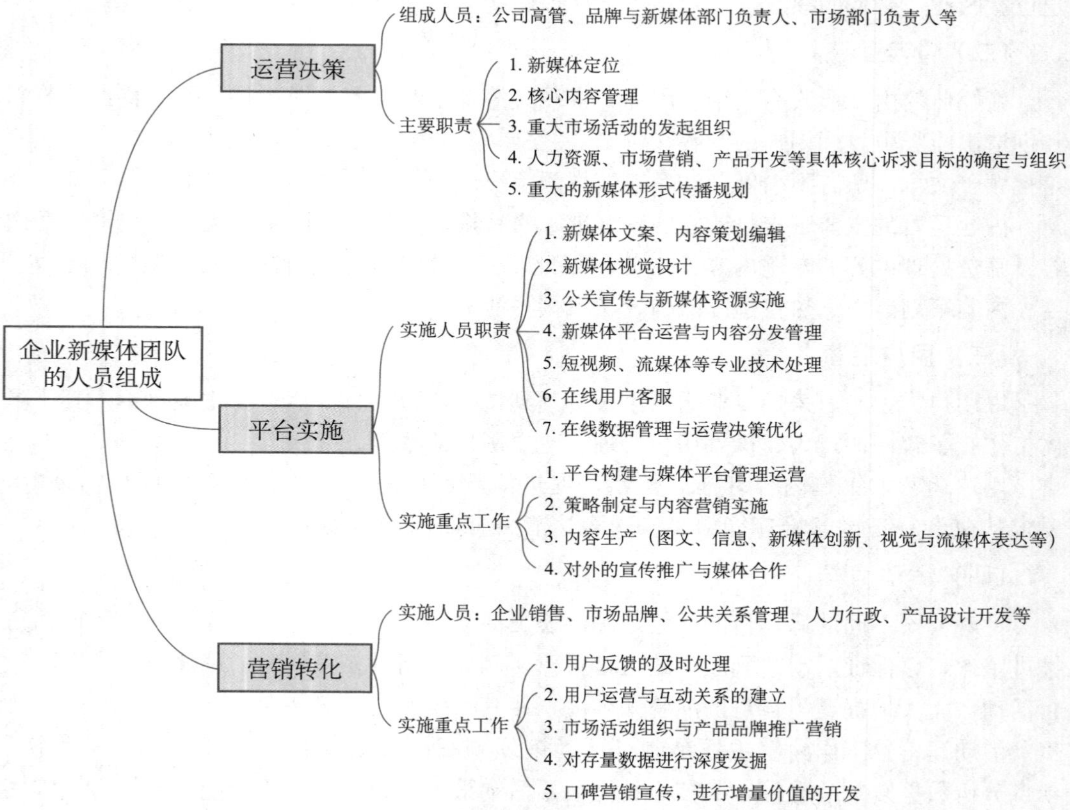

图 1-10　企业新媒体团队的人员组成

三、新媒体运营团队构架

无论是企业还是个人，要想新媒体运营取得一定的效果，都需要组建一支自己的新媒体运营团队。对于一个企业或个人来说，新媒体运营的工作主要是围绕拉新、促活留存、营收三个核心目标展开，因此，根据新媒体运营工作的具体内容，新媒体运营团队需要有以下几种类型的人才，如图 1-11 所示。

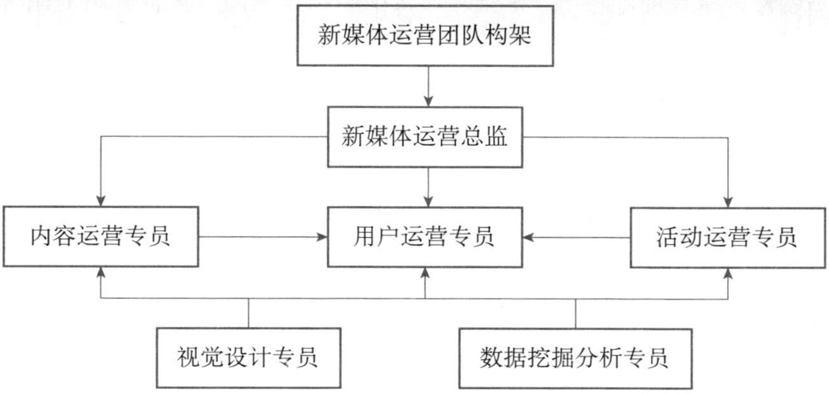

图 1-11　新媒体运营团队构架

（一）新媒体运营总监

(1) 新媒体运营团队的管理者。新媒体运营总监需要有全面主持新媒体运营工作的指挥、指导、协调、监督及管理的权力，并承担执行公司规程及工作指令的义务。

(2) 新媒体运营计划的制订者。新媒体运营总监需要负责制定新媒体平台的运营规划，明晰定位、目标、发展战略并落实，执行力强。

(3) 新媒体运营实施的统筹者。新媒体运营总监需要把控新媒体产品、功能的研发策略、战略推广、运营策略的制定和实施；新媒体平台相关内容的策划、选题、执行、出稿等整体规划和运营管理，把握整体风格及发展方向；根据新媒体平台发展，策划组织推广活动的统筹管理。

(4) 新媒体运营实施效果的分析者。新媒体运营总监需要利用专业运营数据分析工具，对内容、用户、活动、渠道等运营数据进行收集和反馈，监控运营效果，进行运营数据分析，对运营效果进行评估改进，提高运营效率与效果。

（二）内容运营专员

新媒体平台上的粉丝们是先见到企业或个人发布的运营软文、音频、视频、图片等信息，在决定购买产品或服务后，才会详细了解该新媒体平台所能够提供的具体产品和服务。因此，为提升新媒体运营的吸引力，就必须要有一个文笔非常犀利的内容运营专员。内容运营专员的主要工作职责有以下几个方面：

(1) 新媒体渠道的管理与维护。内容运营专员需要负责对企业资讯内容的发布渠道进行统一管理；策划企业新媒体渠道的推广方案，栏目的发展规划，并组织具体实施；对各新媒体推广渠道进行管理、维护；对各新媒体渠道发布的内容进行收集、编辑、校验、发布、维护；辅助用户运营专员收集、研究和处理各渠道用户的意见和反馈信息；促进企业在主要媒体渠道知名度的提高。

(2) 各新媒体渠道内容策划及推广。内容运营专员需要负责各新媒体平台上的资讯内容策划、推广；善于搜寻热点信息，撰写相关内容文案；辅助活动运营专员进行营销活动策划和实施。

（三）用户运营专员

无论是研发产品、策划活动，还是推送内容，都需要围绕用户有针对性地展开。因此，新媒体运营者需要进行用户日常管理，吸引新用户关注、减少老用户流失，同时想方设法激活沉寂用户。用户运营专员的工作职责主要有以下几个方面：

（1）挖掘用户需求，开展吸粉引流。用户运营专员需要熟悉公司经营理念，了解产品及市场，深度发掘新媒体平台产品及用户各项需求，针对产品核心优势，做出相应用户运营策略及方案计划；负责具体用户运营方案实施，吸引新用户并促进其转化。

（2）用户活动的组织实施。用户运营专员需要负责策划用户营销活动，协调各部门资源，保证用户运营活动落地执行；开展老用户留存营销活动，提高用户活跃度，搭建合理的用户体系。

（3）维护、分析客户信息。用户运营专员需要负责对用户服务的回访，统计回访并记录、反馈；促进产品和服务的优化改进；针对新媒体平台运营数据，进行用户数据分析，协助上级制定运营策略，提升用户交易量等核心指标。

（四）活动运营专员

在规模较小的新媒体运营团队中，一般不会设置专门的活动部门、活动组等，因为活动是其他模块都会涉及的重要组成部分。

新媒体活动运营需要关注策划与执行。新媒体活动在开展前需要进行详细策划，明确活动目的并确定活动形式、内容、时间计划等；活动完成后，需要活动负责人进行任务跟进与活动复盘。

（五）视觉设计专员

无论是内容运营还是活动运营，都需要视觉设计专员，其主要工作职责有：根据品牌理念、设计方向，完善功能和流程，制定设计文档，推动统一的设计标准；对图标、图片、文字等素材进行制作或处理；产出图片、视频、音频、H5 海报等视觉形态物料，并进行设计、制作和处理；组织或参与 VI 方案分析、需求分析、用户体验研究；对已有 UI 积极提出优化方案，推动提高团队的设计能力；与内容运营专员、活动运营专员密切沟通合作，共同制定视觉设计概念及最终方案。

（六）数据挖掘分析专员

当前的新媒体运营团队越来越重视数据分析对运营活动的作用，为了更好地服务精准目标受众，使企业或个人开展的新媒体运营更有效果，可以由专门的数据挖掘分析专员对行业发展情况、竞争对手情况、目标受众的行为习惯、内容需求偏好、产品或服务销售情况等数据进行收集、处理、分析，为内容、用户、活动和视觉设计的运营、规划提供方向和思路。

总之，在新媒体运营过程中，团队成员只有互为支撑、紧密配合，才能使企业或个人具备不断创新的能力，并在吸引、黏住用户的同时，形成自己的核心价值优势。

四、新媒体运营团队成长路径

一个新媒体人大致需要培养内容能力、运营能力和营销能力三大方面的 36 种技能，如图 1－12 所示。新媒体运营这个岗位很综合，所以也特别锻炼个人的能力。这也是一个非常有前途的岗位，我们可以综合培养各种能力或选择在一方面做到最好。既可以专注内容方向（CCO）或运营方向（COO），也可以走市场营销方向（CMO），甚至还有可能胜任 CEO。

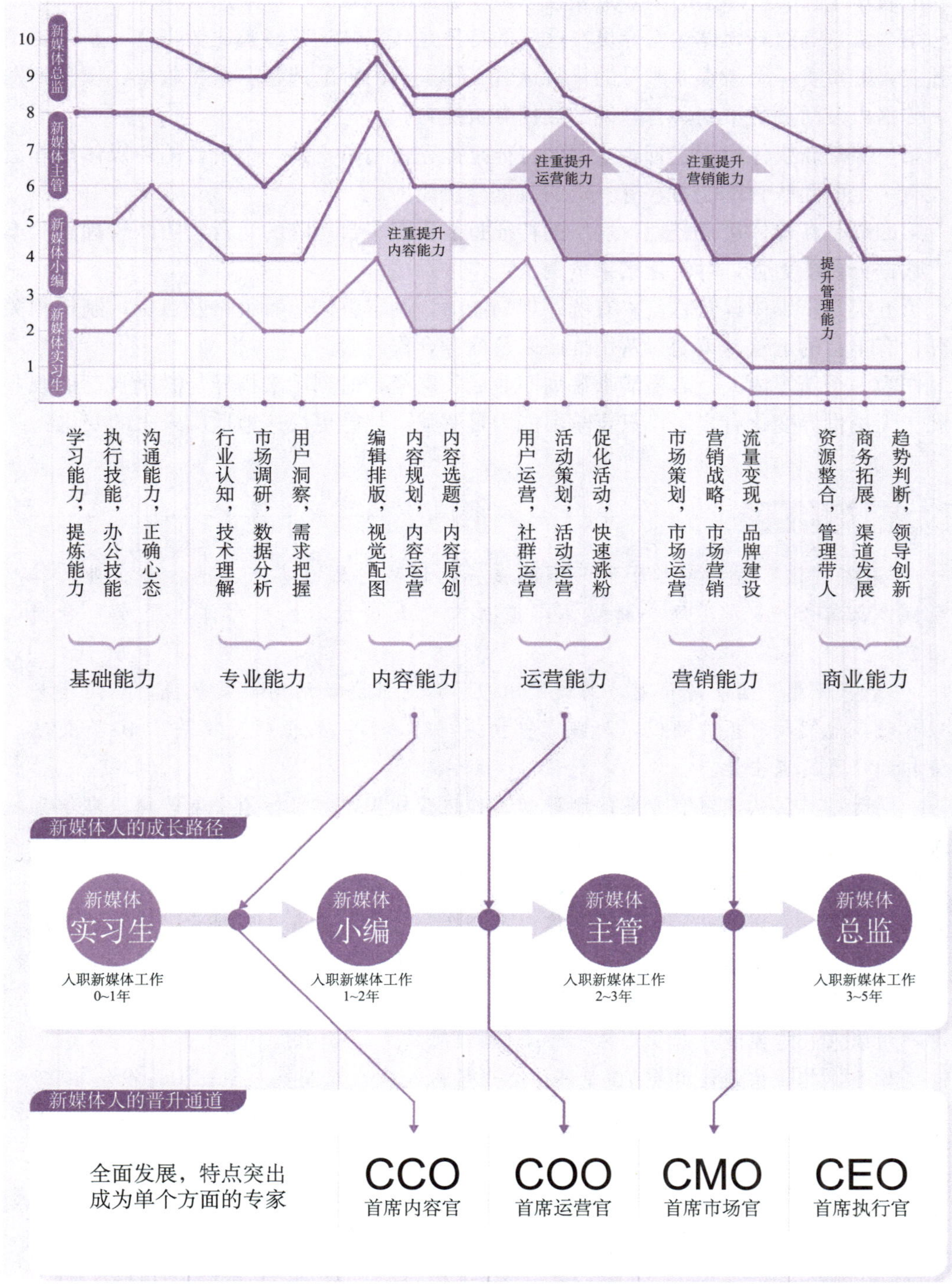

图 1－12　新媒体人的 36 种能力与成长路径

新媒体运营岗位从职业成长路径来看，按照按运营的岗位级别来划分，可以分为运营专员、运营主管、运营经理、运营总监等。

第一级是初级新媒体运营专员。这个级别的特征是，做最基础的文字编辑、排版、素材的收集工作。这一层的突破点是在于经验方面的积累。

第二级是高级新媒体运营专员。这层的特征是新媒体运营经验比较丰富，基本功比较扎实，能负责一个新媒体账号的日常运营工作。从内容的选题、素材收集、撰写到发布、传播以及活动的策划，有基础的数据分析能力。

第三级是新媒体运营主管。这层的特征是能完整地负责某一个平台的新媒体矩阵运营，有一定的团队管理能力，有一定的数据分析能力。

第四级是新媒体运营经理。这层的特征是能操盘平台矩阵的运营，团队管理经验丰富，数据分析能力强，对转化结果负责。

第五级是新媒体运营总监。有统筹规划能力，制定整体运营策略及目标，制定相关预算，有丰富的运营、策划、营销推广以及商务合作经验。

作为一个新媒体人，需要清晰规划职业成长路径，时刻用来指导与激励自己的职业发展。无论世界变化有多快，只要学习能力足够强，就能更快速地适应未来的变化。

实例分享

"老爸评测"是一家始于让天下的孩子们远离有毒有害产品的社会企业。其新媒体部有 20 多人，每个新媒体渠道都有专人负责，社交媒体也是专人专岗回复。

"老爸评测"团队成员基本都是"90 后"，对社会新动向非常敏锐，当短视频兴起时，他们及时抓住商机，为魏老爸拍摄抖音，第一条视频就收获了 10 万关注量和 300 万的点击量。

同时，其团队成员有专业的测评知识和运营知识，对目标消费者的需求理解到位。每周一新媒体团队都会开一次"头脑风暴"会议，会把在微信群里了解到的用户需求及时进行反馈，明确检测的商品，然后分工合作，有专人到商场、淘宝精挑细选商品、专人送检；同时，新媒体专员会在公众号、头条号、抖音、粉丝群发图文、视频进行前期预热，引起用户兴趣，测试结论也会及时上传到公众号、抖音等平台，并引导消费者到"老爸商城"购买。此外，新媒体部与用户保持了良好的互动，组织家长志愿者一起管理六七十个微信群。

如今，其微信粉丝群有 70 多个；公众号粉丝 230 万以上；今日头条粉丝 40 万以上；抖音粉丝 1 032 万以上；小红书粉丝 51 万以上；知乎粉丝 32 万以上；微博粉丝 21 万。

分析其原因正是因为有一个年轻、专注、坚持，又有良好产品理解力、洞察力、策划编辑力、资源整合力的团队，才有"老爸评测"的成功。

任务四　新媒体运营技能

在新媒体时代，文化生态、创作来源、发表形式、宣传活动、营销机制和经营策略都发生着翻天覆地的变化，新媒体运营者需要掌握新媒体运营的专业术语，具备新媒体岗位需求的各项能力，不断完善自己，找对自己的方向，大步奋力向前。

一、新媒体运营专业术语

新媒体的运营者必须对专业术语使用纯熟，以便提高团队的沟通效率，有针对性地提升运营效果。专业术语不应该只是了解，还必须能熟练运用于新媒体运营工作中，不管是选题策划还是后期反馈，掌握专业术语能帮助新媒体人更好更快地开展工作。常见的新媒体运营关键词包括策划类、执行类和反馈类，总共 11 个专业术语。

（一）策划类

1. 用户画像

用户画像的过程是一个贴标签的过程，通过用户的年龄、性别、消费习惯、浏览习惯等重要信息，运营者把抽象的东西标签化，以便进行更有针对性的新媒体推广和用户管理。

2. 产品矩阵

产品矩阵是针对不同用户或者同一用户需求而设计的优化产品，如大众点评分别为一般消费者、团购消费者和后台商家开发了三个软件产品，以满足差异化需求。

3. 运营策划

在开展工作前运营者必须进行策划、分析目的、确定方式、讨论创意等。如果前期出现差错，后期效果就会大打折扣。

（二）执行类

1. 意见领袖

行业内有话语权的人，他们通常有一定专业度，其观点更能被粉丝所认同，应尝试与意见领袖合作，借助其影响力增加新媒体的品牌效应。

2. 文案

文案最早指广告文案，包括广告标题、正文及口号。在新媒体运营中，文案既有长文案（如微信公众号文章、今日头条文章），也有短文案（如微信朋友圈文案、微博文案），还有多媒体文案（如海报文案、视频文案等）。

3. 软文

软文是由企业的市场策划人员或广告公司的文案人员来负责撰写的文字广告，与硬性广告相比，软文的精妙之处在于一个“软”字，它将要宣传的信息嵌入文章内容中，影响用户于无形。软文有双向性的特点：既能让用户在文章里找到自己所需的信息，为用户提供价值，又能推广企业所宣传的内容，影响用户决策。

（三）反馈类

1. 粉丝数

粉丝数的多少是账号运营优劣的考核标准之一，运营者需要定期统计粉丝情况，包括粉丝总数、新关注人数、取消关注人数、净增关注人数等，特别是在进行专门的拉新活动或渠道推广后，运营者需要统计新增粉丝数，以评估推广质量。

2. 曝光量和阅读量

曝光量是产品或品牌的互联网知名度考核标准之一，运营者需要熟悉的曝光量数据，包括微信文章阅读量、单条微博阅读量、微博话题阅读量等。阅读量是文章质量的考核标准之一，在文章推送12小时、24小时、48小时等时间点，运营者需要记录文章的阅读量，判断文章整体质量。

3. 访问量

访问量是指一定时间内页面被访问的次数，是移动网站的考核标准之一。为了提升访问量，运营者需要通过朋友圈、微信群、微信公众号等多渠道综合推广。

4. 活跃用户数

活跃用户数是相对于流失用户数的概念，指的是经常使用本媒体浏览网站或打开媒体公众号的用户数量。用户在下载某软件或关注某公众号一段时间后，很可能逐渐降低活跃度。因此，运营者需要通过撰写更有趣的文章，策划更有创意的活动，持续提升活跃用户数。

5. 好评率

好评率是产品或品牌互联网美誉度的考核标准之一，运营者需要管理的好评率包括大众点评星级、店铺评论区好评等。

二、定位选题技能

（一）选择新媒体平台技能

选择新媒体平台技能是指新媒体运营人员需要对各类新媒体平台有比较具体的了解，能根据企业的具体情况，结合不同的新媒体平台的特点，选择适合的新媒体运营平台。同时，由于现代信息技术更新提升的进度不断加快，新媒体平台的技术更新也是日新月异，所以新媒体运营人员还应该具备构建跨平台运营矩阵的基本技能。

（二）定位技能

“定位不对，努力白费”，在开展新媒体运营之前，新媒体运营人员需要在对自己的产品理解的基础上，进行一系列的定位。清晰的定位能够帮助新媒体运营人员厘清思路，了解用户需求，掌握市场竞争对手状况，从而有的放矢地开展新媒体运营活动。具体的新媒体运营定位需要从平台定位、用户定位、产品或服务定位等几个方面开展。

（三）寻找热点选题技能

对于新媒体运营人员来说，内容创作是最让其头疼的事情。如今，新媒体的各大平台对文章的转载非常频繁。这一方面可以使某些优秀的推文更火热，另一方面也会使用户产生审美疲劳。因此，新媒体运营人员必须掌握一定的热点选题技能。

要寻找热点选题，就要了解当前的热点资讯，其中，各大新闻的门户网站是寻找热点选题的首选。例如，搜狐新闻、今日头条、新浪微博、百度搜索风云榜等媒体平台。此外，搜狗搜索、西瓜公众号助手等搜索工具，也为新媒体运营人员搜索热点信息提供了便捷渠道。百度搜索风云榜如图 1－13 所示。

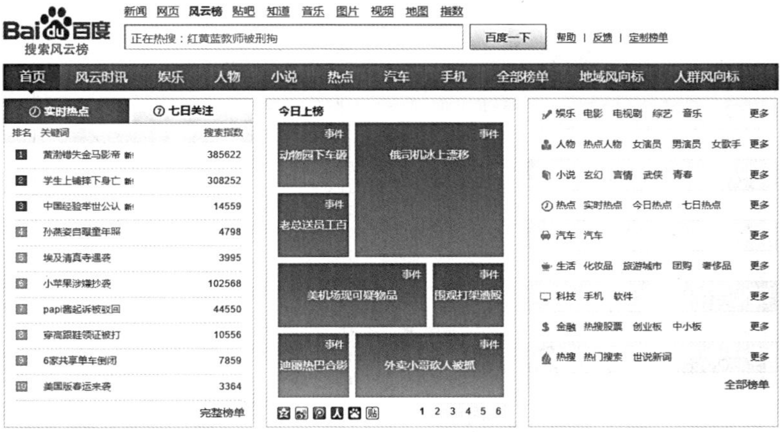

图 1－13　百度搜索风云榜

三、内容运营技能

（一）文案内容编辑技能

要制作出一篇吸引用户浏览的文案，还需要新媒体运营人员掌握一定的文案内容编辑的基本技能。如微信公众号方面的编辑工具有创客贴、i 排版、135 编辑器、365 编辑器、96 编辑器等众多免费又简单的编辑平台。

此外，一篇美观的文案，离不开合适的文字创意。创意云文字是一种文字呈现形式，以图形化排版来表达某个概念或形象。创意云文字由文字和图形组成，文字是围绕着表现主题展开的相关关键词，图形是以主题为核心的相关图片。文字和图形在表达内容和形象展示上互相补充，形成一种新型文字处理技巧。如 TAGUL 具有丰富的自定义功能，进入网站直接注册就可在线编辑，单击“Create new word cloud”按钮新建云文字即可进入制作页面。

同时，在新媒体文案中推荐阅读文章的时候，大部分都是通过二维码吸引用户扫描关注。因此，二维码的美化也是必不可少的步骤。如草料二维码、微微在线二维码、第九工场、联图等众多的二维码生成工具都是不错的选择。草料二维码生成器如图 1－14 所示。

图 1－14　草料二维码生成器

（二）图文设计技能

在新媒体运营活动中，制作精美的运营图片是新媒体运营人员必须掌握的基本技能。

一方面，新媒体运营人员要熟悉一些图片素材搜索网站，如花瓣网、昵图网、千图网等网站都有大量免费的图片素材，可以大大节省图片制作的时间。“花瓣网”图片素材网站如图 1-15 所示。

图 1-15　“花瓣网”图片素材网站

另一方面，新媒体运营人员还需要掌握图片制作软件的基本操作。当前手机图片制作软件的普及，使制作一张专业的照片变得简单易行，如 Snapseed 修图编辑、相机 360 PicsArt、B612 咔叽、黄油相机 等都是非常好用的手机图片制作软件。“黄油相机”图片制作软件如图 1-16 所示。

图 1-16　“黄油相机”图片制作软件

此外，美图秀秀是一款免费的、简单易上手的图片处理软件，其不仅有特效、美容、拼图、场景、边框、饰品等功能，还能一键分享到新浪微博、人人网、QQ 空间等。当用户需要的图片对清晰度及 GIF 图的制作与编辑要求比较高时，就需要用到 Photoshop 一类的专业的图片编辑工具。

（三）视频音频编辑技能

为了进一步美化并丰富新媒体推送的内容，新媒体编辑也可以在内容中加入视频或音频。它不仅是对内容推送的一种创新，也更加符合受众的观看习惯，是满足受众诉求的一种表现。视频音频的编辑需要借助一定的工具才能完成，因此从业者也需要对一些基本的视频音频软件进行学习。

1. 视频编辑工具

专业的常用视频编辑工具有 Premiere、Vegas 两款。Premiere 的优点在于其专业性，输出的视频格式非常丰富，如图 1－17 所示。Vegas 的优势是自带特效、模板较 Premiere 多，Vegas 的界面更直观，容易上手，而且可以和索尼机器拍的片源无缝接合。此外，绘声绘影、Camtasia Studio 等视频编辑软件因为免费简单易用，也非常受用户欢迎。

图 1－17　Premiere 视频编辑软件

爱剪辑是一款强大实用的视频剪辑软件，专为满足年轻用户的使用习惯、功能需要与审美特点等需求而设计推出，不仅可以轻松剪辑制作视频、支持海量影像效果的自由搭配、具有丰富的文字编辑方式，而且有 2 000＋图片、MV 滤镜效果、FX、动画效果等美化可供选择使用，如图 1－18 所示。

2. 音频编辑工具

专业的常用音频编辑工具是 Audition，其可以创建音乐、录制和混合项目、制作广播点、整理音频与声音，如图 1－19 所示。此外，Cool Edit 是一款可以记录音乐并把音频烧制成 CD 的音频编辑器。

3. 手机视频录制编辑工具

Shou 是一款免费的手机屏幕录制软件，不仅屏幕高清，支持分辨率的修改，而且对视频的录制时长没有限制。其主要有三大特点：

图 1 – 18　爱剪辑视频编辑软件

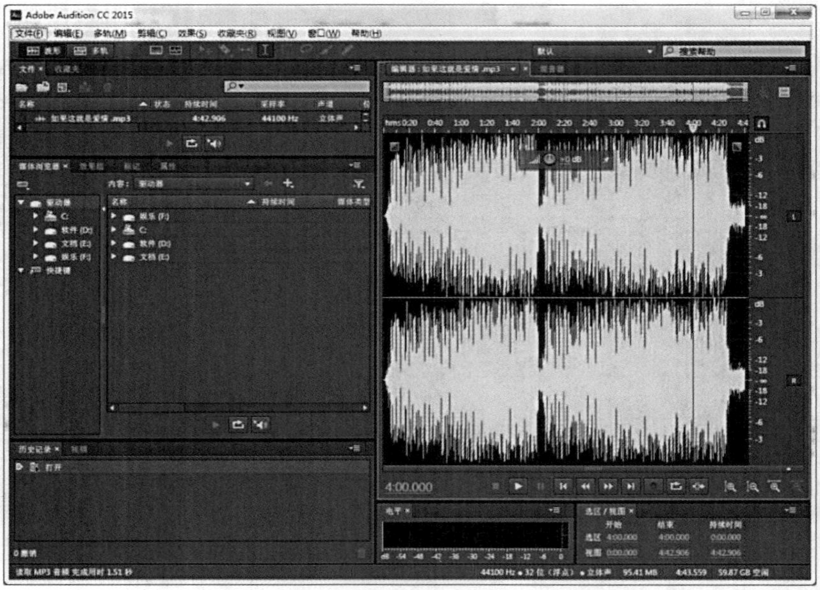

图 1 – 19　Audition 音频编辑软件

（1）可录制高清屏幕视频，或播放录制的高品质视频。

（2）拥有顶级的手机游戏、玩家和电子竞技赛事，用户可以通过游戏频道的名称来实现浏览。

（3）拥有全功能的聊天模式，用户可享受创新的浮动聊天，甚至可以开启“聊天一only”的模式。

四、用户运营技能

新媒体运营者不能只考虑自己能做什么，更需要和用户建立良好的关系，知道用户在想什么，了解他们的需求和想法，这样会让自己更容易和用户保持良好的沟通关系，可以从用户的想法和需求中找到更好的运营方式和方法。

因此，新媒体运营者需要掌握客户关系管理软件的使用方法，如钉钉智能客户服务管理、Zoho CRM、爱客 CRM 等客户关系管理软件，可以帮助运营者节省获客成本、缩短销售周期、提升客户留存率、提升人均赢单率等。当然，学会使用各新媒体平台客户服务工具也是非常关键的，如微信平台的自动回复设置、菜单栏的设置等。

五、活动运营技能

众所周知，对新媒体的发展而言，平台与粉丝之间的互动是非常重要的。平台在线上进行的一系列活动，是加强粉丝互动的重要方式之一。因此，做好线上的活动策划，对新媒体工作人员来说，是必不可少的工作内容之一。

当前，比较常见的 H5 制作工具有：易企秀、We＋、MAKA、iH5、兔展、人人秀、凡科等，这些平台为新媒体运营人员提供了活动运营、游戏运营、趣味运营等丰富的互动场景应用，可以通过 H5 微场景、微信红包、投票、抽奖、小游戏、VR 全景，强化新媒体运营互动功能。凡科网微传单如图 1－20 所示。

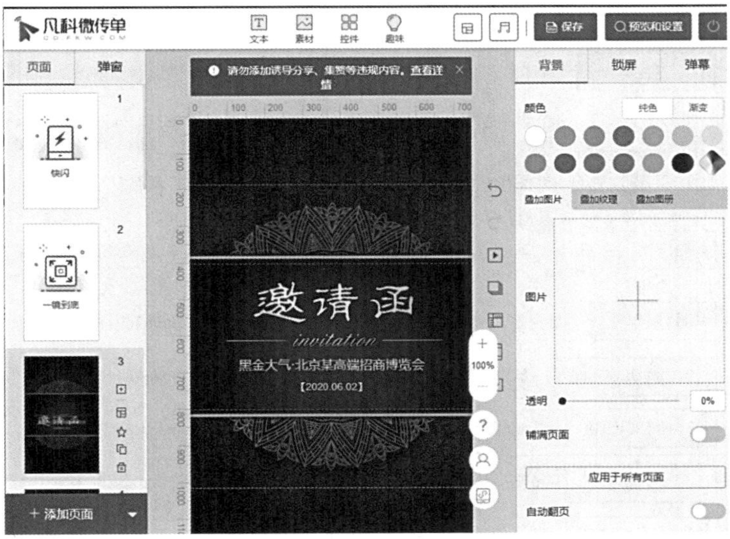

图 1－20　凡科网微传单

六、数据分析技能

除百度、阿里巴巴等大型互联网公司外，专门设置“新媒体数据分析师”岗位的企业并不多。因此，新媒体运营者通常需要承担数据分析师的角色，懂得基本的数据分析，会使用 Excel 或更专业的数据分析工具，进行数据预设、过程监控、数据总结等处理。

同时，处于管理岗位的新媒体运营总监除了对运营数据本身的分析外，还需对团队业绩、员工绩效等进行分析与考核。

总之，新媒体运营的工具多种多样，如图 1－21 所示，运营者需要根据自身的需求和用户偏好，合理规划和使用，以发挥其最大的营销作用，使新媒体运营工作事半功倍。

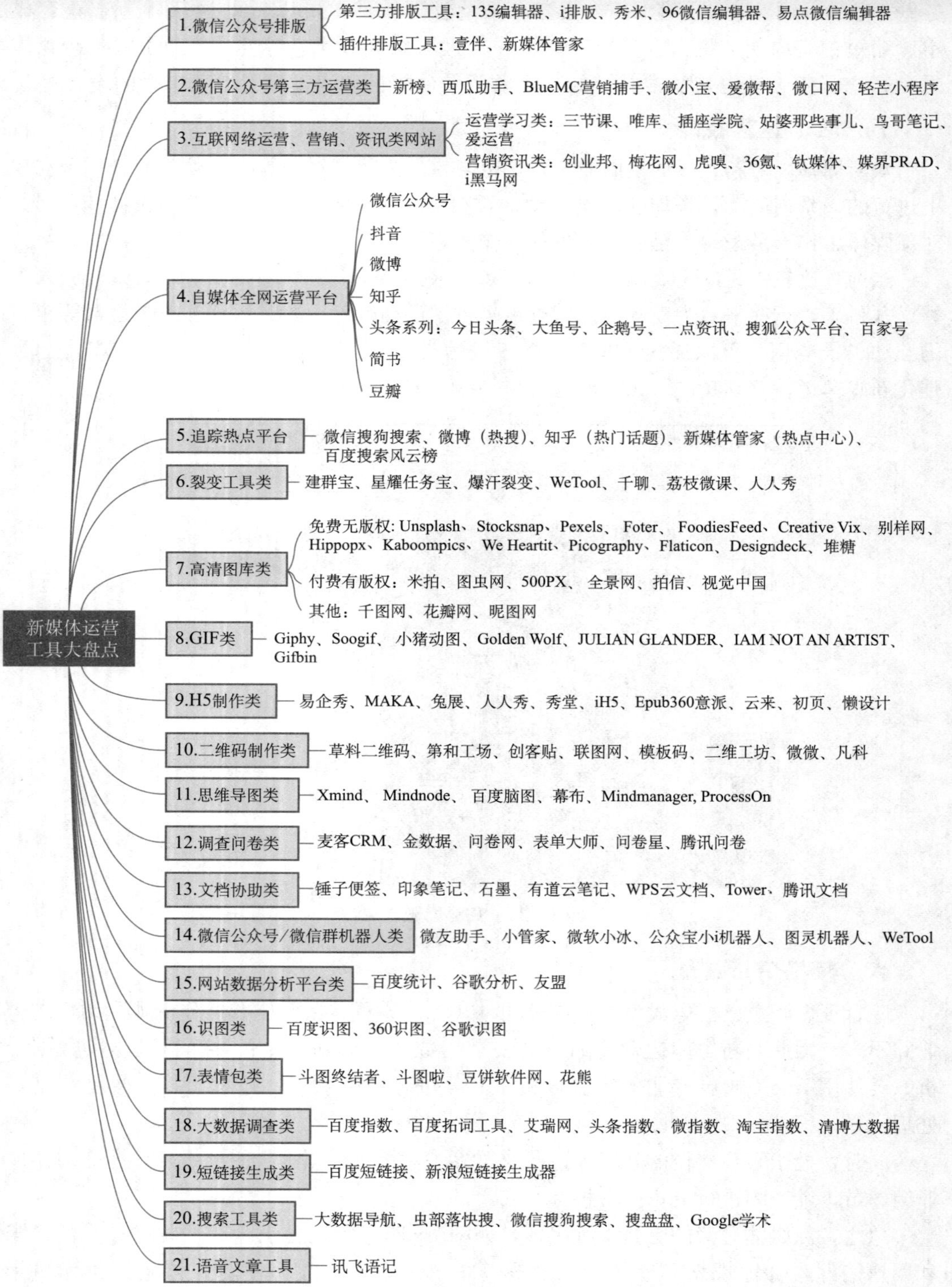

图 1－21　新媒体运营工具大盘点

素养园地

武汉“最暖云咖啡”

2020新年伊始，一场突发疫情使得很多企业面临各种困境，武汉Wakanda咖啡店也一样，在没有客流和收入的情况下，现金流只够支撑两个月。Wakanda咖啡店店长李飞在与医护人员聊天过程中，得知现在医院的工作量特别大，医护人员工作非常辛苦，需要咖啡提神。因此，从武汉实行交通管制起，他们开始为抗“疫”一线的医护人员送免费咖啡。为了送好咖啡，团队做了很多工作，比如选拿铁而不选用美式的原因是，美式咖啡除了提神也利尿，对于要穿着隔离服连续工作几个小时的医护人员来说不方便。此外，做拿铁的打奶温度控制在80度上下，保证咖啡送到时是温热的。2月14日，他们还特意准备了520杯咖啡和巧克力。为了鼓励辛苦工作的医护人员，擅长美术的店员还在每个咖啡杯上手写“向您致敬”“您最可爱”“感恩有您”等祝福语。

2月9号，一篇在咖啡垂直行业媒体公众号上发表的文章，将这家低调的咖啡店带到了公众面前，文章迅速被转载，阅读量一夜突破十万。网友得知咖啡店善举后，也纷纷通过手机App进行“云买单”，实力应援这样的爱心举动。短短3天内，参与“云买单”的网友就达1万多人。武汉“最暖云咖啡”就这样诞生了。有网友参与“云买单”后，店员便将参与者的名字写在每句祝福语的下面，将网友们的爱心和支持一并送给医护人员。

资料来源：文汇时评．这杯“云咖啡”为什么特别提神．文汇网．(2020-02-18) [2020-05-12].

问题：疫情期间，Wakanda咖啡店免费为医护人员提供咖啡，体现的是一种怎样的精神？“最暖云咖啡”不仅体现了新媒体运营人员精准定位用户需求，善于利用新媒体平台服务社会，而且体现了新媒体运营者恪守职业道德和强烈的社会责任感。谈一谈，新媒体运营者在感受中国速度、中国力量的同时，如何开展矩阵传播，并厚植爱国情怀？

相关法律法规解读、广告法解读

【职业技能训练】

1. 训练目标

(1) 培养学生观察新媒体市场的意识和分析、解决问题的能力。

(2) 使学生认识基本的新媒体运营团队，能够明确自身的新媒体职业生涯规划。

2. 训练内容

（1）通过分析自己网店产品的情况，进行新媒体运营具体载体形式的选择和组合。

（2）通过智联招聘、前程无忧、中华英才等相关网站，搜索新媒体营销团队中最感兴趣的职位，了解其岗位需求，做好职业规划和简历。

3. 训练评价

（1）产品运营环境分析、把握准确。（20 分）

（2）新媒体运营载体选择适当，理由充分。（30 分）

（3）新媒体运营岗位明确，职业生涯规划具体、简历美观大方。（30 分）

（4）语言表达清晰、准确，逻辑性强。（20 分）

项目二

社交平台运营

提升社交策略的效果，不仅需要社交营销人员与正确的团队结盟和合作，以设定满足消费者和品牌期望的目标，还需要利用对消费者习惯和偏好的洞察力，在社交媒体上与目标用户建立长久而持续的联系。

——社交营销指数报告

知识目标

1. 了解社交平台的不同功能及用户特征。
2. 掌握用户画像的基本步骤和方法。

能力目标

1. 具备运用社交平台开展吸粉引流活动的能力。
2. 具备综合运用社交平台构建矩阵、制订科学可行的社交平台运营方案并实施的能力。

素养目标

了解社交平台的创新形式和内容，以及微信公众平台运营等方面的规范，培养新媒体运营的创新精神和网络道德的综合素质。

平台概览

平台名称	平台介绍	平台特点	变现方式
微信	为智能终端提供即时通信服务的免费应用程序。微信提供公众平台、朋友圈、消息推送等功能，用户可以通过“摇一摇”“搜索号码”“附近的人”及扫二维码方式添加好友和关注公众平台，同时将内容分享给好友以及将看到的精彩内容分享到微信朋友圈。	聊天、添加好友、微信小程序、微信公众平台、视频号	广告或软文变现、卖实物产品、卖培训产品、矩阵变现
微博	是基于用户关系的社交媒体平台，用户可以通过 PC、手机等多种移动终端接入，以文字、图片、视频等多媒体形式，实现信息的即时分享、传播互动。	门槛低、随时随地发布信息和接收信息、快速传播、实时搜索、话题#、艾特@、转发	广告变现、内容收益（付费订阅、打赏、问答）、微博小店、矩阵变现

续前表

平台名称	平台介绍	平台特点	变现方式
QQ	是一款基于 Internet 即时通信软件，支持在线聊天、视频通话、点对点断点续传文件、共享文件、网络硬盘、自定义面板、QQ 邮箱等多种功能，并可与多种通信终端相连。	聊天、游戏、覆盖人群广泛、庞大的流量优势、内容生产强大	QQ 群推广变现，QQ空间展示变现，QQ 好友互推、转发、点赞、投票等多元化互动变现
豆瓣	是一个集品味系统（读书、电影、音乐）、表达系统（我读、我看、我听）和交流系统（同城、小组、友邻）于一体的创新网络服务社区自媒体平台。	提供书和影音推荐、线下同城活动、小组话题交流	广告变现，文创衍生品变现，自创 IP 变现，把精品内容图书化、游戏化、影视化的变现
百度贴吧	用户可以自由发布文字、图片、视频等交流信息，众多帖子集合成一个“吧”，用户在“吧”里进行在线交流。活跃的贴吧集中在娱乐、游戏等领域。	信息聚合、快捷聚集、深度互动	服务变现、知识付费变现、周边服务变现、信息差变现
问答	目前，主要的问答类自媒体平台有知乎、悟空问答、搜狗问问、360 问答、百度知道等。其中，知乎用户质量高，且流量巨大，热门问题关注人数有几十万；百度知道、搜狗问问等则适合做搜索截流、信任背书。	知识共享、以人和内容为节点、智能算法、开放多元	以软广告收益为主、付费查阅答案、悬赏提问

运营故事

“完美日记”社交平台运营

“完美日记”作为一家成立不到 3 年的美妆品牌，却能频频抢占天猫彩妆 TOP1 的榜单，得益于其“微信公众号+个人号+微信群”的流量矩阵打造。目前，其小红书粉丝 175.1 万，抖音粉丝 148.8 万，微博粉丝 40 万，B 站粉丝 4.6 万，快手粉丝 140.1 万。

1. 多渠道导流

门店导流：过去一年，完美日记已经在全国各地陆续开设了 30 多家线下体验店。而据完美日记新零售事业部总裁冯琪尧称，未来三年全国将开店 600 家。线下每家店都会要求导购，通过优惠等方式引导用户关注完美日记的公众号、微信号，实现线下向线上的导流。

快递导流：除了线下门店导流，在线上电商渠道，用户购买了完美日记产品后，商家在产品包裹内将会附加一张红包卡。通过 1～2 块钱的购物红包，引导用户关注公众号、微信号，形成其品牌专属粉丝群。

2. 私人顾问人设

由于完美日记是一个美妆品牌，为了与用户更加自然地相处，完美日记特地打造了一个以“小完子”为人设的美妆、护肤顾问账号，而完美日记的粉丝群就叫“小完子完美研究所”。相关数据显示，目前以小完子为人设的微信个人号至少有100个，添加了几十万的用户为微信好友。同时，小完子完美研究所这样的微信群也有数千个。

无论是微信群还是朋友圈，都是以小完子这个人设为用户提供服务。比如群内答疑、收集意见，朋友圈发布个人最新动态，等等。这种做法，不仅拉近了品牌与用户的距离，而且能更加直观地展示品牌的形象、产品。

3. 微信号矩阵

完美日记通过建立多个不同类型的微信公众号矩阵，覆盖更多的用户。有专门服务粉丝的，有针对学生群体的，有提供美妆护肤指导的，等等。目前完美日记一共有16个微信公众号，其中完美日记官方账号，通过新榜数据监测显示，预估粉丝超过百万，头条阅读10万人次以上，平均在看3 000人次以上。

资料来源：神达．完美日记是如何玩转微信私域流量的？．搜狐网．(2020-01-06) [2020-07-31].

分析提示

“完美日记”在小红书、微信、微博等社交平台完成一次引流、成交变现后，利用微信个人号及社群保持与用户的联系，再通过社交平台运营来抢占用户并持续转化，通过“微信公众号+个人号+微信群”的流量矩阵打造，让用户与品牌之间形成无限良性循环的社交关系。

知识嵌入

任务一 社交平台确定

依据《2019社交媒体营销指南》，社交媒体营销（Social Media Marketing）是指：运用社会化媒体，如博客、微博、社交工具、社会化书签、共享论坛，来提升企业、品牌、产品、个人或组织的知名度、认可度，以达到直接营销或间接营销的目的。基于此，我们认为：社交平台运营就是企业或个人运用社会化媒体开展吸粉、留存、促活、转化等系列推广活动，形成社交矩阵，实现提升用户黏度、树立品牌以及产品销售运营目标的一种运营方式。

“社交”已经全面渗透至我们日常生活的各个场景，而社交生态的日益成熟，也驱动了社交零售新兴市场的日益兴盛。社交媒体生态的多元化，给消费者的生活带来了更积极的影响。人们越来越认同社交媒体能够帮助做出更好的购物决策。企业抓住社交媒体无疑抓住了与用户建立关系的最有效路径。

图2-1 主要社交平台

社交平台主要分为开放式和封闭式两种类型。开放式社交平台主要有微博、知乎、豆瓣等；封闭式社交平台主要是指微信平台。主要社交平台如图2-1

所示。

本教材主要讲解微博和微信这两个最核心的社交平台的选择和运营。两个平台的对比情况如表 2-1 所示。

表 2-1　微博和微信平台对比情况

角度	平台	
	微信	微博
用户群体	全方位	30 岁以下人群
社群规模	3～500 人	3～1 000 人
社群优势	使用简单	微博内置社群
管理结构	群主—管理员—群员	群主—管理员—群员
社群玩法	群红包、群收款、位置共享	群红包、位置共享等
推广方式	群二维码、个人邀请加入	群二维码、个人邀请加入、分享群、群名片
适用场景	较轻松，无须太多软件功能的组织	微博旗下的组织
关系结构	关系建立在兴趣上，关系质量较弱，多为单向传播	关系建立在社会关系上，关系质量较强，多为双向关系
运营难度	低	中

微信和微博最大的区别在于媒体（Media）和社交（Social）的侧重点不同。即微博本质是一个媒体工具，同时有社交的功能，是一个社会媒体平台（Social Media Platform）。故其注重的是传播的速度和广度，以及内容公开。因此找准微博话题，很快就能靠内容进行话题传播。

微信的本质是社交工具，同时有一些媒体的功能，是社交沟通平台（Social Communication Platform）。故其注重的是私人内容的交流和互动，信息的传播速度不快，但受众信息消化率很高。微信由于其封闭的特征，所有的传播基本都局限在微信朋友圈，并且还有种种限制，故其更注重用户的质量和活跃度，更提倡与目标人群做持续的精准服务和做有节制的口碑传播。

一、微信平台特征

在碎片化的移动互联网时代，微信用各种连接方式使用户形成全新的习惯，以人为中心、以场景为单位的连接体验催生了新的商业入口和营销模式，微信基本上沿着“积累用户数量—增强用户黏性—培养用户习惯—探索商业模式”的路线发展。下面我们主要从微信功能特征、微信用户特征两个方面进一步深入理解微信平台。

（一）微信功能特征

当下，微信已经衍生出很多功能，主要包括沟通互动、加粉、交易和其他应用功能，如图 2-2 所示。

1. 沟通互动功能

微信沟通功能主要体现在聊天、朋友圈点赞和评论、摇一摇互动以及公众号分享等方面。它可以与手机通信录绑定，具备通过邀请手机联系人、微信好友进行交流的功能，可以通过朋友圈功能发布状态、定位，与微信好友进行互动和分享。通过微信沟通功能，可以对目标人群提供更持续、更精准的服务，并在服务的基础上进行一定程度的口碑传播。

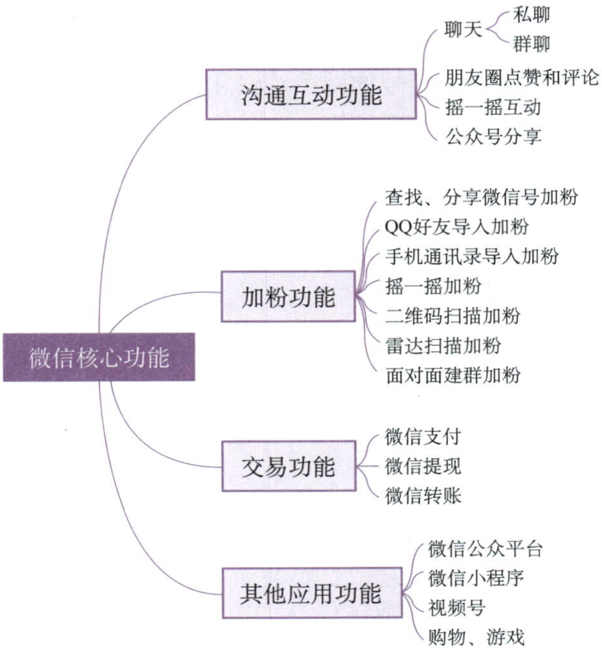

图 2-2　微信核心功能

2. 其他应用功能

微信除了基础的沟通功能外，还有微信公众平台、微信小程序、视频号以及购物、游戏等应用功能。

（1）微信公众平台。微信公众平台是腾讯公司在微信基础平台上增加的功能模块。通过这一平台，企业可以打造自己的微信公众号，并在微信公众平台上以文字、图片、语音、视频等方式实现和特定群体全方位的沟通、互动。

（2）微信小程序。微信小程序具有无须安装、触手可及、用完即走、社交裂变的特点，完全颠覆了社交新媒体入口的模式。其线上打通了微信个人号、公众号、微信群、朋友圈的沟通渠道，线下支持小程序代码、微信卡券、微信支付等功能，在极大提升效率和用户体验的同时，也为企业快速了解用户、积累粉丝奠定基础。

（3）视频号。视频号是 2020 年 1 月微信正式启动内测的新功能，视频号入口位于微信发现页、仅次于朋友圈功能下方的位置。视频号可以发布长度不超过 1 分钟的视频，优于微信朋友圈的 10 秒视频时长。视频号是微信少有的用户“被动获取”内容、能低门槛地将内容发表到朋友圈外——“公域”范围的产品，不仅代表着微信“短内容”的未来，还肩负着用户向“世界”展示自己的期待。

（二）微信用户特征

微信从一个沟通工具升级成为一个生态圈，早已渗透至人们生活中的方方面面。在微信 2019 年度报告中，微信的月活跃用户人数达到了 11.5 亿，成为中国最大体量的 App，这也意味着微信用户的活跃空间基本到达了顶点。

1. 微信用户的基本特征

艾媒咨询数据显示，97.5%的网民表示拥有微信号，其中拥有单个微信号的网民占48.6%，拥有两个及两个以上微信号的网民约占48.9%；使用便利、功能全面、已养成习惯是网民使用微信最主要的三个原因。此外，约33.1%的网民微信好友数量处于51至200人之间，27.2%的网民微信好友数量集中在201至500人，好友人数超过1 000人的网民占7.4%。在好友关系方面，数量靠前的分别是家人亲戚、同学校友、熟人朋友。微信好友不断由熟人关系向外拓展，促使微信的社交关系链趋于庞大且稳固，如图2-3所示。

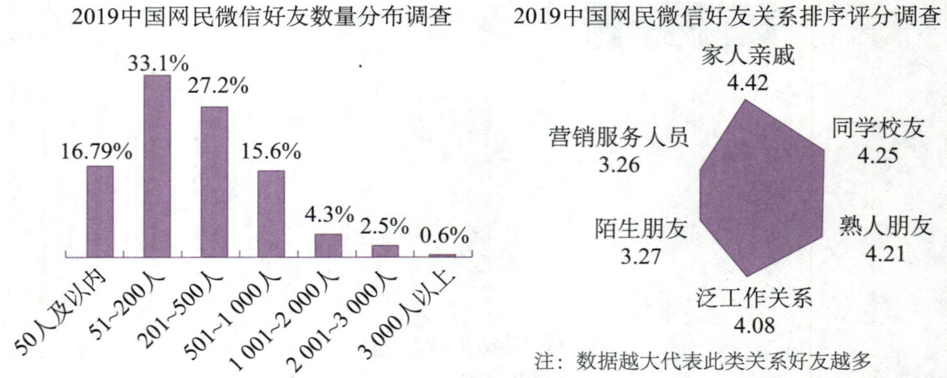

图2-3 微信用户的基本特征

数据来源：艾媒数据中心（data.limedia.cn）.

2. 朋友圈使用习惯变化

依据艾媒咨询数据分析，朋友圈依然是网民表达自我的重要窗口，48.9%的网民倾向于在朋友圈发布个人观点，42.1%的网民偏好在朋友圈记录生活点滴，24.8%的网民利用朋友圈推广产品或服务。尤其是下列几类人在朋友圈中活跃度较高：

第一类是宝妈，对孩子的爱让她们不得不“秀”。

第二类是学生，对待生活的热情让他们“爱表达”“爱分享”“爱展示”。

第三类是白发一族，有钱有闲的他们喜欢从朋友圈看晚辈、看朋友的近况，看养生、看文摘。

但随着“泛好友”越来越多，大部分微信用户越来越不喜欢晒生活，甚至开启了三天可见的功能。微信作为一个社交工具，其用户间的沟通交流已经由原来集中在熟人圈逐步向“泛社交”转变。

3. 公众号使用习惯变化

微信公众号人均阅读数从2014年的4.5人次到2019年的1.1人次，人均阅读公众号越来越少，以前上班路上刷公众号变成了刷短视频、刷新闻流。很多公众号创作者开始转战其他社交平台“圈粉”。

当然，为顺应用户使用习惯的变化，微信推出了“视频号”来丰富其内容生态，使其对“普通人更友好”，进一步发挥做强“社交关系链”优势，放大与公众号、朋友圈、微信群的协同效应。

二、微博平台特征

微博是一个通过关注机制分享简短实时信息的广播式社交平台。微博不仅可以发布短消息，还能发布长文章与音视频等内容。

微博用户数量非常大，发布信息和传播信息的速度都非常快，微博博主通过每天更新微博内容，发布粉丝感兴趣的话题，可以与粉丝保持良好的交流互动，培养起坚实的粉丝基础。如果微博博主拥有数量庞大的粉丝群，则发布的信息可以在短时间内传达给更多的其他用户，甚至形成爆炸式的病毒推广效果。因此不论是企业还是个人，都选择微博作为主要营销平台之一。

（一）微博功能特征

微博主要的功能有：发布图片、音视频、直播等分享功能；关注、评论、转发、收藏、私信、群聊、投票、@、＃话题＃等互动功能。微博结构图如图 2－4 所示。

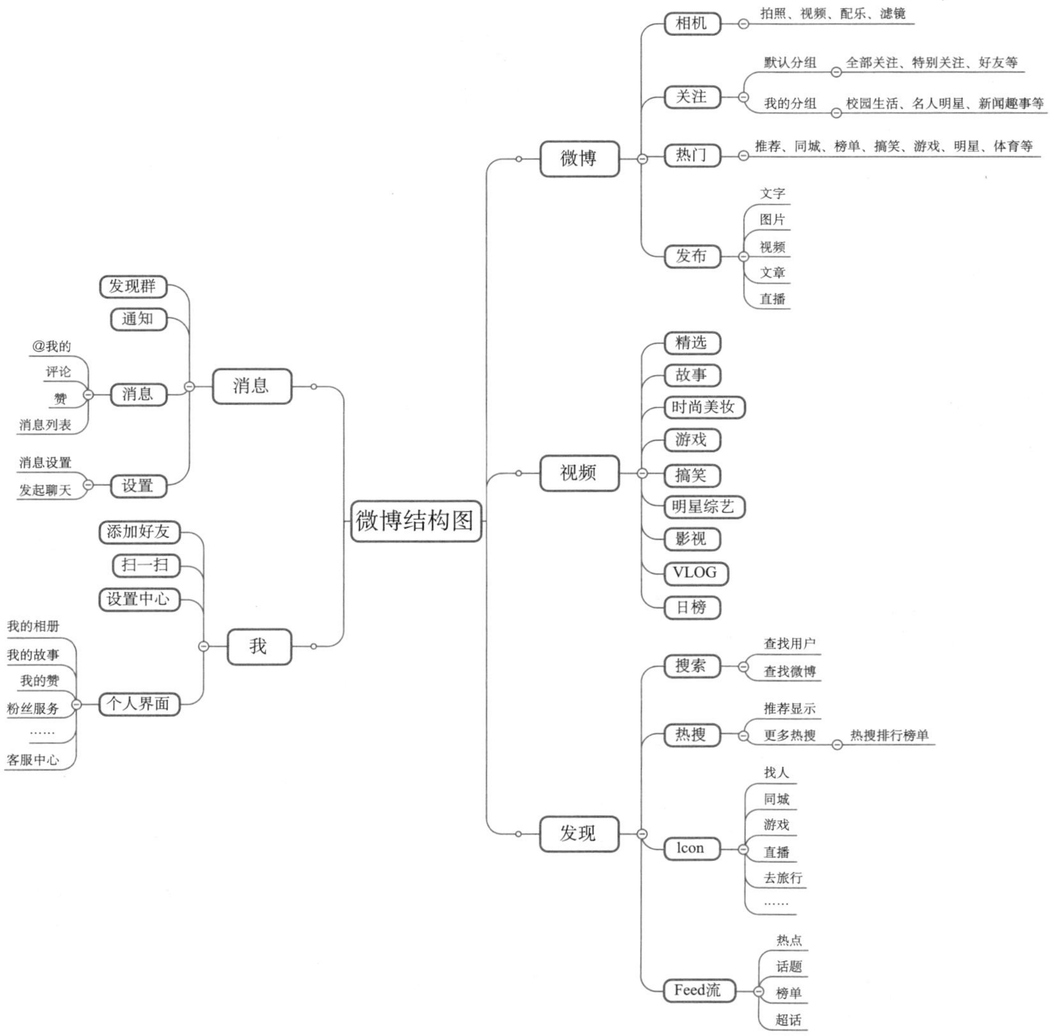

图 2－4　微博结构图

1. 选择发布分享形式

微博的发布形式越来越多元化，除了文字和图片外，还可以发布长微博（即头条文章）、视频、音频、超话、投票、点评、直播等。在微博手机客户端，还可以发布商品，这对于社交电商来说，是一个很方便的选择，可以直接运营微博橱窗进行商品售卖。此外，在发布微博时，还可以通过定位功能，进行签到、点评，从而达到引导线下消费的目的，如图 2-5 所示。

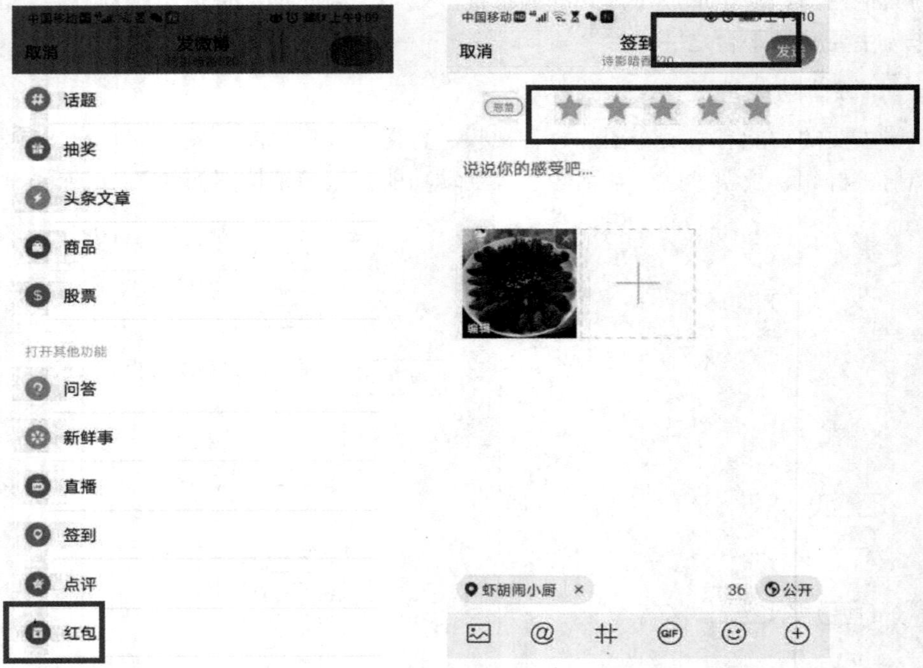

图 2-5 微博签到、点评功能

实例分享

“虾胡闹小厨”的定位是通过在百度、腾讯、高德地图上进行定位设置以后，才能实现用户在微信、微博等社交平台中进行定位发布。以高德地图为例，首先登录高德地图软件，点击个人头像，在“成就”的“高阶任务”中就能找到“新增地点”，店家可以通过“店主专属通道”24 小时内快速审核。

文字微博内容最多 2 000 个汉字，但超过 140 个汉字的内容会被折叠起来，需点击“展开全文”才能全部显示。微博还可以配图，配图包括单图、多图、拼图等三种形式。多图和拼图最多为九张图片，即俗称的“九宫格”。微博发视频可以通过输入视频网站播放页链接地址和直接本地上传视频两种方式实现。

无论是发文章、图片还是视频，最重要的是精心选择发布、分享微博内容的形式。同样的微博内容，选择不同的发布形式，传播效果会有很大差异。一般来说，在传播、引导效果上存在“视频＞图片＞文字”的规律。但这并不是说所有的微博内容都必须以视频形式展现，还需考虑目标粉丝的需求。总之，要想让微博内容更加丰富多彩，更加吸引粉丝关注，除了掌握必备的技巧外，还需熟知粉丝兴趣偏好。

2. 设计微博话题

能够引起讨论和转发、评论的微博内容都是话题。为了强化微博话题，可以用“#”将话题关键词围住，引发更多人的注意。当不同账户集中在一个时间段，带话题发原创微博、转发或阅读带话题的微博时，能增加话题热度，引发更多的人进行讨论，这个话题就有可能成为热门话题。一旦话题成为热门，就有可能进入新浪微博的热门话题榜，被更多的人看见，从而引起广泛的讨论。

此外，在用户广泛参与和讨论后成为热议话题的内容或关键词还有可能上微博热搜榜，这也是强化微博话题的另一种方式。我们可以通过选择一个热搜词并带上对应的“话题词”，发微博引导粉丝参与讨论，只要在短时间内该话题词的搜索量非常高、上升趋势非常快就有可能进热搜榜，并被标记为“新”。当话题词的讨论热度不断升高，参与范围不断扩大时，该热点话题词还有可能被标记为“沸”点。当微博用户搜索过多，关注这个话题达到了一定次数，人数达到了巅峰时，该热点话题词就变成了“爆”点。

微博话题可以申请主持人，话题主持人是某个话题页面具有相关管理权限的用户，目前每个话题只能有一位话题主持人。话题主持人可以通过对话题页的编辑、更换头像、增加简介来完善话题页，也可以发起关注和讨论，提升自己的微博影响力。作为话题主持人，也可以对一些微博进行推荐，让它们显现在更明显的位置，引发粉丝注意，起到更好的推广作用。

有些人坚持在自己的微博上带同类的话题，坚持下来就能成就自己的话题品牌。例如，足球评论员董路每条带“董路小视频”的微博，都以小视频的方式，随时随地带来足球球技战术和焦点事件的点评。累积下来的话题总阅读量超过 3 亿，这个话题就和他的个人品牌紧紧结合在一起。

作为企业微博，话题最好系列化、品牌化，有自己的发布周期，长期经营下去就容易把话题品牌化。

3. 申请微博超话

微博超话指的是微博的超级话题，是在新浪微博里面的兴趣内容社区。它是将话题模式和社区属性相结合的产品。

话题和超话是两个相互独立的产品，在微博任何场景带“话题词”发布原创微博、转发微博都可参与话题讨论；发布超话需要进入超话页面发帖参与。代表话题的图标是“#”，代表超话的图标是“ ”。

在超话社区界面中选择“排行”按钮，或者超话分类榜单末尾，点“点此申请”，可以创建自己的超话。创建超话需满足发起该超话的人数必须要超过 10 个人，该超话有持续讨论性，与已存在超话不存在过度重合等条件才能通过审核。此外，一个超话可以最多申请 3 个大主持人和 10 个小主持人。每个微博用户目前最多可以主持 3 个超话，且微博会针对签到天数、发帖总数以及加精条数等对主持人上任后的情况进行考核。

通过超话社区平台，可以有效聚集精准目标人群，在微博组建超话群，开展系列运营活动，可以增强粉丝黏度。

（二）微博用户特征

微博第三季度财务报告显示，微博 2019 年 9 月的月活跃用户数为 4.97 亿，且约 94%为移动端用户，平均日活跃用户数为 2.16 亿。

1. 微博用户的基本特征

从性别、年龄等基础数据上看，微博用户比例男性占 57%，女性占 43%，其中年龄段集中在 18～22 岁、23～30 岁，分别占比 35%和 40%，对应大学生和工作不久的青年用户，他们有大量的时间或者是倾向于使用这类社交娱乐软件。

2. 微博用户的内容特征

微博作为全媒体化社交平台，为用户提供了多种呈现、表达方式。微博日均文字发布量 1.3 亿，日均图片发布量 1.2 亿，日均视频/直播发布量 150 万，日均长文发布量 48 万，日均回答问题数 5 万。微博的大 V 生产内容的积极性持续高涨，且社交粉丝运营效果明显。月视频播放量 10 亿以上的内容领域近 20 个，月阅读量 15 860 亿，月转发量 326 万条，月主动评论量 1 392 万条，如图 2－6 所示。

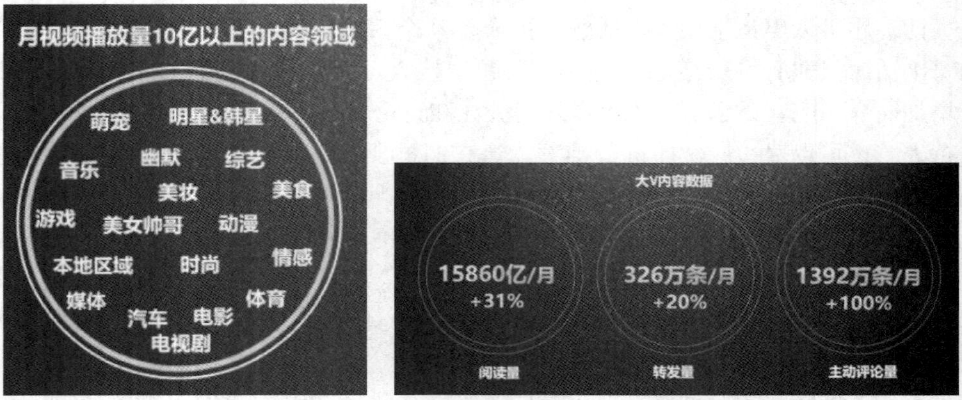

图 2－6　微博用户内容数据

三、社交媒体运营转化模式

通俗来说，社交媒体运营转化就是通过社群来实现盈利，在“以营利为目的”的社群中，如何做好营销转化运营是社交平台运营工作的重中之重。下面我们重点讲解五种社群变现模式。

（一）商品销售模式

社交媒体运营转化中最常见的方式就是商品销售。

1. 商品维度

首先，需要明确商品销售中选用什么产品或服务，这是商品销售的基础。同时，还需根据用户喜好，结合用户消费能力、信任度、产品质量、品牌效应等因素，开拓产品线或者引导用户增加对自身优势产品的需求。其次，采用链接、文字、图片、组合等形式让用户看到商品。最后，通过宣传推广来促进商品销售转化。描述清楚商品的属性及信息是宣传中最基础的要素。同时，在宣传过程中体现出的商品优势和价格优势，有助于吸引用户购买。此外，图片的良莠可以直接影响用户的购买欲望。

2. 服务维度

服务维度是指在商品销售过程中，运营者需要为用户提供的各类服务内容。在保证商品维度优秀的前提下，服务质量越高，用户购买的意愿越高。在实际工作中，服务维度可以分为两类：对用户进行导购、回复咨询等售前服务；代为用户安装、调试产品，根据用户要求提供使用、维护维修等方面的技术指导，按不同情况对商品实行“三包”，处理用户反馈及投诉意见、解答消费者的咨询，同时用各种方式征集用户对商品或服务的满意度等售后服务。

3. 数据维度

数据维度是指在商品销售中所需要关注的数据。首先，运营者需要明确商品成本、利润、客单价、曝光量、转化率、复购率等需要统计的数据范畴。其次，需要对统计的数据进行分析，得出对运营有价值的内容。

（二）知识付费模式

知识付费的商业本质在于把知识变成产品或服务以实现商业价值，现阶段盛行于教育、文化、艺术、互联网等领域。知识付费的核心在于让知识的接收者为所获得的知识付出费用：由知识接收者承担知识传播与筛选的成本，并给予铸造知识“产生一筛选一传播”链条的参与者一定的经济报偿，这有利于让更多的人参与到知识的传播过程中。社群领域知识付费常见的形式为课程、问答、提炼。

1. 课程

课程是指通过售卖课程从而变现的知识付费形式，也是知识服务变现领域最主流的形式。按社群和课程的关系，可以分为社群内课程和社群外课程两大类。社群内课程宣传模式较为单一，绝大多数宣传的模式为依托网页、海报为载体，在社群内进行通知。社群外课程由于招生对象面向社会大众，方式多样化，包括自媒体推广、裂变推广、广告推广、线下推广等，可以根据课程面向的用户不同来选择不同的知识付费宣传模式。此外，在用户学习课程期间，为其提供问题解答、实践操作、课程作业、知识拓展等相关服务，也有助于培养忠实用户。

2. 问答

问答是指通过解答疑惑、回答问题的方式，从而实现变现的知识付费模式，也是一个较为简单直接的盈利模式。在社群中，问答的表现形式往往为群内发布该服务、用户通过私聊或付费进入问答群来解决问题。

3. 提炼

提炼是指把已有的知识加以筛选和浓缩，从而减轻用户的学习成本。运营者在这个模式中扮演的是“知识加工者”的角色，一边收集知识，一边处理知识并推送给用户，自己赚取处理知识的劳动所得。提炼类知识付费模式是一种较为简单的变现模式，开发成本较低，但是同时竞争压力也较大。

（三）会员收费模式

会员一般是指某个组织的成员，会员收费即向组织内的会员收取费用或其他报酬。在社群中存在一些群内组织，或者社群就是组织本身，群用户即为会员，则会员运营的核心在于会员体系。会员体系以权益体系为核心，以等级成长体系和激励体系为辅助，驱动用户成长和产生忠诚度，反哺产品。

1. 权益体系

权益体系的核心是满足用户的核心诉求，其中包括找到、分析用户的核心需求，设计满足用户核心需求的方案等步骤。权益的设计不仅要满足用户实在的需求，也需要让其可以提升社群的质量，给社群赋能。同时，在设计会员权益时还需要考虑普通用户，具体权益按照不同的标准可以分为物质权益和精神权益、增益权益和专属权益、基础权益和等级权益等。

2. 等级成长体系

等级成长是指在相对稳定的社群环境中，用户行为累计推动自身等级变化的过程，常见于会员分级的社群中。等级一般与用户行为类型和频次挂钩，以数值为核心。数值的增加都与用户行为和状态有关，运营者可针对社群的核心功能以及对用户的期望，给各个行为赋予不同的成长值，如进行分享、购买商品、参加活动等。适当的行为赋值可以激励用户不断进行有价值的行为，可以维系良好的等级关系，保持良好的等级成长节奏，为用户带来更好的升级体验。

3. 激励体系

激励体系就是通过对会员刺激、鼓励等手段，达成使用户认同社群的目标，可以采用积分、勋章或成就、奖励等来实现。积分是一种虚拟货币，是平台为了促使用户完成某些特定任务给予的奖励手段；勋章或成就是一种荣誉象征，是全民可参与的激励活动。在社群中，完成一定任务获取实物或虚拟奖励，也是促进用户积极参与会员体系的方法。

（四）广告合作模式

广告形式是社群变现模式中最简单的模式之一。一般由运营者承接广告，在群内推送即可。常见的广告合作模式有以下三种。

1. 单次合作

单次合作是指在推送一次广告或在短期内持续推广广告而后停止的合作模式。运营者收取单次的广告费用，一旦费用结清，双方短期内没有合作关系。此模式适用性极高，任何场景都可以使用。

2. 分润合作

分润合作是指广告的甲乙双方瓜分广告所带来收益的模式。一般用于广告可以直接变现的情况。分润合作的优势在于双方都可以获利，比较容易达成合作共识；劣势在于一切都需要广告所带来的销售额作为基础。

3. 冠名合作

冠名合作属于长期合作的一种，是指由一家或多家广告主买断社群的全部广告内容，即运营者仅能在群内推送这些广告主的广告。这一模式合作程度较深，合作的费用较高，适用于较大型的社群。合作项目基本包括：定期广告推送、活动时 logo 展示、群名包含冠名内容等。

（五）其他社群变现模式

1. 任务分发

任务分发是指运营者从社群外发掘需求，然后发布到社群中，由群成员接受需求并完成任务，运营者从中抽成或领取别的奖励的模式。常见的任务分发社群有各类兼职群，这类社群的优势在于模式简单、现金流快、沟通高效；劣势在于合作双方利益较难得到保证。

2. 团购中介

团购中介是指由运营者将社群成员作为一个整体，以此获取更优惠的价格或更多的好处，进而获利的模式。

案例链接

兴盛优选是全国连锁便利超市芙蓉兴盛旗下的电商平台，是以社区便利超市为依托，通过“预售＋自提”的方式，将生鲜、水果、地方土特产、纯手工作坊、家居百货等精选商品，以限时特卖的形式，卖给门店周边的消费者，具体购物流程如下：

1. “兴盛优选门店群”微信群里面分享购买链接；
2. 消费者通过点击购买链接（也可以通过微信，扫描购买二维码），选择微信支付下单；
3. 兴盛优选通过物流配送，将订购的商品配送到社区门店；
4. 下单的消费者到社区门店提货；
5. 消费者有任何问题，直接找社区门店售后（100%售后）。

资料来源：“兴盛优选”经营模式剖析，如何搭建这样的平台？. 海商.（2020-08-06）[2020-08-20].

【分析提示】

“兴盛优选”采用“线上预售＋门店自提”的方式，只需要一个小区团长，一个微信群，一个拼团工具，就可以以社区便利超市为依托，为社区居民消费者提供服务。

任务二　目标客户画像

企业只有做好社交运营，找准适合自身发展、符合自身信息的定位，才好确定辐射受众面，形成品牌效应，实现运营目标。要想做好定位，至少需要厘清企业需求和用户画像两方面的认知，然后从中挖掘契合点，从而形成企业自身的品牌定位。

一、企业四大需求分析

企业需求分析是最根本的分析，因为只有明确了企业到底想要什么，才能确定运营目标，然后才能在庞杂的运营体系中一直牢牢抓住核心，有的放矢。总体来说，企业开展社交平台运营最常见的需求有以下四大类。

（一）拉新

拉新是指企业要通过微博、微信、论坛、社群、线下等渠道进行运营推广，邀请新用户注册、关注或试用，以提升用户总体数量。社交账号中用户越多，最终从用户身上能获得的直接或间接的商业回报就越多。

因此，企业拉新的需求主要以社交账号的粉丝关注数量的提升来体现。除了新媒体运营初期，企业急需寻找大量新用户外，运营中期，企业在维护老用户的同时，仍需要不断寻找新用户，实现持续经营。因此，拉新需求将贯穿企业新媒体运营的始终。

（二）促活

促活即通过友好的新用户教程、创意的用户活动等方式，让用户每天多次打开或进入社群账号，其目的是通过提升用户在社群中的活跃度，提升社交平台账号曝光量，树立社交品牌。

每一类用户都有自己的喜好，同一社群的用户喜好也大致相同。这些用户之间会形成圈子，当你的内容被他们喜欢的时候，他们可能会分享传播，吸引更多相同属性的用户来关注，从而使社交账号始终处于活跃状态。只有账号保持活跃性，才会吸引更多粉丝的加入，从而扩大所运营社交账号的传播力量。

（三）留存

当企业社交账号上拥有一定数量的活跃粉丝后，需要通过后台数据分析用户行为偏好，合理规划运营内容，设计合适的社群活动，以增加新功能、发放福利等形式，吸引粉丝参与、分享、转发和互动，然后再基于“熟人社交”和口碑效应，提升粉丝的留存率，加深粉丝的忠实度，从而为企业带来不亚于付费广告传播的影响和收益。

（四）变现

变现即通过社交账号的用户运营，在忠实的粉丝中，尝试通过内容或活动引导粉丝下载付费、会员充值、直接购买，为企业带来盈利。

变现建立在与粉丝之间“强关系”的信任基础之上。因此，企业在实施变现之前，务必本着对粉丝负责的态度，只有站在用户的角度精心地选择合适的产品或服务，以满足用户需求为第一要务，才能最终形成企业良好的品牌形象。

二、构建用户画像

用户画像是新媒体运营工作的起点，并且为运营活动的开展锚定整体方向。作为一种勾画目标用户、联系用户诉求与设计方向的有效工具，用户画像在各个领域都得到了广泛的应用。

（一）把握用户画像基本内涵

用户画像又称用户角色，是建立在一系列真实数据之上，表现用户行为、动机和个人喜好的一种图形表述。用户画像可以简单地理解为海量用户信息数据的标签化。

用户画像根据具有相同特征目标用户群体的目标、行为和观点的差异，将用户区分为不同的类型，然后从每种类型中抽取出典型特征，赋予名字、性别、年龄、场景等描述，形成一个个用户标签，完美地抽象出一个用户信息的全貌，得出基本框架，以图形化的直观形式展现，为实现数据的分类统计，进一步精准、快速地分析用户行为习惯、消费习惯等重要信息，帮助运营人员更好地进行用户定位，提供了足够的数据基础。

用户画像的主要作用体现在：能够方便运营者具体地、标签化地、有针对性地描述用户特征，更好地进行用户定位，并以此作为市场分析、商业决策、精准营销的依据。

1. 用户画像的方法与步骤

当前，业内有很多非常专业的用户画像方法，比如 Alen Cooper 的“七步人物角色法”、Lene Nielsen 的“十步人物角色法”、五步用户画像法等。下面我们以五步用户画像法为例展开具体操作。

五步用户画像法是通过对用户属性与用户行为的分析建立起基本的用户画像模型，然后将收集和分析的数据按照相近性原则进行整理，再将用户的重要特征提炼出来形成用户画像框架，并按照重要程度进行先后排序，最后进行信息的丰富与完善从而完成用户画像的构建的基础方法。五步用户画像法的具体步骤如图 2－7 所示。

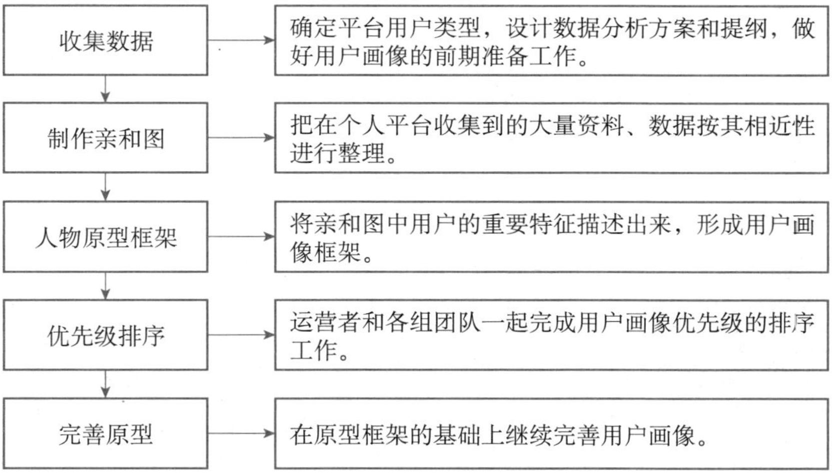

图 2－7　五步用户画像法的具体步骤

2. 绕开画像误区

使用不恰当的用户画像方法，不但无法获得准确的用户画像，反而会造成营销工作的整体跑偏。因此，营销者需要绕开用户画像的误区。常见的误区有以下三种：

（1）提问式画像。提问式画像即采用问答的形式获取用户信息，勾画目标用户形象。采用提问式方法看起来完全围绕用户，而且得到的都是用户真实信息，但实际上用户画像极有可能出现导向性的问题。

一方面，提问者如果将问题选项设置得带有倾向性或过于封闭，回答者的回复将受到限制。例如：“你在下班路上喜欢听歌曲还是听相声”，回答者只能从“听歌曲”和“听相声”里选一个，但实际上，用户的真实情况可能是听英语单词，由于没有此选项，就会造成画像偏差。另一方面，回答者的回复受知识水平、过往经验的限制，未必代表其真实感受。福特汽车公司创始人亨利·福特曾说过："如果我最初问消费者他们想要什么，他们会告诉我'要一匹更快的马'!"换言之，如果亨利·福特采用提问式画像去研究用户需求，恐怕福特汽车就不会出现了。

（2）大数据画像。大数据画像即通过百度指数、微指数等互联网大数据，挖掘用户属性，做出目标用户画像。但大数据画像只对一部分企业适用。对于生产数据的互联网企业本身，可以用大数据进行用户画像，而对于非生产数据的企业，通常不能直接使用大数据进行画像。

一方面，大数据不具备完整维度，百度指数只代表行业搜索大数据，微指数只代表行业讨论大数据，微信指数只代表事件热度大数据。另一方面，行业大数据不代表企业大数据，每一家企业的粉丝或者消费者都有其独特性，不能用全部网民的网络行为来代表企业用户的互联网特征。

（3）代入式画像。代入式画像即运营者将自己或团队的日常行为进行系统分析，研究自己上网时间、浏览喜好、常用软件等，尝试将自己或团队的特征提炼并代入用户特征，进行用户画像。

代入式画像最大的问题在于运营者不等于用户，即使看起来是同一个行业、同一种身份或同一个地区，细节属性也很有可能会千差万别。代入式方法最终得到的只是营销者自身的画像，而非用户画像。

（二）厘清用户画像基本属性类型

在用户画像过程中，首先要明确需要采集的属性类型，继而构成用户标签，形成画像轮廓。一般来说，用户画像的属性主要有基本属性、购买能力、行为特征、社交网络、心理特征和兴趣爱好等几方面，如图 2－8 所示。用户画像基本属性类型整体可以分为客观显性属性、主观隐性属性和平台价值属性三大主要类型。

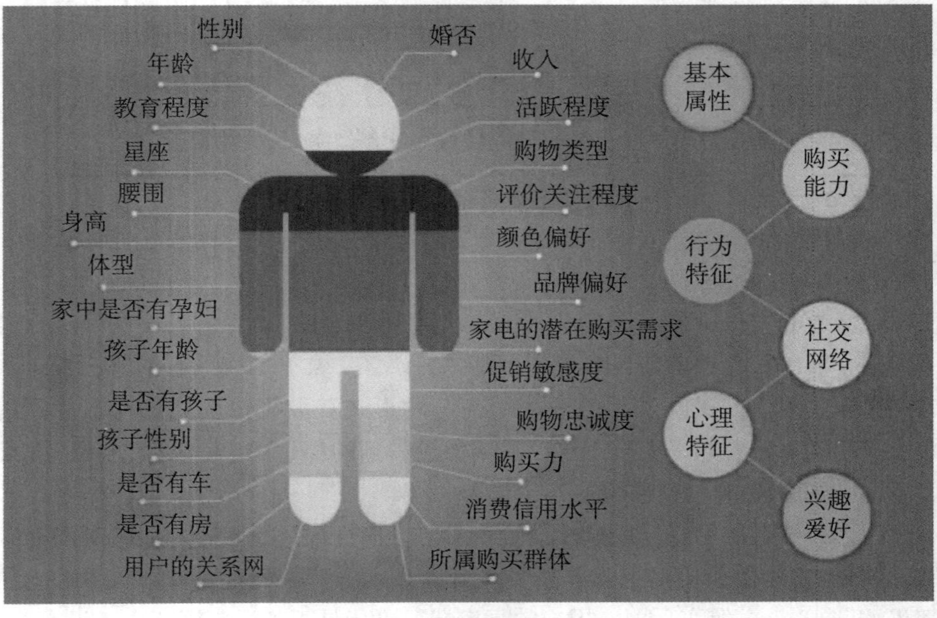

图 2－8　用户画像基本要素

1. 客观显性属性

客观显性属性也就是完全客观的用户资料。包括地域、性别、收入、年龄、受教育程度、行业特征、产品使用场景等。

（1）地域。地域是指用户所在的地理位置。不同的地域有不同的文化、不同的方言、不同的习俗，甚至不同的眼界，这对于社交媒体账号风格的定位都有影响。例如，一二线城市的居民收入较高，对于新鲜事物的接受度比较高，见识过很多活动，收到过很多小礼品，所以一方面，他们容易接受各种好玩的活动，但另一方面，价值低的小礼品也不容易让其心动；而三四线城市的居民收入一般，在他们看来，大多数活动都是新奇好玩的。

（2）性别。性别的不同对于社交平台账号的运营也有很大影响。用户中男女比例对社交账号的运营有着非常大的参考价值，有些文案可以触及女性心底，但男性却对之无感。例如，很多女性会对娱乐新闻感兴趣，而男性则对军事、科技着迷。社交账号要吸引不同性别的人，文章风格也必然要跟着用户的性别做出调整。

（3）收入。如果营销对象无法承受商品或服务的价格，那么再好的文案也无济于事。例如，很难说服一个月薪只有 3 000 元的人参加一个 2 000 元的付费社群，这一收入群体就不是核心目标用户。

（4）年龄。每个年龄段的用户所关心的内容是不一样的，“60 后”在刷养生，“70 后”在刷时事，“80 后”在刷职场，“90 后”在刷情感，“00 后”在刷二次元，如果你不了解用户到底喜欢什么，那用户同样也不会喜欢你。

（5）受教育程度。受教育程度不同的群体中流行的文化、风格、形式都会有所不同。一般来说，受教育程度越高的用户，对内容也会越挑剔。

（6）行业特征。行业不同，运营者的关注点与别人也不同，需要结合行业的具体情况，找到真正可以将用户筛选出来的特征。

（7）产品使用场景。用户是白天还是晚上打开社交账号多一些，是每天看还是存好几天一起看，有没有分享、留言、点赞、赞赏的行为，在什么情况下更愿意分享等，这些都需要运营者首先在脑海里形成明确的印象，然后才能在内容策划的过程中有意识地进行策划。

2. 主观隐性属性

主观隐性属性也就是群体的个性化标签，是主观的群体特点。如用户的习惯、娱乐偏好、三观、圈层、文化等，这些在线上表现得更为突出，这一部分属性需要运营者与用户深入接触后才能深入了解。

对于隐性属性的分析，不能总依靠问卷调查，还需要运营者与用户开展深入的沟通，观察用户的习惯，挖掘出隐性特征，了解目标受众的具体需求。我们可以在社交账号创立初期，添加前 100 个关注者的个人微信，与他们进行深入聊天，观察他们的朋友圈，总结他们的特征，了解他们的需求。总之，想要了解用户，还需要多接触、观察用户，深入了解用户需求。

3. 平台价值属性

在信息爆炸的时代，用户关注一个社交账号，往往会期待从中获取以下四大价值：

（1）有用。用户希望得到生活、工作中所必需的资讯或服务，如工作需要（如职场攻略)、生活需要(如美食推荐)、社交需要(如身份标签、好友排名)、物质需要(如优惠券、积分折扣、抽奖活动)等。

(2)有趣。不论是传统意义上的新闻发布,还是社会热点话题的讨论,用户都更乐于接受轻松幽默的呈现方式。

(3)共鸣。为什么"逃离北上广"的话题曾经在互联网上十分火热?是因为它抓住了特定人群的心理,形成了广泛的共鸣。

(4)参与。在移动互联网时代,用户已经从被动接收信息变成了主动生产信息,用户不再简单地满足于内容的单向推送,而是渴望去表达和对话。所以各大社交平台也都开通了评论、转发等功能,甚至出现了不少"评论区更精彩"的现象。

(三)设计用户标签

用户标签就是给用户分类,在厘清用户画像基本属性类型的基础上,进一步将分属于不同属性维度的用户进行归类,为客户添加标签。

1. 提炼用户标签

提炼用户标签,即利用若干个关键词来描述用户的基本特征。标签是画像的轮廓,有了用户标签,用户画像就有了基本框架。

提炼用户标签的过程,实际上是针对以下三个问题循环研究的过程:

(1)WHO:用户是谁?

(2)WHERE:用户在哪里?

(3)WHAT:用户在做什么?

解决用户是谁的问题,即分析固定属性;解决用户在哪里的问题,即分析用户路径;解决用户在做什么的问题,即分析用户场景。因此,提炼用户标签可以用一个公式表示:

用户标签=固定属性+用户路径+用户场景

固定属性即用户的基本特征,这些特征在短期内不会发生变化,包括用户性别、职业、地区、学历等。

用户路径即用户的网络浏览喜好,包括打开频率较高的聊天软件、常用的搜索网站、购物喜好平台等。

用户场景即用户在某特定场合或特定时间的动作。如早上起床、上下班路上、晚上睡前等场景内,用户如何学习、如何娱乐等。

研究用户固定属性、用户路径及用户场景后,提炼出关键词,就形成了一套完整的用户标签。

不过,用户标签只是用户画像的中间过程,呈现的只是用户画像的基本轮廓,而不是最终的画像结果。运营者还需在用户标签的基础上进行画像描述,以呈现完整的用户特征。

2. 用户标签分类

用户标签分类能够将散乱的用户标签体系化,且各个标签之间又互相联系。在进行用户标签分类时,应尽量遵守 MECE 原则(相互独立、完全穷尽),尽量覆盖企业的全部用户但又不交叉。

企业可以采用四层级用户标签分类法,该方法能够从某个层级出发详细展示该层级用户的整体情况，如表 2－2 所示。从该标签分类中，可以清晰地看到各个类别之间的层级关系和关联关系。

表 2－2　四层级用户标签分类法

一级标签	二级标签	三级标签	四级标签
人口属性	用户基础信息	性别	女性
			男性
		年龄	18 岁以下
			18～26 岁
			……
		……	……
身份属性	用户身份分类	地域	一级/二级城市
			……
		职业	学生
			上班族
			……
天气属性	用户天气偏好	温度	热（37℃以上）
			冷（0℃以下）
			……
		天气现象	晴/小雨/小雪
			……
定向属性	用户产品偏好	产品图案	花色/纯色
			……
		产品功能	功能 A/功能 B
			……
		产品材质	纯棉
		……	……
商业属性	消费习惯	品牌偏好	高端/中端/低端
		支付偏好	支付宝/微信……
		……	……
行为属性	用户因阅读/收藏/点赞/评论等行为产生的标签	浏览阅读过文章的用户	阅读并关注
			阅读未关注
		发生过评论文章行为的用户	评论并关注
			评论未关注
		……	……
	用户活跃程度不同产生的标签	用户活跃情况	潜在用户
			新用户
			老用户
			活跃用户
			流失用户
			回流用户
……			

结合表 2－2 中的用户标签分类，企业可以提取对应的用户画像标签，通过该用户

画像标签，企业能够了解标签背后的用户群体特征，并快速识别和记忆用户。

此外，结合用户画像的三类基本属性类型，用户标签按照不同标准可分为不同类别，如按照数据的时效性可分为静态和动态属性标签；按照数据的可视化的特征可分为显性和隐性属性标签；按照数据的提取维度可分为事实标签、模型标签和预测标签，如表 2－3 所示。

表 2－3　用户画像示例

四级标签	用户画像	标签类型
女性	女性	静态/显性/事实
男性		
18 岁以下	18～26 岁	动态/显性/事实
18～26 岁		
……		
一级/二级城市	北京、上海、广州、深圳等一线城市	动态/显性/事实
……		
学生	大学生、上班族	动态/显性/事实
上班族		
……		
热（37℃以上）	热	动态/隐性/模型
冷（0℃以下）		
……		
晴/小雨/小雪	晴朗	动态/隐性/模型
……		
花色/纯色	花色	动态/隐性/模型
……		
功能 A/功能 B	显瘦	动态/隐性/模型
……		
纯棉	纯棉	动态/隐性/模型
……		
高端/中端/低端	中端	动态/隐性/模型
支付宝/微信……	支付宝、微信	动态/显性/模型
……		
阅读并关注	阅读并关注	动态/隐性/模型
阅读未关注		
评论并关注	评论并关注	动态/隐性/模型
评论未关注		
……		
潜在用户	活跃用户	动态/隐性/模型
新用户		
老用户		
活跃用户		
流失用户		
回流用户		
……		

（四）匹配用户需求

在有了明确的目标群体后，就需要进一步了解他们的具体需求是什么，以便进行运营内容和具体产品的准备。如果不能给出一个让用户留下来的理由，用户就算被吸引过来，仍然会流失，运营就会出现问题，而这个理由，经常也是定位时最重要的参考。

一般来说，用户需求源自人的根本需求。根据马斯洛需求层次理论，人的需求可以分为五个层次：生理需求、安全需求、社交需求、尊重需求和自我实现需求。用户需求便是在一段时间内的上述五种需求的一种或者几种。但当用户描述自身需求的时候，往往会出现自身也不清楚的状况，这时就需要运营者尽可能挖掘用户的真实需求。

在进行目标用户需求定位时，要结合具体场景。只有把目标用户群体与相应的场景、需求进行匹配，才能初步了解用户需求。至此，也就完成了用户需求定位的第一步，如图 2－9 所示。

（1）产品用户：即把产品与用户相匹配，可以很清晰地展现目标用户群体。

（2）产品场景：即把产品与使用场景相匹配，可以很清晰地展现产品功能。

（3）用户场景：即把用户与使用场景相匹配，可以很清晰地展现相应场景的用户需求。

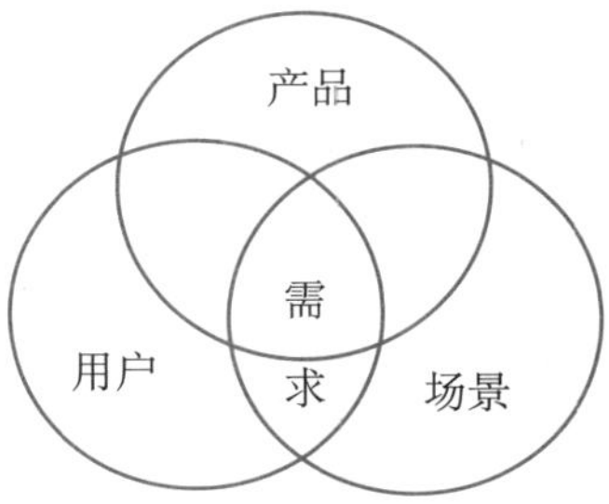

图 2－9　匹配用户需求

然后把产品用户、产品场景、用户场景三者结合起来，把用户、产品和场景串联在一起，就形成了在某一场景下，关于某产品的某一用户群体的需求。如果把所有筛选出来的用户群体按照不同场景的产品使用，一一进行匹配，就可以把所有类型的用户群体的需求分析出来。这样，用户需求的初步分析就完成了。

最后，对整理和分析出来的用户需求进行优先级定义，明确核心目标用户。

三、搭建合理用户体系

在进行精确的用户画像后，运营者需要继续将用户细分并搭建用户体系，为不同的用户设计差异化运营方式。

在搭建用户体系时，运营者可以借助 RFM 模型设计管理层级。所谓“RFM 模型”，即通过最近一次消费（Recency）、消费频率（Frequency）、消费金额（Monetary）三个指标组成矩阵，评估用户价值状况。

根据 RFM 模型的三个指标，可以将用户群体划分为一般保持用户、一般发展用户、一般价值用户、一般挽留用户、重要保持用户、重要发展用户、重要价值用户、重要挽留用户八个级别，如图 2－10 所示。

在利用 RMF 模型划分用户级别后，运营者需要设计相应的用户体系，即面对不同的用户进行差异化管理。在使用 RMF 模型时，运营者需要结合企业实际情况设计用户体系。

第一步，指标调整。对于不同的企业、不同的产品，最近一次消费、消费频率、消费金额三个指标均需要进行相应的变化。例如，某企业有官方社群、企业 App 和官方

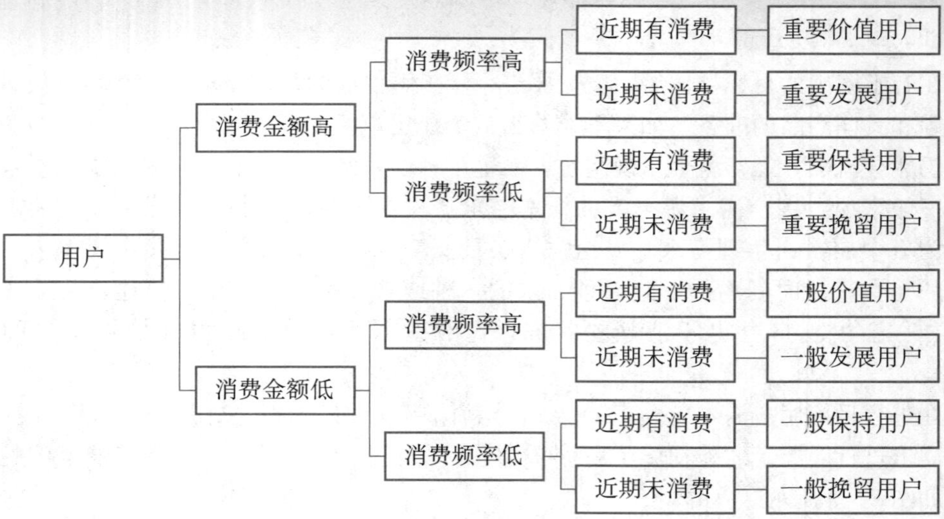

图 2－10　用户群体划分

店铺三个平台运营时，需分别统计不同的数据，从而使数据指标更合理，如表 2－4 所示。

表 2－4　不同用户体系指标

企业产品	三大指标
官方社群	最近一次登录、发言频率、停留时间
企业 App	最后一次打开、打开频率、浏览时间
官方店铺	最后一次下单、下单频率、订单金额

第二步，级别调整。虽然 RFM 模型的三个指标可以划分出八个用户级别，但是多数企业会将用户级别简化，由八个缩减为五个甚至更少。例如，淘宝网根据用户购物、好评等积分累积模式，将会员划分为星级、蓝钻级、蓝冠级、皇冠级四个等级，如图 2－11 所示。

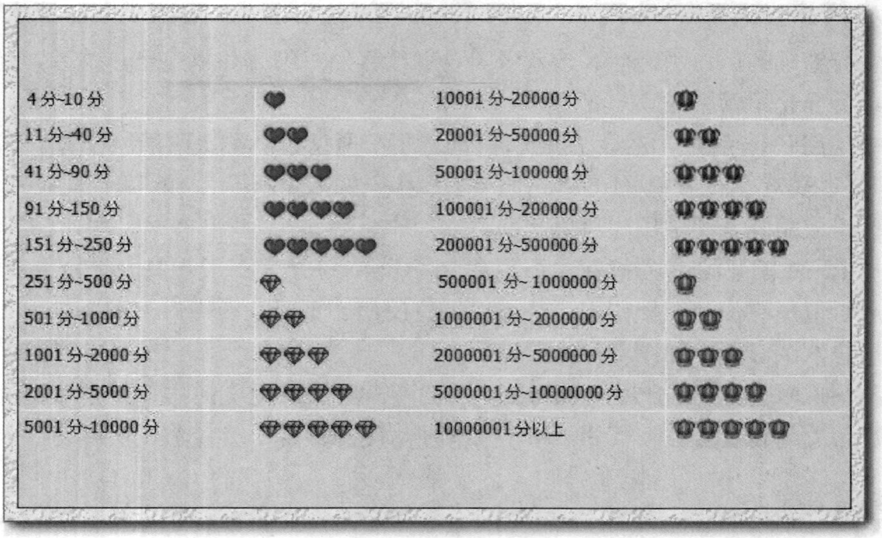

图 2－11　淘宝网用户等级

第三步，分级运营。划分出不同的用户级别后，运营者需要进行精细化用户运营，尤其是将重点精力投入在优质用户上。

对于活跃度高、消费次数多或消费金额大的重要用户，可以设置服务专线、意见优先反馈、定期颁发荣誉奖章；当重要用户可能出现流失时，可以通过发放优惠券、推送邮件等形式，尝试进行用户激活。

任务三　平台吸粉引流

在平台高速发展的时代，人们的信息获取平台每时每刻都在发生改变。而运营者想要获得大量粉丝，并转化为现实价值，就离不开各种方式带来的吸粉引流。

吸粉引流是在运营者和粉丝之间建立一个快捷联系，让粉丝能实时地接收到相关营销信息。因此，社交平台如何吸粉引流就成为运营者开展粉丝运营需要首要解决的问题。下面我们重点介绍微信、微博等核心社交平台的吸粉引流技巧。

一、三种微信吸粉引流技巧

微信平台吸粉引流的核心思路是：把用户吸引到微信平台账号中，为用户提供价值和服务，从而实现粉丝的快速增长。一方面，运营者可以在微信平台上主动出击，添加好友，为自己增粉引流。另一方面，根据粉丝来源，运营者也可以从私域流量和公域流量两方面开展吸粉引流。

（一）主动出击添加好友

主动添加好友的方法主要是利用微信平台内提供的一些功能来添加好友。

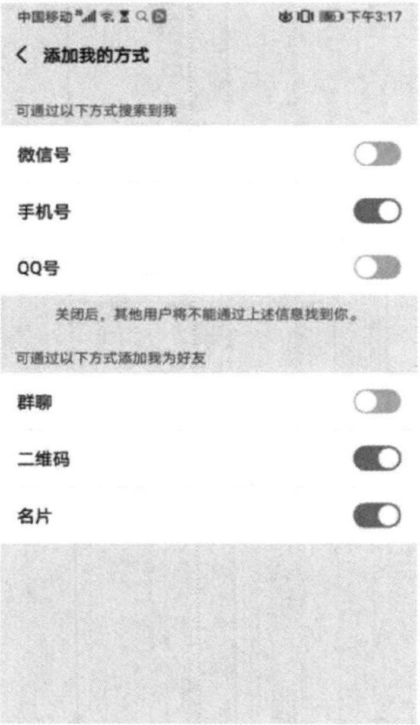

图 2－12　通讯录导入好友

1. 通讯录导入好友

微信好友最直接的一个来源就是原有的好友圈、人脉圈，这些原有的人际关系一般都会沉淀在通讯录中，我们只需点击“添加好友”，找到“手机联系人”，就可以添加手机通讯录中开通了微信的朋友。

需要注意的是，并不是说只要有了对方的电话号码就可以搜到他的微信号，能够用手机号搜到微信号的前提是对方在“隐私/添加我的方式”中可通过“手机号”搜索到我的设置，如图 2－12 所示。所以，如果想让别人用手机号能搜索到自己，就必须开启这个设置。

此外，若业务量较大时，可以关掉“加我为好友时需要验证”这个设置，这样别人添加自己微信时，不需经过验证即可直接对话。也可以直接将手机号或 QQ 号设置成微信号，这样更有利于沟通和添加。

2. 扫二维码加好友

一般来说，人们最习惯使用的是扫描二维码添加微信好友，即在“我”的界面中，可以在“我的二维码”中调出自己的二维码，也可以直接在“添加朋友”的界面中单击二维码的小图标直接调出二维码。

此外，由于手机信号或者交际场景的约束，有时候拿出手机扫码加好友并不方便，而社交场景中必不可少的就是与他人交换名片，所以完全可以在名片上附上自己的微信二维码。或者可以将微信二维码做成手机屏保，只需打开手机即可让别人扫码，连手机解锁都不用，较为便捷。

3. 雷达加朋友

当运营者在某个场合同时认识很多人时，如果逐个去扫描二维码或者搜账号添加好友，就需要耗费很多的时间。因此，运营者要学会使用更加便捷的方式来提高添加好友的效率。

“雷达加朋友”能够同时添加多人，这对在多人聚会等活动时加好友很有帮助。另外，在使用“雷达加朋友”时，需要大家同时开启“雷达加朋友”功能，只有如此才能依次添加上搜索到的人。

需要注意的是，在使用“雷达加朋友”的同时，一定要告知对方自己是谁，填写好加人验证信息，在好友通过后，要立刻给对方设置好备注。

4.“发现”加好友

在微信的“发现”界面中有“摇一摇”“附近的人”等随机添加陌生人为好友的功能，如图 2－13 所示。

图 2－13　“发现”加好友

“摇一摇”是微信里很有趣味的交友功能，运营者可以通过“摇一摇”的方式来利用这部分人的好奇心与交友欲，将产品宣传出去。

“附近的人”可以显示附近正在使用微信的人，系统除了显示附近用户的姓名等基本信息及用户签名档的内容外，还可以对搜索到的附件的人进行筛选。

5. LBS 精准定位搜粉

位置签名 LBS 是最能体现营销价值的微信功能之一。它精准的定位功能给很多企业投放促销优惠信息带来了方便，起到了很好的引流作用。

比如，在“附近的人”这个功能中，运用 LBS 功能可以使用户查找自己所在地理位置附近的微信用户。

商家也可以利用这个免费广告位为自己做宣传，是百益而无一害的。现在很多知名的品牌都纷纷利用 LBS 功能来营销推广自己的产品。随着 LBS 的覆盖面越来越广，LBS 解决问题的效率也越来越高，这样高效率、高回报、零投资的渠道令微信的实用性更加强大，更加吸引商户进行营销。

（二）私域流量导粉引流

截至 2019 年第三季度，微信平台月活跃账户数已达 11.51 亿，对于运营者来说，首要的工作就是要将这些私域流量引导到自己的账号中来。

1. 朋友圈内容导粉引流

微信朋友圈是社交分享互动的平台，大家在里面是要看信息，而不是要买东西。因此，朋友圈内容要想起到良好的导粉引流作用，就需要在内容上下功夫。

微信朋友圈营销的真正精髓是：通过分享内容建立信任，水到渠成地销售产品。在朋友圈中达成商业转化的本质就是打造个人形象，通过有温度、有情怀、有趣味的方式来与用户做朋友。反之，如果只是一味地刷屏朋友圈发硬广告，给用户留下的印象就会大打折扣。因此，一般开展朋友圈内容运营，最好是方式是：通过结合自己或朋友们的个人生活经历，来阐述产品的故事、使用的感受等，调动目标用户的兴趣。同时，在阅读场景上，需要做到图文结合，文字尽量控制在六行以内，减少用户点击次数，给用户良好的阅读体验，提升用户信任感，培养忠实粉丝，最终形成朋友圈购买习惯。

此外，在发布微信朋友圈内容时，要想让更多的人记住自己，在发布的图片上加上自己的微信号等个人标签，也是将自己的信息传递出去的一种方法。这会给运营者带来一定的好友人数，同时还能防止同行盗用自己的产品宣传图片，是一种两全其美的方法。

朋友圈互推也是一种涨粉方式，就是通过朋友圈的互相推荐，让各自的微信好友关注对方的账号，以达到各自涨粉的目的。微信好友中对你有信任关系的人越多，信任背书就越强。

2. 微信群互动导粉引流

微信群是社交 O2O 的线上平台，很多人都是在线上微信群里认识，然后发展到线下的，加微信群能够扩大自己的社交圈。但是微信群作为一种交流的渠道，最痛恨的就是广告，所以软文推广成为主流。如果软文内容质量够高，推送时间卡得到位，目标微信群选择得当，那么引流的效果将会很好。

对运营者来说，微信群的最大价值有寻找自己的合作伙伴、价值观输出、建立个人品牌以及互动学习获得知识等。因此，运营者要想利用微信群进行引流，则需要做到：把微信群看成圈子、备足几个活跃分子、有频次地进行价值输出、每天固定时间互动、多传递有价值的干货以及重视积累互动数据。

与朋友圈的微信社交功能相比，微信群具有更强的穿透性，用户必须通过微信群“互动”才能体现其价值。常见的微信群互动玩法有以下两种：

（1）微信群红包引流。“红包”在近年来是相当火爆的，微信的红包功能也是瞬间就引爆了微信群，这便给运营者提供了一个绝妙的引流方法。在发红包时，运营者要记得在“留言”处编辑留言信息，这是微信群红包中最好的广告位置，很多人对群里的信息不是很关心，但对红包是非常有兴趣的。在发红包之前，运营者可以让群里的人邀请其他朋友进来抢红包，然后运营者就可以添加被邀请进来的人，这也是一种引流的方法。

（2）微信群丢骰子送礼品引流。这个方法与发红包引流的原理一样，都是将人脉资源的扩张建立在引入朋友的基础上。在开展此项引流活动前，首先需要先告知群内好友丢骰子的游戏规则，其次要让参与过的好友邀请更多的人来一起玩游戏，最后才能将好友拉进来的人变为新的人脉资源。

3. 公众号内容导粉引流

微信公众号引流对内容的要求很高，因为只有丰富的或者有趣的内容才能吸引用户，所以一定要非常重视微信公众平台内容的定位，而且必须精耕细作，通过原创或者高质量的转载内容，来获得用户的赞赏和青睐。

在公众号的图文内容中，尤其是在开头和结尾设置个人店铺信息或者微信号等提醒用户关注，是通过公众号内容吸粉引流的常见方法。但由于这种方式已经基本成为微信公众号的标配，因此效果并不明显，这里补充几个可能被大多数人忽视的环节。

（1）关键词回复。由于关键词回复的前提是必须关注微信公众号，因此它是很多微信公众号采取的增粉手段，即通过在图文中的各个关键节点植入关键词来引导用户关注后回复。关键词回复常见的设置位置有图文内容的开头、结尾和内容中相关位置等。

（2）好评用户反馈。文章本身就是内容最佳的展示窗口，除了文章本身的质量外，还可以通过特定的内容展示吸引用户关注微信公众号，最终形成粉丝。

（3）评论区鼓励转发。评论区也是微信公众号的一个重要发言区，运营者可以通过评论区与粉丝互动，提醒粉丝关注或者将文章转发给身边的人，以此达到吸粉引流的效果。

（4）设置关注后留言。在微信公众号文章编辑时，可以设置“仅关注后可留言”，这样如果用户想要在文章下面评论，就必须先关注。这在一定程度上能够增加粉丝关注量。

（5）原创授权转载。运营者可以通过原创授权转载长期导入粉丝。微信公众号在声明原创后，如果文章授权给其他微信公众号推送，可以在底部显示文章来源，单击可以直达原创者的微信公众号，很多喜欢该文章风格的粉丝会沿着这个路径去关注原创者。如果一篇文章的传播量很大，会给原创者带来非常大的曝光量。

新媒体运营者，可以尝试成为一个“联络员”，如果自己账号发布的图文内容都是原创，可以找定位相符的账号对自己的文章内容进行合作转载，还可以多认识一些优质账号的运营者，或者加入一些微信公众号的合作互推群，这样平时可以经常相互转载，长期共同获益。

（6）合理利用阅读场景。大多数运营者关心“如何增粉”，却忽视了“如何增加有效粉丝”。微信公众号运营不仅需要增粉，还需要增加忠诚度高、符合公众号定位的“真爱”粉丝。对于侧重服务的微信公众号，要结合业务场景为用户提供应用服务来增加粉丝，如公众号“海底捞火锅”的点餐排号功能、公众号“车来了”的线路查询功能等。对于侧重内容的微信公众号，要结合内容定位，培养用户习惯，用阅读习惯场景增加粉丝，如“十点读书”“睡前读首诗”就是利用用户晚上睡觉前的阅读场景，而“罗辑思维”则是利用用户早起的阅读场景。

（7）用户拼团、裂变。很多微信公众号在举办课程或卖产品的时候，都会出一个“拼团价”，如三人拼团可以享受折扣，目的就是让老用户在购买时可以带上新用户，增加粉丝。有一种裂变方式是群裂变，即用户首先通过扫码进入“预备群”，在自动回复中提前将裂变信息设置好，如告知用户如果想要获取资源，需要先将活动海报和文字分享到朋友圈或者几百人的微信群，并且规定至少保留多少时间。这时，朋友圈或微信群中的好友看到海报，可以扫码关注微信公众号，进而形成裂变传播。

（8）利益诱导的活动。即在找到聚焦区域并明确满足用户需求方式的情况下进行利益诱导。如利用简历模板吸引求职的大学生关注、用母婴用品吸引宝妈的关注等。

（9）公众号内的合作互推。“互推加粉”是微信团队禁止的行为，但禁止的是以利益交换为前提、有恶意营销性质的微信公众号的互推行为。如果在文章相关内容中诚意推荐或者在微信公众号矩阵之间趣味互动，是并不违规的。需要注意的是，找的互推公众号账号类型尽量不要跟自己的平台一样，最好是互补关系的，这样获得的粉丝才是有价值的。

（三）公域流量导粉引流

除了私域流量的导粉引流外，微信平台还需借助外部力量，从公域中吸引目标用户的关注。

1. 多社交平台引流

运营者可以在所有活跃的社交平台上，如微博、QQ、知乎、豆瓣等，撰写软文的同时，巧妙地留下自己的微信号或二维码，只要你乐于互动、喜欢分享、有趣有料，会有很多人想进一步认识你，进而通过搜索微信号，成为你的好友。这是见效最快、加好友最精准、好友黏度最高的一种方法。

以微博来说，可以通过微博背景图植入二维码的方式，或者在微博置顶信息中宣传自己的微信号或公众号，通过转发活动等方式进行引流。

腾讯社交广告拥有的广告样式有微信朋友圈广告和微信公众号广告。在微信公众号后台进入“广告主”，即可申请开通，从而将自己的微信公众号推广至朋友圈或文章中以达到吸粉引流的目的。

此外，每个行业都有一些垂直论坛，对应论坛中的网友都可能是潜在的目标用户。因此，在论坛签名中写上一句有诱惑力的广告语，并放上自己的微信号，平时多发一些高质量的帖子，或者经常去“抢沙发”，也会有不错的曝光机会。

2. 线下活动引流

运营者可以通过在微信平台上开展各种大赛、展会等有趣的活动，这种活动通常在奖品或者其他条件的诱惑下，参加的人数较多，而且获得的粉丝质量较高，能够很好地拉近与用户的距离，使其对企业微信账号有归属感和依赖感，并以此留住用户。

运营者可以选择的活动类型非常多，但原则是：尽量与自己运营的行业领域有关联，这样获得的粉丝才是高价值的。

如运营者可以根据自己公众号类型，在微信平台或其他平台上开展征稿大赛，可以是为自己平台要推送的文章进行征稿，也可以是为自己平台的出版物进行征稿活动。采用征稿大赛吸粉引流时，可以借助设置一定的奖品来提高粉丝的参与度。

在举行活动过程中，如果涉及网络投票，那么运营者在这个环节一定要注意刷票情况的出现。任何一场比赛中，主办方规避刷票情况的出现非常有必要，这样才能够保证给每位参赛者一个公平竞争的机会，确保选出的获胜者拥有真正的实力。

此外，在投票环节还需注意的一点是：做好用户的投票体验。即用户在给参赛者投票的时候，投票的方式要尽量方便一些，不要太过于烦琐，从而提升用户投票体验和效率。例如，可以在投票页面设置一个搜索栏，用户进入投票页面后，就可以直接在搜索栏中搜索参赛者的名字或者参赛号码，然后进行投票。这样可以减少参赛者排名靠后用户需要一页一页地浏览寻找参赛者的麻烦。只要用户的投票体验提升了，用户的投票效率自然就会相应地提高。

二、微博吸粉引流技巧

吸引目标客户来提高产品销量、打造个人或者企业微博的口碑信息是微博运营主流的推广策略。微博平台的吸粉引流只有从自身账号的人设打造入手，才能使搜寻来的目标用户快速产生信任感，才能顺利地在微博平台开展互动活动，为粉丝转化奠定基础。

（一）打造人设吸引粉丝

所谓“人设”，即企业微博人格化，是指把企业品牌当成一个人，以人的身份去运营微博，与用户沟通。如可口可乐官方微博自称“小可”、天猫官方微博自称“本喵”，这些都是企业微博人格化的表现。

将抽象的品牌进行具象的人格化，方便用户理解和接受品牌，符合微博的社交化特点，具有便于用户记忆、促进品牌互动性和提升品牌亲和力的作用。

1. 打造人格化画像

企业微博的人设打造需要完成两个步骤：一是进行用户分析，确定核心受众；二是根据核心受众确定微博人格化画像。

（1）用户分析。用户分析的对象是产品的受众和微博的受众。一般情况下，产品的受众就是微博的受众，因为运营微博也是为了推广产品，所以两者的受众是统一的。

用户分析的主要工作是分析核心用户的特质，包括年龄、文化程度、收入、生活状态、兴趣爱好等属性，进而做出核心用户的画像。只有了解了用户，知道了用户的喜好，才能设计出用户喜欢的人格画像。

（2）人格化画像。微博的人格化画像是由受众形象决定的。因为运营微博就是为了更好地与用户沟通，所以用户长什么样，微博的人格化画像就应该长什么样，这样便于产生共同话题。但通常微博的人格化画像要稍高于用户形象，这样才能使其成为话题的引导者，便于用户关注了解。

在微博人格化画像的设置上，年龄和经验层面的数据要比用户的高。确定了这个方向之后，就可以根据用户的形象做出微博的人格化画像了，如表 2-5 所示，画像越详细越好。

表 2-5 微博的人格化画像

属性	具体内容
姓名	与企业形象类似或相近的名称
性别	男性/女性
年龄	目标用户能够产生亲近感的年龄
文化程度	本科/硕士/博士……
婚否	已婚/未婚
职业	目标用户能够产生信任感的职业
特长	唱歌、舞蹈……（目标用户能感兴趣的特长）
性格	腼腆、活泼……（目标用户能有亲近感的性格）

完成以上的填写后，一个有名有姓的人物形象就出现了，信息虽然是虚拟的，但这是一个什么样的人、会说什么样的话等都变得明晰了，这就为企业品牌打造了人设，接下来要做的就是以这个人物形象去运营微博。

2. 人格化运营

企业微博人格化运营的核心就是以这个“人”的身份去运营微博，即做好下面三件事：

（1）说人话。说人话的第一层意思是：要以人的身份说话。运营者要学会以拟人的方式表达，即每一条微博都是“我”在与关注者对话。

说人话的第二层意思是：要避免说官话、说太严肃正式的话。企业要学会以网络语言甚至是口语化的方式与用户聊天，以拉近与用户的距离，让用户愿意与你评论互动。

说人话的第三层意思是：要尽量避免使用复杂难懂的专业术语。企业运营微博是为了与用户更好地沟通，让用户关注你，跟你互动。如果用专业领域的术语去表达，会无形中建立起一道沟通屏障，反而不利于与用户顺畅对话。所以不管哪个领域的企业，在运营微博时，都要尽量把复杂的词汇简单化、把专业的词汇日常化，以用户听得懂的语言去沟通。

（2）是什么人说什么话。是什么人说什么话指的是所说的话要符合自己的身份定位，这需要从两个维度去理解。

第一，你是什么类型的人，就应有什么样的语言风格。比如你的定位是一位 35 岁的职场精英，语言风格就不能过于轻浮。

第二，你是什么领域的人，就应在内容上有什么样的侧重点。热点可以跟进，但要注意自己的定位，要努力找到热点与自己领域的结合点，做创意发散，并只发散跟自己有相关性的内容。

（3）见什么人说什么话。见什么人说什么话是指微博发布的内容要考虑用户的喜好。企业运营微博不能只发布自己想传播的内容，要时刻考虑用户是谁，他们喜欢什么，要多发布用户喜欢的内容。

微博是互动平台，不是广告平台。企业运营微博的第一要义就是与用户沟通。企业要以对话者的身份去撰写、发布微博，要保证发出去的每一条微博都是用户感兴趣的，都是对用户有价值的。

除了满足用户喜好之外，企业微博发布的内容还应该考虑用户类型。不同的品牌有不同的受众，不同的受众有不同的兴趣点和需求点，企业运营微博要以自己的核心受众为出发点，发布有针对性的垂直性内容。

进行微博人格化打造，一是为了更好地与用户沟通，二是为了从人物形象的角度入手，再次进行微博定位。只有有了精准的定位，才能有针对性地运营。

需要注意的是，并不是所有的品牌及机构都适合进行人格化运营，如奢侈品品牌、医院、法院等就不适合。因为人格化是为了更有亲和力，是为了拉近与用户的距离，但奢侈品、医院、法院等需要保持与用户的距离。

若企业所处行业是快消品等领域，需要在微博平台进行广泛的品牌传播，需要跟用户进行亲密且深入的互动，就应该进行人格化运营。在社会化媒体时代，企业营销的一个重要标志就是持续拉近与用户的距离，微博等社会化平台为企业提供了可能性。所以，人格化不仅是企业微博吸引粉丝的技巧，更是企业品牌营销的趋势。

（二）主动搜寻添加粉丝

在粉丝经济时代，粉丝是微博的灵魂，有了粉丝才能开展微博运营。因此，在打造好微博人设后，企业接下来最核心的任务就是要寻找到符合自己定位的目标受众人群。具体找目标人群的方法有以下五种。

1. 利用标签吸粉

微博有一个比较特殊的功能就是“标签功能”，通过这个功能可以将相同兴趣爱好的用户聚集到一起。微博上的用户往往都会根据自己的特点或者爱好为自己的微博贴上不同的标签，这些标签都是用户自身设定的，最能体现出个人的特点及喜好。营销人员可以通过分析微博用户的标签，对他们进行年龄、身份、职业、爱好等方面的归类。如果企业的目标用户正好和某一类人群重合，则这类微博用户就是企业的目标用户或者是潜在用户，是需要企业花大力气去引导的人群。图 2 - 14 所示即为通过标签寻找精准粉丝。

图 2 - 14　标签找粉丝

2. 利用话题吸粉

微博上的话题是通过“话题名称”来实现的，其最大的优点是企业可以通过微博搜索直接找到参与某个话题讨论的人群，这些人群因共同兴趣爱好而聚集，若谈论的主题与企业产品有关联，那么他们可能就是精准顾客。比如，如果发现某些用户经常参与“用美食温暖你”“舌尖上的味道”这样的话题讨论，而企业恰好又是经营美食的，那么企业就可以积极地参与此类话题的讨论，通过这样的方法来寻找粉丝。用话题来找客户要求企业必须分析精准顾客的接触点，兼顾营销诉求、产品价值与市场需求，寻找最佳的契合点，设置或加入相应话题，引发参与，从而找到自己的精准粉丝。

3. 利用微群吸粉

新浪微群服务新浪微博现有微博用户，是用户小圈子的聚集、沟通、交流平台，类似于 QQ 群。微群是具有共同兴趣爱好或者有共同话题的一群人聚到一起，进行交流和互动的地方。如果微群的主要话题和企业的产品有比较紧密的结合点，那么微群里的用户也是企业的目标用户。比如某个微群主要是谈论“减肥”这个话题的，而你的企业恰好是卖减肥产品或是提供瘦身服务的，那这些用户也就是企业的目标用户了。微群找粉丝只需要进入微博的消息栏后，点击左上角的“发现群”，即可进入微群页面，然后搜索相关群名，如图 2-15 所示。

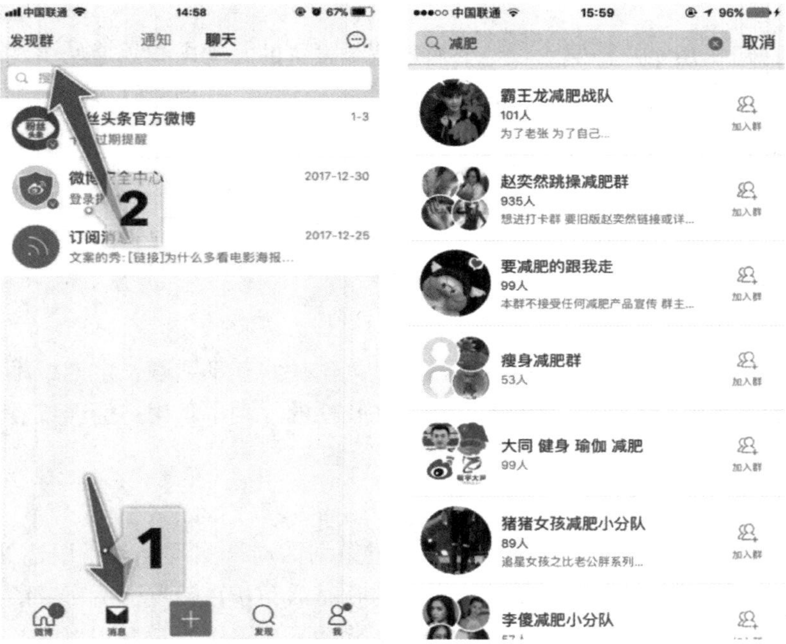

图 2-15 微群找粉丝

4. 利用相关账号吸粉

寻找精准粉丝最简便有效的方式就是从与自己营销产品、服务相关的账号中提取，这种方式不仅目的性明确，而且容易转化粉丝。相关账号可以从竞品或同类产品官方微博、行业相关、意见领袖（KOL）以及其他相关账号的关注粉丝入手，只要关注了他们的人，他们基本上也是企业的目标用户了。

5. 利用点击@吸粉

微博是一种将信息以裂变的方式传播出去的平台，在这样一个平台上，使用微博中的@功能进行主动引流也是一个不错的方式。

在微博上使用@功能主动引流，主要是主动@微博的大 V 或者精准的账号。比如，运营者是做化妆方面的内容领域，那么就可以在微博上搜索一些与“化妆”相关的博主的微博。关注几个化妆达人的微博，一般关注的化妆达人可以是时尚达人、化妆品牌创始人、化妆师等。在关注后，可以将他们放入一个分组内保存。然后就可以主动发微博并@这些化妆行业的大V，还可以与他们的粉丝进行互动。从这些大V的粉丝中，寻找精准的目标人群。

如果有机会的话，也可以与这些微博大V达成合作。他们微博资料里面一般都有合作的QQ、微信号或者微信公众号等信息，可以直接加对方为好友，进行合作沟通，从而实现精准受众的引流。

（三）微博互动引流

微博运营的秘诀不是发内容，而是要互动。在企业微博的运营过程中，要有互动思维，通过与用户的良性互动，为微博账号吸引更多的粉丝，最终形成忠实粉丝。

1. 评论互动

微博运营初期是原始积累阶段，要通过持续大量的互动来积累原始关注者。如果运营者精力足够，则对用户的每一条评论都要回复。初期这样做能够极大地维护好与关注者的关系，逐步积累真实关注者，激活微博的社交氛围。

2. 内容互动

互动是一种思维方式。在打造微博内容时，每一条微博都应该是有互动思维的，都应该是能与关注者对话，引起粉丝的讨论、参与。

3. 话题互动

当不知道如何与关注者互动时，可以尝试创作一些互动话题。定期或不定期地发布话题微博，引导用户评论留言或晒图互动。在长期的互动中，用户会养成看到话题就参与讨论的习惯，并形成良好的互动氛围。

4. 活动互动

除了发起话题进行互动之外，还可以通过策划活动来实现互动，以达到吸粉引流、增强用户黏性的效果。如日常的留言、点赞送礼品活动，在转发中留言或晒图的有奖转发活动等。策划新媒体活动时，让大家转发赢奖品不是关键，激发用户参与的积极性才是关键。微博活动的策划，一定要有互动，要通过参与让用户与你加深关联。

5. 搜索互动

除了在自己的微博与关注者互动外，还可以主动出击，通过微博搜索与潜在用户互动。通过搜索抓取关键词，找到潜在的目标用户，通过评论留言实现曝光，加深潜在用户对品牌频道印象和好感度，使其主动成为企业的忠实粉丝，也是微博吸粉引流的方法之一。

任务四　社群运营矩阵

社群运营矩阵是指通过社群定位、社群运营方法、社群活动等多层面进行企业新媒体运营的多维矩阵的有效运用。

一、社群运营的目的与方法

（一）明确社群运营目的

每一个社群的建立、运营都包含了卖货、提供服务、人脉、兴趣、资源交换、影响力提升等一个或多个目的，这是社群运营最基础的出发点。

1. 卖货

卖货即销售产品，也就是基于经济目标构建的社群让用户通过社群购买产品。这里的产品包括了实体产品和虚拟产品。前几年比较常见的微商群就是最典型的以卖货为目的的社群，通过批量加好友，然后拉群，再推荐产品，最终达到把货卖出去的目的。另外，还有很多粉丝群、种草群、行业群也存在卖货的目的。

2. 提供服务

提供服务即为用户提供产品使用帮助、提供产品功能体验、对用户进行售后咨询等服务。常见的形式有产品售后群、粉丝群、课程群、会员群等。

3. 人脉

通过社群可以丰富自己的人脉，在群里可以认识更多资深的大咖，通过和这些人的交往和交流，可以学到更多的东西，获取更多的资讯和资源。这里包括了行业群、产业交流群、协会群等形式。

4. 兴趣

以兴趣为目的的群是指因某种爱好、喜好或喜欢的事物而组织起来的社群。这一类社群大多数没有商业行为在其中，而是以情感为凝聚力。但部分社群也以兴趣为基础，小规模或变相进行销售。以兴趣为目的的社群一般活跃度和凝聚力比较高，形式也最为多样，进而衍生出了日更群、工作小组群等社群形式。常见的兴趣类社群包括爱好群、粉丝群、交流群等形式。

5. 资源交换

资源交换的优点近似于以物易物的形式，群内每个人各自标注自己拥有什么资源、需要什么资源，然后找互相能匹配的人，最终实现互相满足需求的宗旨。资源包括资料、知识、实体物品、渠道、互推等内容。

6. 影响力提升

影响力提升指的是通过扩大社群的人数提升产品和品牌知名度，为企业积累核心用户，进而扩大影响力，帮助提升企业价值。具有这一目标的社群主要由企业或机构发起，一般都结合了服务、电商等目的。

（二）社群常规运营方法

社群常规运营是指社群在大多数时候定期进行的活动和推送的内容，还有社群运营的部分底层基础，包括群规则、群内容、群行为三个部分。

1. 群规则

俗话说“没有规矩不成方圆”，群规则的目的就是让社群朝着既定的方向前进，不发生偏移。群规则的建立需要群策群力，初期运营时可由群主建立初步规则，后期再根据运营的情况逐渐丰富，但是切忌群主一言堂。社群规则应该涵盖以下几方面：

（1）命名规则：所有入群成员，按照规则命名自己的昵称，如“城市＋真实姓名＋从事行业”。

（2）社群功能。介绍运营者是谁，告知用户这个群有哪些功能（社群功能的介绍要简短），说明成员能有哪些收获，最好能让用户在 3 秒钟内可以记住。

（3）支持内容。说明群内支持什么信息、鼓励什么内容，一般为合规性的相关内容。

（4）反对内容。说明群内禁止什么信息，如广告、政治敏感话题、私自拉人、不文明用语等。例如，图 2－16 所示为“虾胡闹小厨”微信群主在群内发布的简单群规则。

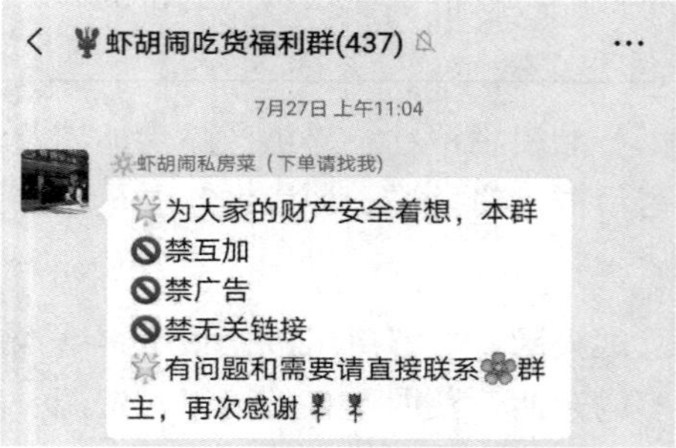

图 2－16　“虾胡闹小厨”微信群规则

另外，在制定群规则时，需要注意以下两个方面：

（1）群规则要根据社群的情况设计，甚至一个社群下属的不同分群也要在社群规则的设计上有所区别。根据社群的特点制定相应的基础规则，如娱乐性质的社群可以讨论各种话题，只要好玩有趣，能够带动社群气氛，群规则可以相对宽松一点；而学习性质或成员素质较高的社群，群规则的设定就需要相对严格一些，包括发言内容方向、发言是否有价值都需要做规定，以此保证社群活跃的绝对高价值，也可以规定讨论其他话题的时间，防止社群的正常节奏被打乱。

（2）社群成员之间不是强关系连接，故对社群进行管理不能是强制性的，而是需要让社群成员形成自组织、自运行，自发地遵守群规则。这需要要求：每个群成员都清楚地了解并严格遵守群规则；群规则的每项内容都要可衡量、可记录；群规则要按照社群现状及时调整和修改，保证不被错误解读或滥用。

2. 群内容

社群运营的内容是指在群内常见的各类消息内容，主要包括群成员自发内容和群主发起内容两个方面。

（1）群成员自发内容。除正常聊天和交流外，运营者需鼓励群成员多发一些有价值的内容，以促进社群活跃度的提升。另外，运营者也需鼓励群成员多参与群内的话题讨论。

（2）群主发起内容。运营者不仅是社群的管理者，也是社群中的一员，需要在社群中频繁地发言，包括引导话题、推送知识、新人入群后发欢迎语、有人犯群规时进行警告等。另外，由于群主拥有通知所有人的权限，因此重要的信息尽量由群主来进行推送。如“虾胡闹小厨”微信群群主在群内开展接龙和福利发布的内容，如图 2－17 所示。

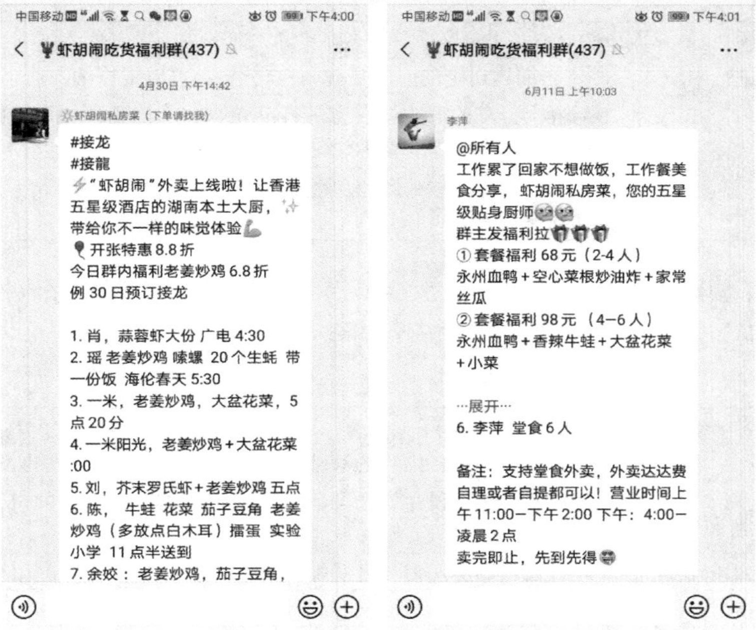

图 2－17 “虾胡闹小厨”微信群接龙和套餐福利内容

3. 群行为

社群运营的行为是指群内周期性的活动及内容推送，其中包括群日报、群话题、群分享、群福利等。

（1）群日报。群日报是指媒体在社群中推送资讯新闻的行为。按照推送时间不同可分为早报、午报、晚报；按展现形式可分为文字类、图片类、网页类、链接类等。群日报的内容一般选取深度贴合社群定位的内容资讯，且具有及时性和简洁性的特征，主要目的在于通过简短的资讯让群成员有所收获，增加群成员对社群的认可度。另外，群日报也可以植入广告、心灵鸡汤、新闻评析等内容。

（2）群话题。群话题是指运营者在群中抛出的具有争议性和话题性的提问，引发群成员讨论与思考，从而提升社群活跃度的行为。一个好的群话题需要具有与群成员密切相关、让群成员产生共鸣、话题有较强普适性、选择时机合适等几个方面的特征，可以从三个阶段开展群话题活动，如表 2－6 所示。

表 2－6 群话题活动阶段

阶段	内容
群话题准备时	建立内部管理组。小组成员最重要的角色有：组织者、配合人、小助手。小助手需要协助组织者和配合人做一些琐事，并且还需及时回应，活跃气氛，带动整个社群的话题讨论。
	确定讨论话题。在确定话题时，注意话题不能太大、太沉重，要简单、易讨论，让人可以随时参与。若能结合热点话题，则更有利于活跃气氛。
	发布预告。在发布预告时，应告诉群成员什么时间点来参加讨论。一般需要进行 3 次时间预告。前一天晚上的 9:30—11:00、第二天中午的 12:00—13:00、讨论开始前的 1 个小时。

续前表

阶段	内容
群话题进行中	一个问题讨论的时间是30～40分钟，可以根据情况适当延长或缩短。
群话题讨论结束后	对本次分享的群成员发言进行汇总，并上传到群共享，同时在群里发布通知，以便没有参加讨论的群成员可以下载观看。
	总结群话题开展的过程经验，找到优势或不足，为下一次的群话题活动积累经验。

如果没有太多群话题活动的经验，就需要提前设计过程稿，以确保流程顺畅，同时也可以让自己心中有数。过程稿设计的内容如表2－7所示。

表2－7　过程稿设计的内容

内容	要点
开场白	一般就是在预告内容的基础上进行修改，在开场之前再发一次。
过渡阶段	需要想想怎么说才能让大家及时结束对上一个问题的讨论，进入下一个问题的分享。
出现与主题无关的刷屏时	允许适当刷屏，但一旦开始有变动的趋势，需要想想如何委婉地提醒。
观点与前面的重复时	需要提前想好如何提醒群成员。注意语言不要太生硬，应尽量委婉。
诱导互动	提前设置互动诱导点，同时适当保持耐心。
结尾	对本次的讨论做一个总结，并顺势引导群成员进行记录、分享。

（3）群分享。群分享是指定期邀请嘉宾在社群内进行分享，是提高活跃度的最有效方式。做一次成功的分享一般需要考虑10个环节，如表2－8所示。

表2－8　社群分享的环节

社群分享环节	社群分享要领
提前准备	要求分享者就话题准备素材，并强调分享者应该分享对大家有启发的内容，而不是借着分享做自己的广告。话题分享模式要准备话题，并就话题是否会引发大家讨论进行小范围的评估。
反复通知	确定分享时间后就提前在群里多发布几次消息，如果分享特别重要，应采用群发或一一通知的手段。
强调规则	为了避免影响嘉宾的分享，在每次分享开场前都需要提示规则。如果是QQ群，可以临时禁言，避免规则提示被很快刷掉。
提前暖场	在正式分享前，开启一些轻松的话题，引导大家上线，营造交流的氛围。一般一个群上线的人越多，消息滚动得就越快。
介绍嘉宾	在分享者出场前，需要社群中有一个主持人做引导，介绍分享者的专长或资历，让大家进入正式倾听的状态。
诱导互动	分享者或话题主持人要提前设置互动诱导点，如果发现缺乏互动，需要安排几个人热场。
随时控场	若是在分享的过程中有人干扰，或者提出与主题无关的内容，这个时候需要主持人私聊提醒，引导这些人先遵守分享秩序。
收尾总结	分享结束后，要引导大家就分享做一个总结，甚至鼓励他们去微博、微信朋友圈分享自己的心得体会。
提供福利	在分享结束后，如果对总结出彩的群成员、对用心参与的群成员赠送各种小福利，就会吸引群成员参与下一次分享。

续前表

社群分享环节	社群分享要领
打造品牌	将分享的内容进行整理后，可以通过微博、微信公众号等新媒体平台发布、散播。

（4）群福利。群福利是指运营者在群内发给群成员的各类物质和非物质好处，是帮助社群激发活跃度的一个利器。一般而言，群福利主要有以下五类：

物质类。在社群运营中，发放实体物质奖励肯定是一个最佳选择，包括纪念品、食物、书籍和一些定制的特殊礼物，如给群成员赠送社群纪念U盘、给特殊贡献的群成员送一些合作方赞助的小礼品等。这可以使群成员对社群更加忠诚和热爱。

经济类。对于在某次社群活动中表现优秀的群成员进行红包鼓励。人数太多的话，没有足够的资金就玩红包抽奖，人人都能参与。

知识类。想要社群成员加速成长，可以通过赠送各类课程、电子书、音视频等形式的知识产品，来激励群成员提高积极性和工作能力。

荣誉类。BetterMe大本营中有不同的分署机构，如每个月部长都针对成员进行评级，表现优异的成员可以晋升，还有每个月的考核与激励。对于没有专门组织架构的社群来说，在群中设立一些特别的、有趣的头衔，就会特别注意强化这个标签，这也是激发活跃度的方法。

虚拟类。有些福利不是实际的商品或者钱财，而是在自己社群体系下的某一些规则，常见的有积分、优惠券等。如“有结构思考力”社群的“打卡群”采用学分制，通过大家的参与程度获取不同的积分，通过累积分数的不同获得不同的奖惩。群中的管理员还会定期将积分榜公布，激励成员在竞争的氛围中通过参与获得更多的积分。

二、社群活动

除了常规运营之外，社群还需要经常有一些定期或不定期的活动来促进社群用户的活跃度与黏性。下面重点从线上和线下两个角度介绍常见的活动形式，以提升大家的社群运营能力。

（一）线上活动

线上活动是指运营及执行全部都通过网络来进行的活动，此类活动成本相较于线下活动要低，也是现在社群活动的主要形式。线上活动常见的类型有常规类、合作类、特殊日期类等。

1. 常规类活动

常规类活动是指目的较为单一、形式简单、无须太多时间和精力的常见社群活动，包括投票、打卡、在线问诊、故事接龙、逻辑游戏、限时优惠、砍价拼团等类型。根据社群类型、行业、平台的不同，常规类活动也会有各种各样的变化，没有特定的策划逻辑和活动准则，运营者可以自行设计。

2. 合作类活动

合作类活动是指应外部商业伙伴的要求，在社群内举行的活动，如发表观点领取奖励、转发活动获取抽奖资格等。一般的逻辑是通过商业伙伴提供的福利来换取社群成员的某些行为，这些行为可以给商业伙伴带来更多的曝光或销售量。

3. 特殊日期类活动

特殊日期包括节日，如春节、端午节、圣诞节等；也包括社群内部的特殊日子，如建群 100 天、社群告别日等；再或者就是类似京东“618”、天猫“双 11”之类的特殊日期。特殊日期一般以庆祝类和赠送福利类内容为主，目的性较另两类活动而言偏弱。如“虾胡闹小厨”微信群在 5 月 21 日开展“521 福利”活动，如图 2－18 所示。

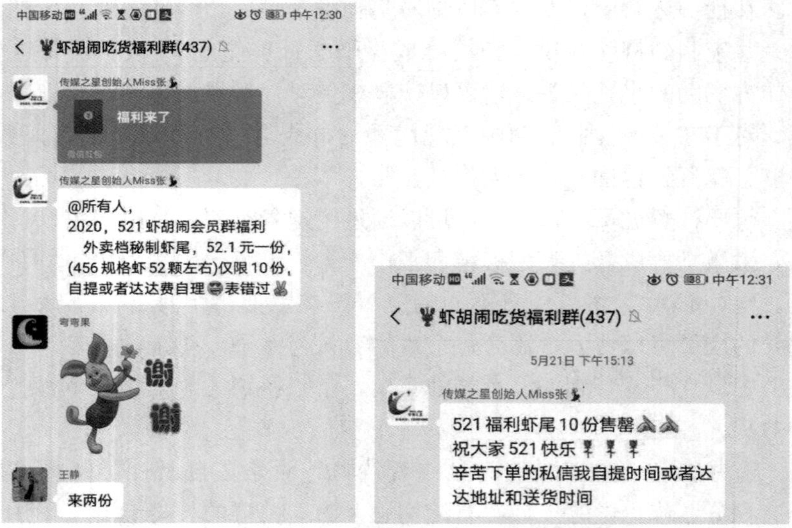

图 2－18　“虾胡闹小厨”微信群“521”福利活动

（二）线下活动

线下活动的形式有很多，常见的有聚餐、公益活动、游学、集体旅行、周年庆典、培训、分享会、私董会等形式，需要运营者根据实际情况选择合适的形式。线下活动的优势体现在以下五个方面。

1. 提高群员忠实度

线下活动的真人面对面相比于线上的文字或语音有着明显的亲和力优势。通过面对面交流，可以迅速拉近人与人之间的关系，使群员之间相互加深了解，甚至可能当场就能达成一些合作，而这些是在线上很难达成的效果。

2. 为社群提供内容素材

如线下分享会、聚餐、游学等活动会产生大量的一手素材和故事，可以更加深入地了解群员的想法和爱好，从而优化社群内容，提高群成员满意度。

3. 活动变现

一是活动本身可以进行收费，如门票、食宿费等，来抵消活动成本；二是线下活动可以寻找企业来赞助或冠名，从第三方获取盈利；三是在线下活动中植入广告或销售场景，让参加活动的用户进行购买，从而使得社群运营者获取收益。

4. 提高社群知名度

线下活动后可以通过活动直播或活动后的媒体报道让更多人看到，另外，相对大型的社群活动本身就是社群实力的体现，自身的影响力会通过群成员及其他人传播出去，从而吸引更多的人关注、加入社群。

（三）社群活动要素

要完整地策划一次优质的线上线下活动，需要从活动目的、活动周期、活动配套、活动规则、活动预算、活动推广、活动复盘等七个要素入手，如表 2－9 所示。

表 2－9　社群活动要素

要素	内容
活动目的	常见的活动目的包括提高用户活跃度、提升用户满意度、吸纳新成员、转化变现等。
活动周期	一般活动周期设置为一个月左右比较合适，大型活动可能会有 2～3 个月的周期。
活动配套	活动相关的文案、海报、视频、网站等配套内容，主要目的是增加活动影响力和传播度，提升用户的参与体验。
活动规则	一个完整的活动规则包括活动流程、活动范围、参与活动的方式、活动奖励、违规事项、惩罚措施等要素。
活动预算	对活动物料、人工、奖品、软件等要素进行逐一清点预估，并结合活动的预计效果，判断活动是否有价值。
活动推广	可以在自有平台、付费平台、开放式平台、传统渠道、人脉传播等渠道进行活动推广。
活动复盘	对活动流程情况、活动各项指标数据、资源统计、与预计的差距及原因、活动中的问题点、优化方法等进行复盘。

三、打造社群矩阵

社群矩阵指的是企业通过多账号分工协作、同步运营，有节奏地互动、转发、传播，形成良性循环的社群裂变和规模效应，实现矩阵式传播效果。其既可以是一个平台内多个账号之间形成的矩阵，也可以是多个社交平台之间不同账号形成的矩阵。下面我们重点从微信和微博两个核心社交平台的矩阵打造入手，与大家分析社群矩阵的技巧。

（一）打造微信矩阵

微信矩阵指通过建立多个微信群和公众号，互相推广，使粉丝利用最大化，即努力让自己的社群成员主动变成企业的推广专员。根据矩阵的核心不同，微信矩阵又可以细分为微信个人号矩阵和微信公众号矩阵。

1. 微信个人号矩阵

微信个人号矩阵主要通过精细化的用户分层，采用不同的运营方式深耕朋友圈和微信群等私域流量，使粉丝效益最大化。

（1）精细化的用户分层。精细化的用户分层是将用户按关系远近划分为陌生用户、知道用户、基础信任用户和深度信任用户四个层面，形成金字塔式的用户结构，如图 2－19 所示。

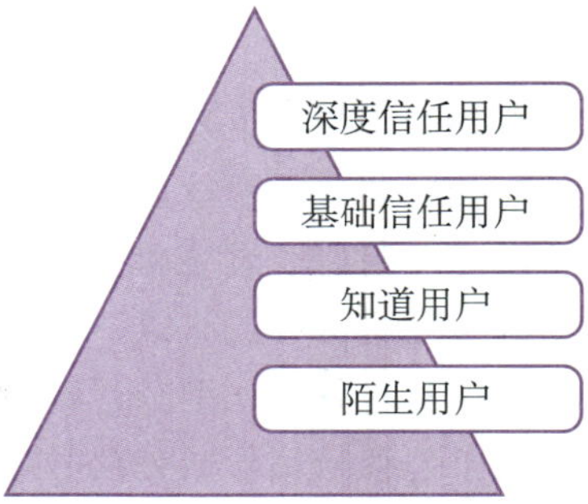

图 2－19　用户层级划分

陌生用户是所有与企业产品相关但对产品或企业不

了解的用户。这是一类数量庞大的纯消费用户，同时也是最容易培养成高黏性用户群体的人群。

知道用户是对产品有认知，但是没有很强的评估能力，处于似怀疑、非怀疑状态的用户。这类用户是最容易产生传播的用户群体。

基础信任用户是购买或享受过一次产品或服务的用户。若对这类用户进行的产品铺垫超出其预期，则其较容易转化为深度信任用户。

深度信任用户是购买产品或服务至少3次以上的用户，是企业重点关注培养的用户。

（2）采用不同的运营方式。对不同层级的用户应采用不同的运营方式：

针对陌生用户和知道用户，主要通过朋友圈、微信群为用户提供商品、活动信息以及便利服务，满足用户希望获取丰富信息、享受更多实惠和便利服务的需求。

针对基础信任用户，主要由专业人士引领，组建高黏性的微信群，发布高质量的内容，帮助用户与志同道合者形成群体归属，除信息和便利外，重点传播功能学习类的内容。

针对深度信任用户，主要通过微信个人号使产品成为用户生活的一部分，提供个性化专属互动，给予用户私密专属的社交体验，全方位满足用户生活诉求，并提供丰富的情感关怀。

实例分享

“长沙传媒之星文化艺术学校”首先通过线上公众号和线下推广的宣传，吸引有需求的用户加入初级微信群，通过在朋友圈和微信群中精心编辑和发布学生参赛、考级等文字、图片、视频内容，满足用户希望获取信息的需求。然后，在与用户互动过程中对其兴趣爱好、职业背景等进行了解，识别重点培养用户，对已缴费用户邀请其加入中级微信群，在中级微信群中提供艺考干货，主聊艺术学习等相关话题。最后，对于性格合拍、兴趣相投的用户，自然建立朋友关系，为亲密用户提供情感关怀。最终形成初、中、高三级的社交矩阵。

“长沙传媒之星文化艺术学校”通过朋友圈、微信群形成微信个人号矩阵，与用户形成良好的互动。

2. 微信公众号矩阵

微信公众号矩阵是指各个公众号通过矩阵运营形成联动机制，扬长避短、优势互补，较好地覆盖粉丝对信息、服务的需求。由于公众号矩阵的每个公众号都有一定粉丝，可以定期通过菜单栏、文章互推、线上活动的形式相互导流，故增粉非常迅速。公众号矩阵运营方式有以下几种：

（1）业务需求型。运营者根据业务的不同，分门别类地整理出客户的需求，开通不同的子公众号，形成公众号矩阵。该类型能把不同消费群体区分开，以便开展不同营销活动。例如，凡客共有“凡客诚品”“凡客诚品特卖商城”“凡客达人”“如风达”等四个公众账号，各账号用户数均达到万级以上。

（2）功能需求型。企业可以根据对用户的调查分析，将用户需求按产品功能来划分，设计公众号矩阵。该类型可根据不同的账号功能制定不同的内容策略，满足用户的多方面需求。

（3）用户需求型。企业通过划分清楚用户需求，设计“官方账号＋产品子账号＋小号”公众号矩阵。所谓小号，是指跟自己企业相关的匿名账号，比如调味品企业可以建立一个名为巧媳妇、厨房达人或私房菜之类的账号，与粉丝分享烹饪的方法。总之，小号脱离于产品，但又是企业的理念升华，要上升到一定的高度，保持中立姿态，润物细无声地影响用户。

案例链接

“十点读书”聚焦文化类内容市场需求，以年轻女性人群为主要受众，以“十点读书”微信公众号为核心，推出覆盖读书、时尚、亲子、电影、生活方式、人物访谈等领域的十余个账号，通过治愈系、陪伴式美文，获取大量流量，之后根据用户需求偏好，将其分层引流至旗下更多专注细分领域的账号，同时各公众号也可独立获取用户，相互导流，促进用户规模增长。通过公众号矩阵，可以实现用户分层运营与相互导流，促进用户留存，提高用户黏性。

扫一扫　看全文

资料来源：六合咨询．立足微信公众号等自媒体矩阵，致力打造国内领先文化生活品牌．搜狐网．(2019-02-18)［2020-03-01］.

【分析提示】

“十点读书”通过大号带小号，用户分层运营，有针对性地满足用户内容需求，并进行内容与广告精准投放，提高用户活跃度、留存率及用户黏性，同时打造了内容生态，提高了品牌影响力。

（二）打造微博矩阵

微博矩阵指的是企业根据不同产品、功能、品牌等不同定位和用户需求建立多个子微博账号，通过不同微博账号定位精准目标人群，有效地全方位覆盖各个用户群体，以实现微博运营效果的最大化。

1. 五种微博矩阵类型

根据定位和需求的不同，运营人员会设置不同类型的微博矩阵，常见的微博矩阵类型有以下五种：

（1）全员参与型。全员参与型是传统的微博矩阵类型，常见于企业有一个官方微博，为了实现更好的传播效果，从CEO到员工都运营自己的微博，对企业微博发布的内容进行互动传播。

（2）产品划分型。大企业通常按产品类型运营微博，打造矩阵，各产品之间既独立运营，又相互合作传播。

（3）功能划分型。微博矩阵除了可以按产品划分外，还可以按功能划分。一家企业可以拥有新闻发言人、营销、客服等多个不同功能的微博，每个微博各司其职，实现矩阵传播。

(4) 品牌合作型。品牌合作型是指多个品牌之间形成传播矩阵，联合发起活动和话题，实现整合影响力的矩阵式传播。打造品牌合作矩阵能够提高传播声量，各品牌关注者之间可以相互转化，实现共赢。打造品牌合作型微博矩阵，一是可以共同进行大型活动传播，实现活动效果的最大化；二是可以在日常的微博运营中进行互动传播，让传播效果翻倍。

(5) 综合型。综合型是指企业并没有完全按照产品或功能的划分去打造微博矩阵，而是根据企业现状，把能调动的个人微博、产品微博进行综合利用，共同传播。对大多数企业来说，这是较现实的矩阵打造方法，只要有矩阵营销思维，就可在运营微博时有新的思路和方法，这也是企业首选的矩阵打造类型。

案例链接

小米手机是社会化营销的先行者，在初创阶段就开始进行矩阵式传播。一方面，从 CEO 雷军到普通员工，都会在微博平台传播小米手机的相关信息；另一方面，在微博搜索“小米”，会看到小米公司、小米手机、小米电视、小米商城等几十个企业官方微博。当小米发布新手机时，小米其他的产品微博也会同步转发传播，实现产品影响力在微博平台的最大化覆盖，如图 2-20 所示。

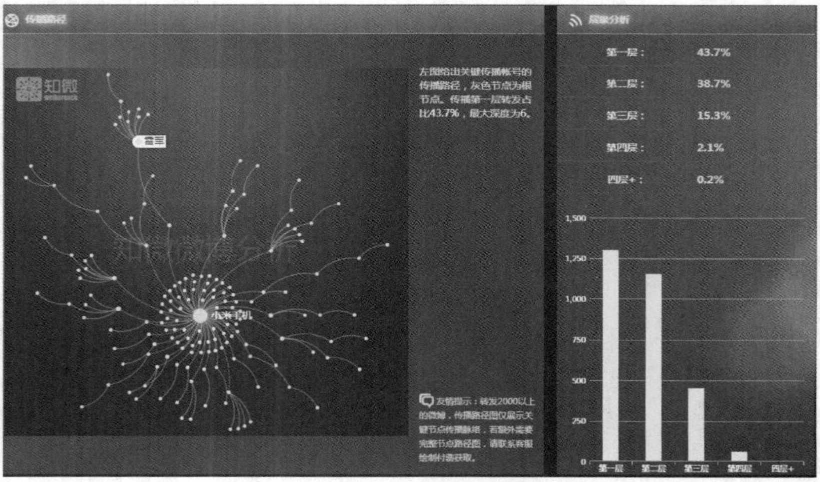

谈谈微博矩阵

图 2-20　微博覆盖情况

资料来源：兴昌传媒．小米的营销矩阵是如何做的？．搜狐网．(2020-04-09)[2020-04-20].

【分析提示】

在公司创立初期，小米只做手机，但近几年公司发展策略转变，拥有了多个影响力产品，各个产品都有自己的官方微博，且彼此形成矩阵。

2. 三种微博矩阵运营技巧

打造微博矩阵，不能只有矩阵之形，更要充分发挥矩阵的优势和作用，让矩阵真正为传播效果服务。运营微博矩阵有三大核心技巧：

（1）有主次。即微博矩阵账号不管有多少，一定要有主有次。根据账号定位确定核心账号，在运营中把主要精力放在核心账号上。主次账号的划分能够明确运营重点，确定运营方向。

（2）有节奏。微博矩阵账号应该有节奏地传播，而不是一哄而上同时转发。常规情况下，传播内容由核心账号发布后，先小范围传播，其他账号再根据传播规律有节奏地转发传播。传播效果的呈现有一个周期，要充分发挥矩阵传播的势能，在关键时间节点持续传播，让矩阵传播效果最大化。

（3）织网络。微博矩阵的账号要相互打通、相互衔接，成为互通有无的矩阵网络。矩阵体现了微博的社交精髓，织网络则把微博的社交基因发挥到了极致。有了相互打通的传播网络，信息在传递和互动过程中才会没有障碍，才能实现真正的高效传播。矩阵账号之间形成传播社区，把微博盘活，再加上有节奏的传播，能充分发挥矩阵传播的优势。

打造企业微博矩阵，能够充分利用微博平台的特点，实现企业的传播目的，这是一种高效的微博运营技巧。

当然，矩阵式传播不只是微博平台专属，目前整个新媒体平台都在朝着社交化、矩阵化转变。所以，把矩阵思维运用到运营工作中，是一种时代要求。运营者应该充分理解并掌握矩阵营销方法，为企业传播助力。

素养园地

初壹食午预煮餐食，新零售带来新生机

初壹食午是全球领先的新零售预煮餐食品牌，该品牌打造“全场景、全客群、全数据、全渠道、全时段、全体验、全品类、全链路”的“互联网+新零售”运营模式——社区“超级便利商店”，致力于以用户为中心，建立智能化和协同化的基础设施，依托新供应链，线上线下深度融合，重构人、货、场，满足用户需求，提升行业效率。

1. 精准定位人群需求

随着人们生活节奏的加快，大多数城市上班族都选择点外卖、下馆子的方式解决吃饭问题，“在家嫌累，在外嫌贵”成为大多数都市年轻人新的困扰，这就让当今餐饮的主力消费者有了新的需求。“宅家一族”如何吃得好、吃得健康更是备受关注。初壹食午正是抓住这个新的商机，以“80后”“90后”为代表的城市社区居民为核心目标人群，通过无人零售店给消费者提供“好吃、想吃又在家不好实现”的预煮餐食，打造消费者自家楼下的“智能厨房”，真正解决了都市生活环境下，各类人群的全面用餐需求。

2. 大数据等技术打造全新体验

该品牌采用人工智能、物联网大数据营销系统、5G通信等先进互联网技术，建立了全链路、精准、高效、可衡量的跨屏渠道营销体系，实行多维度引流。围绕居住社区布局智能零售终端，顾客从淘宝、京东购买后向终端门店引流；抖音、快手、头条、微博、微信精心制作视频、文章引流；美团、饿了么外卖平台客群向线下门店转移。品牌以终端便利之利，多维度向门店引流；以数据营销之法，让用户活跃而有黏性，并打通了体验、购买、服务的每一个环节，优化了用户体验。

3. “超级便利商店”的品牌形象

海鲜、佛跳墙、烤鱼、牛蛙、龙虾等，这些融合年轻元素与时代文化的美食，无不彰显了初壹食午充满活力的品牌理念。初壹食午“超级便利商店”的预煮鲜食先锋品牌形象，结合当前火爆的社交电商和网红经济，进一步向消费者输出品牌价值。

资料来源：打破餐饮界限！初壹食午引领引领2020年时代变局．看世界．(2020-07-02)[2020-08-03].

问题： 微信等社交平台有哪些运营规则？本案例讲述的社交平台营销案例蕴含了怎样的精神？社交运营如何遵守网络道德，帮助更多的新媒体运营者培养创意思维，开拓创业之路，树立创新精神？

微信公众平台运营规范

【职业技能训练】

1. 训练目标

(1) 培养学生利用社交平台吸粉引流的意识和分析、解决问题的能力。

(2) 使学生基本掌握用户人群画像的基本方法，能够明确企业在社交平台上的目标人群特征及需求。

2. 训练内容

(1) 通过分析自己网店产品的情况，进行具体社交平台的选择，明确用户画像，进行精准的用户定位分析。

(2) 通过构建社交平台运营矩阵，进行具体的吸粉引流活动策划和实施。

3. 训练评价

(1) 社交平台分析选择适当，把握准确。(20分)

(2) 社交平台用户画像准确，定位精准。(30分)

(3) 构建社交矩阵合理，吸粉引流活动策划与实施有一定效果。(30分)

(4) 语言表达清晰、准确，逻辑性强。(20分)

项目三

资讯平台运营

大数据的极致是高维的认知和连接，新媒体的极致是青春，网络传播的极致是共情。

——清华大学新闻与传媒学院教授、博导　沈阳

知识目标

1. 了解热点信息的收集、筛选、选题的确定；掌握爆款文案的写作技巧。
2. 掌握新媒体平台的图片应用规则、图片美化的方法和数据分析方法。

能力目标

1. 具备综合运用数据分析思维、收集热点信息、创作爆款运营文案的能力。
2. 能根据目标用户需求，设计文案封面图片、头图、配图和二维码等视觉效果。

素养目标

树立优秀的个人品德，充分发挥科技力量，弘扬科学精神，开展资讯平台运营，遵守数据保密、知识产权等相关法律法规。

平台概览

平台名称	平台介绍	平台特点	变现方式
今日头条	在今日头条 App 上，聚合了超过 5 000 家站点内容，用户可以在该平台上阅读到权威的新闻资讯，更有超过 7 万家头条号每日为用户创作新鲜精彩的内容。平台每日聚焦了 400 位工程师对算法进行优化，能够 5 秒钟内就算出用户的兴趣话题和内容，然后为用户推送量身打造的专业资讯。	1. 登录的方式多种多样； 2. 推送文章类型十分全面； 3. 对于不同用户进行精准推送； 4. 与用户之间存在高互动性； 5. 拥有快捷的文章分享功能； 6. 能进行云端同步存储； 7. 支持 PC/手机客户端。	1. 平台分成； 2. 平台广告； 3. 用户打赏； 4. 问答奖励； 5. 自营广告； 6. 千人万元计划。
小红书	小红书为一个生活方式平台和消费决策入口。主要国内用户是一二线发达城市，爱美、追求精致生活的“90 后”年轻女性，大部分用户在 20～35 岁，具备较强的消费能力。最热门的内容是时尚穿搭、美妆护肤、运动旅游等。用户通过文字、图片、视频笔记的分享，记录这个时代年轻人的正能量和美好生活。小红书通过机器学习对海量信息和人进行精准、高效匹配。	1. 精准流量：以女性为主的中等消费及以上的人群，形成超精准流量池； 2. 社区基因：从 PGC 式的单向输出购物攻略到 UGC 式的海外购物分享社区； 3. 种草平台：众多明星与优质达人的笔记分享成为业内著名的“种草平台”，同时也是“软文聚集地”。	1. 和品牌合作（素人）； 2. 引流变现（微商、卖货、店家）； 3. 企业主（品牌方）。

续前表

平台名称	平台介绍	平台特点	变现方式
公众号	微信公众号是开发者或商家在微信公众平台上申请的应用账号。该账号与 QQ 账号互通。通过公众号，商家可在微信平台上实现和特定群体的文字、图片、语音、视频的全方位沟通、互动，形成了一种主流的线上线下微信互动营销方式。	1. 可移动性强，操作上更占优势； 2. 用户群体不限，关注率高，即发即到； 3. 覆盖面广、传播速度快、可积累口碑； 4. 营销方式灵活，过程多元化； 5. 线上服务方便，广告成本低； 6. 效果持续时间长，人力成本低； 7. 互动性强，经济效益好。	1. 微商城电商盈利； 2. 流量广告； 3. 打赏功能； 4. 付费会员； 5. 企业品牌代理； 6. 微商代理； 7. 软文广告； 8. 公众号买卖。
知乎	一个社会化问答社区类型的平台，真实的网络问答社区，帮助用户寻找答案和分享知识。目前拥有 PC、手机两种客户端，月访问量上亿。其用户群体主要有知识分子（专家、大学生、白领职场人员、管理者、企业家）、爱学习的人、通过文字展示的人、希望结交的人。知乎平台的口号是“与世界分享你的知识、经验和见解”。	核心竞争力是匹配用户兴趣的高质量内容的问答。 1. 关注：用户感兴趣的大 V 和答主的问答、关注或点赞内容，可个性化定制； 2. 推荐：算法根据用户兴趣自动推荐的问答内容； 3. 热榜：提供平台内热度排行榜前 40 的问题。	1. 广告优化； 2. 知识内容付费； 3. 订阅制； 4. 赞赏； 5. 知乎好物。
淘宝头条	内容化、社区化、本地生活服务是淘宝未来的三大方向，而淘宝头条上线不到一年已经是中国最大的在线消费类媒体平台之一，每个月有超过 8 000 万名消费者通过淘宝头条获取最新、最优质的消费类资讯内容。用户喜欢的话题主要有：明星话题、热点话题、商品盘点、经验技巧。	1. 位置：淘宝首页黄金位置，可自动滚动； 2. 审核周期：非常快； 3. 三店四品：每篇文章必须是三个店铺，四个产品； 4. DSR：淘宝头条不收录新店，店铺动态评分 4.6 分以上。	1. 销售产品和服务； 2. 广告分成、引流导购； 3. 用户付费（赞赏等）； 4. IP 开发。

运营故事

解构丁香医生的内容运营逻辑

扫一扫　看原文

在“新榜”2020 年 5 月的健康类公众号排行月榜中，“丁香医生”以 2 946 万总阅读量占据榜首。它用比较年轻化的方式做内容及品牌传播，最终成为医学界的网红、IP。

一、丁香医生的用户增长逻辑

1. 专业人士的实名推荐

在健康领域，大家倾向于相信专家的力量，在丁香医生的网站、App、微信公众号、知乎、抖音上，有 1 000 多名专业医生。同时，其将 Peer Review（同行审议）机制引入内容生产，通过在医生社区建立私密板块，引导医生对内容进行审稿，提出专业审核意见并赚取社区积分，目前有“3 000＋”医生参与科学审核，有“10 000＋”医生口碑推荐。该平台用“专业证言”建立用户信任，同时解决了用户增长、冷启动的问题。

2. 生产“反用户认知”的内容

由于颠覆用户认知的内容能够满足用户的“利他”和“虚荣”心理，更容易获得传播。因此，丁香医生首先把互联网上所有和健康相关的内容通过大数据团队收集排序，通过数据找到最受大家喜爱的、最受大家关注的健康话题。其次，研究在朋友圈传播的这些“谣言”是什么，最终选定“反用户认知”作为内容方向。

3. 精准匹配细分需求，“对症下药”

丁香医生针对不同的细分领域、用户群体和用户圈层构建新媒体矩阵。到目前为止，已经有丁香园、丁香医生、丁香妈妈、丁香生活研究所、偶尔治愈等 80 余个公众号。其通过精准匹配用户需求、多人群共同增长、新媒体矩阵运营，快速达到 3 000 多万粉丝的规模。

二、丁香医生的内容策略

1. 内容战略：有速度、有态度、有温度

第一，有速度，即 always prepare（时刻准备着）。随时做好为病人服务的准备，这是作为一个医生的基本素养。第二，有态度，不“和稀泥”，让病人清晰了解详情。第三，有温度，真正地关注人性。

2. 输出内容要快、准、狠

丁香医生内部有一套热点机制 DDI（Decision-Delivery Interval），即流程术，按照这一流程操作，可保证内容的时效性，即输出内容时的快、准、狠。

快，即用 DDI 机制保证在热点时间段内能够快速跟进。准，即要知道：怎么跟进，怎样才能够切入，怎么讲才能够有温度、有态度、有速度。狠，即态度要清晰，通过充分的证据链证明事实真相。

3. 内容生产的运营团队分工

丁香医生的团队分为三种角色：主笔或主策划，负责非标内容，即策划选题，内容的采编和撰写；栏目产品的策划，负责标品，即策划内容的封装形式；运营，负责渠道，即负责与专业医生对接生产具体内容。

资料来源：解构丁香医生内容运营逻辑：爆款健康科普 IP 如何诞生？. 腾讯网.（2019-04-26）[2020-08-30].

分析提示

在丁香医生的内容生产中，整体的内容生产机制是品牌化 PGC 生产模式，内容重点依赖医学专业人士，保证内容的专业度。此外，丁香医生的热点 DDI 机制，可帮助创作者在热点中寻找好的势能，并结合“实锤、相关、风险、热度、责任、素材”六要素，使创作者在注重事件权威性和科学生活之间的关系、相关风险、责任等基础上，能做出快速跟进和选择。

任务一　热点选题策划

一、资讯平台的选题

在今日头条、微信公众号、小红书、知乎、淘宝头条等资讯平台进行新媒体运营，不管是新媒体运营新手还是资深新媒体运营人员，首先必须针对自己的账号定位和不同内容平台的特点，建立自己的选题库，这是一项必不可少的工作。

新媒体运营新手可以通过选题库来持续输出创作，以随时保持内容创作的“灵感”来源；而资深新媒体运营人员，可通过选题库的建立让自己更好地预判内容的生产节奏。

（一）资讯平台选题类型

1. 常规选题

常规选题是从时间和空间的角度或者对垂直细分用户的用途和价值的角度来考量的选题。常规选题往往都是需要提前规划和部署的。比如我们可以按照某个特定时刻的选题来进行选题库的建立，如节假日、纪念日之类。

比如春节即将来临时，我们可以提前规划和部署相关的选题内容，以便于创作。春节期间，我们可以用预见的选题内容，例如年夜饭、压岁钱、城乡差异、逼婚相亲、春运等大众话题。这种带有强延展性和大众情感共鸣性的相关话题都属于常规性的选题。

2. 热点选题

热点选题就是以当下的热点事件或者热点情绪、热点人物为出发点来进行的选题策划。这类选题遵循新媒体“唯快不破”的原则，但同时也对新媒体人的角度、深度以及写作技巧提出了极高的要求。

比如 8 月的热点离不开“高考择校”话题，热点事件中的人物包含有高考学生、家长、老师等，他们有怎样的经历、性格特点；高考状元在学习上有哪些方法；在指导学生填报志愿时有哪些注意事项。不同的账号可以从不同方向进行选题，例如：

（1）创业科技领域的账号：从选择专业与创业的角度入手；

（2）英语学习领域：如何在大一就顺利通过四六级英语考试；

（3）女性励志领域：女大学生如何通过高考改变命运；

（4）家庭教育领域：高考结束后如何引导孩子合理规划从高中生到大学生的过渡期；

（5）人物故事领域：高考状元的励志故事；

（6）财经领域：实力雄厚的财经类院校及大学财经专业盘点；

（7）餐饮领域：那些一想就流口水的高校周边美食；

（8）文案领域：清华、北大，2020 年录取通知书文案大比拼；

（9）新媒体培训领域：各高校如何利用微信、腾讯等新媒体平台做好“云宣讲”。

3. 专题选题

专题选题是围绕某一个话题、主题或者事件进行多篇幅、多角度、长时间的创作。

这种选题内容跟自己的账号定位、用户群体定位有直接的联系，往往适合一些新媒体创作者使用。专题选题一般不带有时限性和局限性，运营者可以随时储备相关的内容来进行创作。

2020 年，注定是在家做美食爆发的一年，因疫情影响，这一年人们更注意饮食健康，出门用餐的机会大大减少，很多人开始在家做饭。因此我们就可以选择“如何制作健康又美味的饮食”等主题性的内容。

还有一些类似“小张说三国”这样的账号，这些账号都是以“专题选题”为主的。这类选题容易被新媒体人所掌控和把握，因为围绕某一个话题或者主题来拍摄或者写作，更能够集中注意力，也能更好地把握创作的节奏。

新媒体内容创造的核心是能否做出让用户尖叫、满意、有趣、有用或者有价值的内容。选题库的建立，不但是为了不让个人的账号定位走偏离，更是为了储备更多选题，以保证源源不断创作。

实例分享

如何找选题?

1. 借热点分析爆款文章

寻找近期热点，搜索话题关键词，比如当前热点为“疫情”，可以制作文章分析表，如表 3-1 所示。

表 3-1 文章分析表

公众号名称	参考文章	文章阅读量	文章亮点
记忆承载	疫情之后，企业复工，新的机遇在哪里?	3 886	产品营销文章
进击的阿秀	2 亿人在家办公，1 亿人在摸鱼：疫情当下，你该剽悍成长	27 050	语言干脆，不说教

运营者可先记录通过热点搜索出来的阅读量高的文章或者爆款文章的平台名称、标题、文章的阅读量，分析文章中吸引人的写作亮点和话题点，然后根据自己的平台定位去筛选合适话题点放到“选题备选库”中。

2. 建立选题备选库

将已经初筛好的选题放到选题的备选库中，并根据受众、话题、主题三个大类进行详细筛选，如表 3-2 所示。

表 3-2 选题备选库

选题	受众		话题				主题		综合分值
	覆盖人群	痛点程度	可操作性	时效性	话题性	传播性	相关性	价值观	
内向的人如何做好职场沟通	3	3	4	5	4	4	5	5	33
新的工作机遇	4	5	5	4	4	4	5	5	36

覆盖人群：选题所能影响的人群范围。

痛点程度：选题能击中用户心理的痛苦有多大。

可操作性：根据自身水平能够将话题转为文章的程度。

时效性：如果是短期热点，是否能有足够大的影响力；如果是长期话题，是否有可持续性。

话题性：是否具有争议性，并方便用户展开讨论。

传播性：是否能带动用户分享转发。

相关性：与我们正在运营的账号定位的匹配程度。

价值观：是否符合账号所倡导的价值观。

从以上列举的8个方面，对每一个选题打分，如果分数过低，就舍弃这个选题；如果出现综合得分很高的选题，那就将其作为准备撰写的选题，并且结合表3-1中分析出的写作亮点撰写文章。

（二）选题的五大要素

评价一个选题的好坏，可从以下五个要素进行分析。

（1）关注度：是否热点或是年轻人正在讨论的/想关注的/想讨论的东西。

（2）信息量：是否会输出新的东西。

（3）好奇心：大众是否感兴趣。

（4）共鸣度：是否是能引起情感共鸣的话题。

（5）争议性：该话题是否能引起热烈争议和讨论。

一般来说，以上五点随机排列组合，对于满足2～3点的选题，就可以动笔写。当然，以上五个要素满足越多越好。

二、选题方法

（一）日常找选题的方法

（1）根据IP定位来选题。如果账号的定位是育儿，可以围绕儿童健康、成长、情绪、生活习惯、良好爱好的养成等来写，将内容归类，有连贯性，后期可整理成专栏。

（2）可从身边的人和事入手，每天的所见所闻，只要用心去感受，一件小事都可以引发深思。

（3）蹭热点是最好的曝光机会，但要选一个独特的切入点。建议时事政治、社会事件、军事事件等敏感话题不要去蹭。

（4）看书或看电视、电影，有时会因为一句话、一个片段引发灵感。

（5）去看同行的选题，去看往期爆文，总结规律。

（6）多去外面走走，和别人聊天，一些听到的故事可能就会给人灵感。

（7）倾听粉丝声音，保持与粉丝的交流互动，及时获取他们的需求、想法。也可以到知乎、悟空问答、百度找点击量多的话题。

（二）热点选题搜索

1. 微博热点

微博热点可以通过热门标签、榜单、话题查看。微博另一大热点集中地就是微博热搜，在微博搜索框内单击鼠标，搜索框下面就会出现热搜榜，点击可查看完整热搜榜单。微博热搜榜是最大、最主要、最及时的热点来源地之一。

2. 百度热点

在百度首页，通过设置打开热点推荐功能，就可以看到实时热点，这些热点是百度根据搜索热度、新闻热度整理的，非常具有代表性。百度搜索风云榜可以查看实时热点、全部榜单，还提供了地域风向标和人群风向标功能。

3. 今日头条热点

今日头条作为新闻领域的新势力，在热点方面也有一定的话语权，打开今日头条，查看热点，就可以看到最新的热点新闻。

4. 乐观助手

用户可以根据所需要的产品以及行业信息，通过乐观助手的热点追踪功能来搜索最新的热点，并且可以导出所需的热文，随时随地观看热点。这是一款新媒体追热点的利器。

5. 微信群、朋友圈等

运营、营销群的抱团现象比较明显，热点的话题必然会在朋友圈、微信群出现。所以一些企业也会在微信圈、朋友圈等推出相应的海报、活动等。

6. 热点营销工具：营销日历等

我们可以使用热点营销工具、表格、脑图等对热点进行管理，梳理出未来一段时间（可以是周、月、季度）的热点。

实例分享

下面以一个影视动画类内容平台为例，提前规划10月热点。本次规划使用了热点营销工具——营销日历（https：//calendar. xmt. cn/），重点筛选了与我们内容相关的“演艺明星”“颁奖典礼”“各类演出”等分类热点，如图3－1所示。

图3－1 热点营销工具：营销日历

三、建立热点信息关键词

我们可能遇到过这样的问题——加班加点追很多热点，但是最终的效果却不佳。其背后的原因是：我们轻视了热点筛选这个环节，并不是所有热点都值得花费精力，需要筛选出真正值得追的热点。那如何筛选出有价值的热点呢？

（一）热点梳理

热点可以划分为可预测热点、不可预测热点和不定期的循环热点。可预测热点包含节日节气、电影电视剧、大型的活动，可以利用营销日历来梳理；不可预测热点包含一些突发事件、娱乐圈的八卦、政策类新闻内容等；不定期的循环热点包含“心灵鸡汤”类、怀旧复古风、自嘲反讽等。想要成为一个优秀的新媒体运营者，首先要培养对这三类热点的把握能力。网络资讯迭代迅速，热点也不是想追就能追得到的，况且每个产品都有自己独有的特征，热点追得再快，受众群体不对，一样是白搭。所以我们的技巧是：充分利用可预估热点，慎用不可预判热点，囤一些不定期的循环热点。

（二）评估热点级别

评估热点的优先级，可以帮助我们确定哪些热点该投入较多精力，哪些热点需要投入较少精力，或是选择不跟进。评级根据如下：

（1）热点的影响力程度。可以用百度指数、微指数、微信指数等工具帮助判断。

（2）跟平台的相关程度。包括与目前平台用户、平台资源等的相关程度。结合以上两点，可以判断某一个热点大概在哪个象限内（如图 3－2 所示），从而便于我们排出热点的优先级。

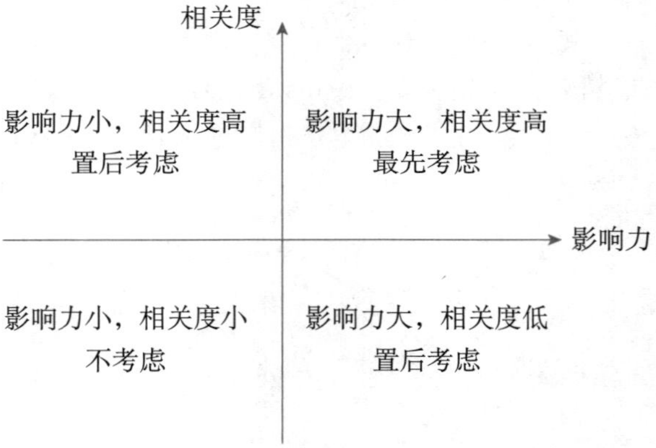

图 3－2　评估热点级别

实例分享

下面以某影视动画类平台为例，提前规划 2020 年 10 月的热点，将梳理出的热点放在表格中管理（如表 3－3 所示），并通过资源相关性、热点热度来评估该热点级别（S/A/B/C/D）。

表 3-3 热点级别

热点	时间	级别	相关资源
国庆节	10 月 1 日	A	电影资源
三国文化节	10 月 6 日	A	关于三国的影视动画
某知名明星 33 岁生日	10 月 16 日	A	影视作品
程序员节	10 月 24 日	B	程序员上班场景
世界动画日	10 月 28 日	S	有代表性的影视动画作品
……	……	……	……

最终确定出需要在 10 月关注的重点是“世界动画日”。选择理由如下：

(1) 在“百度指数”历史数据中，相关关键词在某段时间较高且持续时间较长。

(2) 动画片伴随着每个人的成长，共同话题多，能引发讨论热潮。

(3) 我们有经典动画片的相关资源，可以借此拉升平台内容的消费量。

四、热点选题确定

选定热点后，运营者还需要做进一步分析，以便拟定文案选题。

(一) 舆情分析：大家的关注点都有哪些

对于一个热点事件，通常会出现多个方面、形式的议题。我们可以通过微博、知乎等各大平台来了解最受关注的议题，梳理出正在热议的话题，形成拟定选题表。

(二) 受众分析：都是什么样的人在关注

同一热点从不同维度进行选题，其目标人群可能不同。如“世界杯”热点，既有受资深球迷关注的“冠军分析预测”话题，也有受女性关注的“最帅球星榜”话题。了解不同议题的人群特征，有利于筛选出与自己平台特征相关的议题。

(三) 选题拟定：可以产出什么样的话题

通过以上两步，可以判断出哪些议题是最符合平台特征且热度较高的议题。

实例分享

下面以影视动画类平台为例，当前选取的热点是“世界动画日”，那么动画在各大平台的议题都有哪些？其受众都是什么样的呢？

(1) 微信公众号：关于动画微信推文特别多，10W+的文章话题主要是陪伴我们度过童年时光的动画片、高分动画片。微信公众号的搜索热词有：年代感动画、国产动画等。如图 3-3 所示。

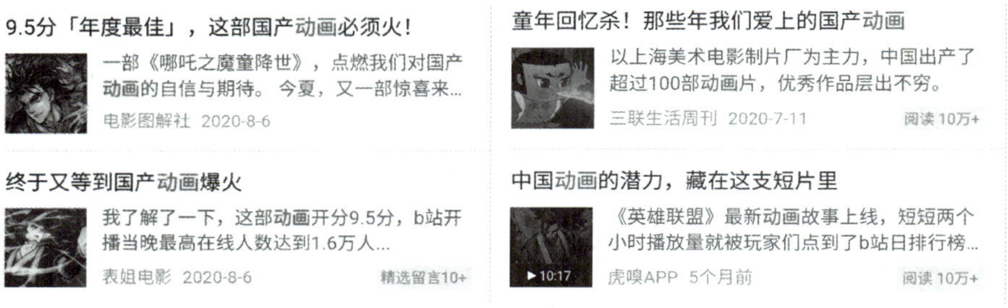

图 3-3 微信公众号中关于动画的精华话题

（2）微博：热门微博大多与动画片回忆相关，“适合大儿童看的动画”话题阅读量达到530多万。如图3－4所示。

图3－4 新浪微博中关于动画的话题

（3）头条号：《你的童年都在这里！35部国产经典动漫，你还记得几个?》《原来国产动画还有如此巨作，豆瓣评分8.9，看过的人都说好看》。与国产动画相关的热门头条推文，大多以回忆为主题。如图3－5所示。

图3－5 今日头条号中关于国产动画的话题

综上分析，最受关注的关键词是“国产动画”“回忆”，该话题用户大概率会是“90后”的用户。于是选定了专题最终的选题：致敬世界动画日｜重温那些年我们追过的动画片。

案例链接

“年糕妈妈”是母婴垂直行业内容电商的翘楚，通过优质的免费内容吸引用户，再利用营销手段进行付费转化，年糕妈妈实现了“卖课程＋电商”的商业模式。

一、新媒体矩阵

年糕妈妈的内容载体是新媒体矩阵，分别为微信公众号矩阵、年糕妈妈App、综合类资讯平台（喜马拉雅与今日头条）、抖音短视频平台。其微信公众号矩阵包含年糕妈妈、辅食号、育儿百科、成长营、亲子学院等。

1. 年糕妈妈（主号）

主号拥有百万粉丝。早上7～8点发布微信推文，头条阅读量基本能达到10万＋，次条5万＋。

2. 辅食号、育儿百科、成长营（工具号）

从属于主号下的内容细分领域，分别在内容上各有侧重。辅食号主要提供食物常识、营养餐制作方法；育儿百科提供各类育儿技巧；成长营主要是学前教育和家庭关系处理。

3. 亲子学院

亲子学院目前发文较少。主要目的是课程宣传，最终实现“用户购买课程”的付费行为。但是单纯的营销一定会引起用户反感，所以可划分课程前期、中期和后期，分别进行不同形式的展现和推广，结合真人案例，凸显真情实感。

二、用户画像及用户需求

通过从热点内容中总结用户偏好、结合网上报道等大致描绘出用户画像，如表3-4和表3-5所示。

表3-4 用户画像

用户画像	25～40岁的中国女性
	有一个（或以上）的孩子（最小的孩子年龄在6岁以下）
	有一定学习能力（普通学历较高），有主动获取知识的习惯
	不完成认同传统教育，希望能更科学地育儿
	有独立意识和一定的经济基础

表3-5 用户需求

类型	用户需求
育儿常识类	安全与健康、能力发展
身体健康类	恢复健康、减肥塑形
日常安排类	任务规划，提高效率；需要帮助时，能得到家人、朋友、专业人士的支持
心态调整表	自我价值和身份认同：认可自己为家庭的付出，不因为暂时失去工作而自我否定；被家人和社会认同
女性发展类	平衡家庭生活与工作发展，经济独立
家庭关系类	婆媳关系处理，夫妻关系处理

三、内容选题规划

1. 与生活场景相结合的育儿常识科普

随着季节、社会发展等变化的生活场景是最贴近用户的，如《姹紫嫣红总是春？小心！宝宝可能已经“糊一脸”了》。（春季花粉过敏）

2. 与年龄层级相结合的育儿常识科普

0～6岁的孩子在每个阶段都是不同的，有相应的生理和心理需求，分开讨论更科学，如《2岁的娃就知道玩？其实他学得比你可快多了》。

3. 以课程营销为目的的减肥塑形课推荐

比如，针对亲子学院已有课程“专为妈妈设计的瘦身瑜伽”，可采访以往参与过课程的用户，聊聊课程带来的变化，更具有说服力。

4. 与其他平台合作的课程/产品推荐

在时间规划方面已经有很多专业工具了，可与生产方合作，针对妈妈群体进行改进，如《忙到恨不得长出48条胳膊？也许它可以帮你噢》。

5. 创建 KOL 团队，女性互助、共创发展

对于婚后女性来说，看见可能性是最重要的。这能让她们不囿于一日三餐、老公和娃，而有信心去追求经济独立、人格独立。如《时隔 15 年，我终于拿回了第一》《生完孩子就被公司开除？没关系，我挣得比 CEO 多》。

6. 家庭关系类热点话题讨论

在此类话题中，解决丧偶式育儿和婆媳矛盾是重中之重，如《让葛优躺老公变身带娃小达人的 10 000 种方法》《都说婆婆不如妈，这个婆婆却让儿媳感动哭了》。

扫一扫　看原文

资料来源：新媒体运营热点分析与选题策划！. 青瓜传媒.（2019－05－17）[2020－07－03].

【分析提示】

商业世界，效率第一。如何用尽可能少的免费内容吸引尽可能多的用户阅读是重要目标之一。吸引到用户目光只是第一步，让用户购买才是最终目标。如何通过营销手段，将内容读者转化为付费用户，就成了重要目标之二。

越了解新媒体渠道，越能感知用户的使用场景和心境，从而投其所好，制作出受欢迎的内容。

任务二　爆款文案编辑

克劳德·霍普金斯在《科学的广告》中说道：广告不是用来娱乐大众的。如果广告变成娱乐，它只会吸引到想要被娱乐的对象，而不是期待的消费者。这是广告业可能犯的重大错误之一：文案写手抛弃了自己的本分。他们忘记了自己是销售人员，反而表现得像个演艺人员；他们希望听到的是掌声，却不是实现销售。

文案是达成销售目标的工具，撰写文案的目的不是讨好、娱乐观众，而是要把产品卖出去，而文案写手就是坐在键盘后面的销售人员。一个优秀的文案写手，不会在意大家是否喜欢他的广告，或者评价他的广告是否有趣，因为文案的本质是达成销售目标的工具。一篇优秀的文案应该有利于完成销售目标，达成企业的营销战略。

一、新媒体运营的文案写作流程

方案写作流程包括以下六步：

（一）研究产品

在撰写文案前，首先要对产品进行以下研究分析：

（1）产品的属性和对应的利益点是什么？从消费者的角度出发，究竟能够给他们带来什么好处？哪一项属性和利益点最重要、最关键？

（2）产品的竞争对手都有哪些？对应的优势和劣势是什么？

（3）这篇文案精准定位的竞争对手是谁？它的优势和劣势是什么？

（4）产品在哪些方面有别于竞争对手？哪些产品特色是品牌独有？哪些产品特色优

于竞争对手？假如产品和竞争对手没有不同，有什么是竞争对手没有提过或者可以加以凸显的？

（二）研究用户，确定目标用户和卖点

通过数据采集分析，给用户群体画像，确定目标用户，提炼产品的卖点。在这一步主要考虑的问题如下：

（1）谁可能会购买这项产品？它主攻什么市场？这项产品究竟可以提供哪些好处？

（2）产品定位的全部人群是谁？他们有什么特征？如年龄、性别、收入、教育水平、从事职业、兴趣爱好、生活主要困惑等；产品定位的精准定位人群是谁？有什么特征？

（3）用户购买情境是什么？用户的使用情境、保存情境和维护情境是什么样的？在各种情境下，他们最在意的是什么？对应的产品卖点是什么？

（4）用户购买这项产品时，他们主要考虑的是什么？是价格、售后、维修、质量、效率、购买便利、性能、耐久吗？最在意的又是什么？

（5）用户的购买动机是什么？他们面临着哪些急需解决的问题？他们为什么需要这款产品？什么情境下需要？到底是什么促使他们购买这款产品？他们的痛点究竟是什么？

（6）用户目前对自身需求的认知是怎样的？是否知道解决方案？是否知道自己需要什么产品？是否能根据用户对自身需求的认知确定用户对产品的认知状态。

总之，运营者需根据受众的特征、困惑和动机，确定产品的主要卖点和次要卖点，确定怎样描写卖点最容易吸引他们。

（三）根据文案推广渠道和企业战略，确定撰写文案的目的

1. 确定文案的推广渠道

文案是通过什么渠道展示的？是微博、头条号、百家号、微信公众号还是地铁广告牌等？这个渠道的展示空间有多大？消费者停留的时间大概有多长？通过这个渠道推广，这篇文案的字数、结构、思路应该是怎样的？

2. 确定撰写文案的目的

企业此次做推广的战略是什么？想要通过文案给用户传递怎样的信息？想让用户做哪些事情？用户目前对产品的认知状态如何？通过这次推广想让用户达到怎样的认知状态？一般来说，企业做推广的常见目的有：鼓励消费者主动询问、鼓励消费者购买、筛选潜在顾客、传达新的产品信息、让用户深入了解产品、建立品牌认同与偏好、塑造企业形象。

（四）组织信息，用思维导图列出文案的逻辑框架

将分析的信息进行组织、排列，再用百度脑图等思维导图 App 列举出新媒体运营文案的思路和逻辑框架。

（五）撰写文案标题和正文

撰写新媒体运营的文案内容，以及确定文案的标题。

（六）利用问题自检清单对文案进行审查

文案撰写完成后，运营者需要对文案进行审查，主要内容如下：

（1）这份文案是否落实了标题所做的承诺？

（2）这份文案是否有趣？是否容易读懂？是否具有可信度？是否有说服力？

（3）这份文案明确具体、简洁吗？跟产品紧密联系吗？文案节奏流畅吗？

（4）这份文案是否能够鼓励读者实际购买？是否落实了企业的营销战略？是否符合此次营销的目的？

二、爆款文案内容结构

新媒体运营文案重要的不是文采，而是有清晰的段落结构，以更好地阐述观点。好的结构有助于用户阅读和理解，也方便自己构思和成文，提高效率。常见的文案结构有以下三种：

（一）总分总结构

第一部分：整体概括，提出观点。确定主题或理由，展开论述，结尾简要总结或重复主题。主题一定要非常明确，就像是做产品，要解决客户需求和痛点一样，如果恰好读者对这个主题感兴趣，就会认真读下去。

总分总结构示例

第二部分：分点论证。分条列出自己的观点，以及佐证自己观点的证据或者案例，并加以说明。这几个分论点之间可以是并列关系、递进关系、对比关系等，但不能是包含关系或交叉关系。

第三部分：总结结尾。亮出自己最终的观点，可以是重新提炼总结观点，也可以将前面说的分观点做汇总，将用户已经分散的精力集合，加深一下印象。当然这里的重点是如何提炼一些非常不错的金句，让用户可以进行分享。

（二）清单式结构

清单式结构的表现方式是列出用户所要的信息，或者自己要呈现的内容，他们往往用平行结构，信息间没有非常强的关联。最常见的是以下两种类型：

1. 推荐某一类事物

比如推荐国外适合冬季旅游的10个景点，华为手机上最合适打发时间的8个游戏，刚做新媒体的职场新人适合阅读的10本书等。

2. 解决方案类

针对用户遇到的某一个问题，我们提供几种不同角度的解决方案，例如，对于医疗类的账号提供某一类病症的三种医疗方案；对于心理辅导类的账号可以提供抑郁症的几种调理方式；对于旅游类的账号提供北京旅游的五种不同时间长短的路线以供参考。

清单式或者说是平行结构的好处是不需要很强的逻辑能力，只需要介绍清楚自己的目的，以及列出相关的分支即可，操作非常简单。而且选题来源丰富，只要是信息量大的内容都可以用此方式进行提炼，简化思维，给用户一种帮他精选信息节省时间的感觉。在用这种清单式结构的时候，小标题往往起到了很重要的作用，在主标题上明确列出几个具体内容也很容易让人形成期待。清单式结构的形式如表3-6所示。

（三）故事式结构

很多人爱看故事，爱讲故事的人总是有各种神来之笔帮助人们快速融入剧情，并且一步步渐入佳境，让人不能自拔，最后给出一个感动的结局，或者是意想不到的结局。这种结构也适合用于软文撰写。故事式结构的形式如表3-7所示。

表3-6 清单式结构

开头
小标题1
内容
小标题2
内容
小标题3
内容
……
结尾

表3-7 故事式结构

故事架构	观点架构
故事背景	观点阐述
故事起因	观点分析
重点经过	观点解决
故事结果	观点引申
结果升华	观点提炼

三、爆款文案开头写作

新媒体运营文案的开头具有承上启下的作用。一方面，开头要与标题相呼应，否则会给用户“文不对题”的印象；另一方面，开头需要引导用户阅读后文，好的开头是成功的一半。爆款文案的开头常用以下设计方式。

（一）摘要开头，浓缩精华

用最短的语言提炼总结文章的主要内容，在提炼总结的时候尽量把文章的精华部分展现出来，让用户阅读文章开头的时候就感觉到非常精彩，很有看点。

（二）表明观点，亮出态度

用户表面上是在阅读、转发一篇文章，实际上他是在为自己支持的观点投票，借你的文章展示自己的态度。传统媒体时代，我们经常说一个词叫“客观中立”，新媒体时代，“客观中立”没有那么重要了，反而“有鲜明主张，有明确态度，有自己观点”变得更加重要，因为社交媒体时代，年青一代更看重的是“我有表达的权利，我有表达的自由”。所以，很多作者喜欢在文章的一开头就亮出自己的态度，说出自己的观点。

（三）与你有关，对你有用

在开头直接向用户表明：这篇文章是跟你有关系的，对你有益处的，涉及你的利益等。让用户感受到这篇文章“为我而写，对我有用”。

（四）描述痛点，戳中用户

撰写一篇文章时，需要思考这篇文章要解决一个什么样的用户痛点，然后在文章开头就要戳中用户痛点，让用户点进来一看就会有一种“这就是说我啊”的感觉。只要戳中用户的痛点，用户一般都会继续往下看。

（五）提出疑问，激发好奇

好奇心是人类共有的天性，如果能在开头想办法激起用户的好奇心，让用户产生疑问，他就一定会往下看文章，寻求答案，解答疑惑。

（六）引发共鸣，增加认同

金句跟鸡汤、段子效果差不多，每个主题的内容可能都有相应的金句，这些金句机智、幽默、非常讨巧，有一种一语道破天机的感觉，容易产生共鸣，比较有传播力。

（七）直接说事，欲罢不能

这种写法就是，开头没什么铺垫，背景介绍也基本没什么大段的观点、态度，就是直接说事，第一句话就把用户拽到一个场景中，语言都特别紧凑，环环相扣，让用户读起来就停不下来。这种写法现在越来越常见。

总之，开头的写作原则就是：迅速锁定用户注意力，激发阅读兴趣。但有一个注意事项，不管用哪种开头技巧，在表达上一定要直截了当，开头最忌讳啰唆。

案例链接

小红书文章多为用户笔记形式，所以我们写笔记时，最好把自己代入文章中，比如文章“眼部护理新招get～网红日本小尖刀射频仪平替”，以“我”的角度来拆解文章，下面简要分析这篇文案的写作技巧。

一、文案开头写作

1. 描绘“我”的烦恼：苏大强式眼袋+惧怕打针+担心产生依赖

文案技巧：描绘用户正在或即将面临的烦恼、痛点。大多数小红书笔记，通常在开头就直接描绘几个场景，用“我”的口吻说出用户在场景中面临的烦恼、痛点。

2. 指出“我”的问题：指出用户面临的问题

案例中的“我”需要新的眼部护理方法，其实这是在引导用户向这个点靠拢，让他们意识到自己和作者一样，面临眼部护理的问题。

二、文案中间写作

“我”的解决方案：为了克服问题，“我”采用的方案通常是适合你的产品。

这一部分是笔记的核心，前面描绘了用户的痛点，现在已经勾起了用户的兴趣，他们很想知道你的解决方案，这时候要把产品或者推荐的内容告诉他们。

在案例中，作者把产品美容仪作为解决方案推荐给用户。

三、文案结尾写作

“我”的体验改变：产品使用步骤和使用后的变化。

上面引出了产品，用户此时想知道，你是怎么用这个方案或者产品来解决问题的，他需要更多详细的信息。所以这一步也是笔记的核心，通常你要写产品使用步骤，按照1、2、3点分类，把每一步的产品使用体验写出来。

资料来源：小红书平台特点及爆款文案技巧.（2020-02-05）［2020-11-15］.

扫一扫 看原文

【分析提示】

文案技巧：认知对比、感官描写、FAB法则（即属性Feature、优势Advantage、益处Benefit）、细节描写。在写笔记的产品体验和用户改变时，可以用FAB产品文案写作法则+感官体验的方法，写出使用感受和变化。

（1）认知对比。对比使用产品前后的效果，突出现有产品/方法的优势。案例也用了认知对比，先说眼霜按摩头的不足，再指出自身产品的优势——微电流到达皮肤深层。

（2）感官体验。描绘出你的感官眼耳口鼻嘴或者身体其他部分在使用产品时的感受，以及这种感受带给你的变化，而不是直接写一个产品功能。例如使用感官体验的文案技巧，写使用后皮肤的感受：热热的感觉。

（3）细节描写。描写产品和体验相关的细节，加深用户印象。你要想让用户感知到产品效果，在描述时千万不要笼统地说这款产品怎么好，而是要写出和它相关的细节，尤其是这种分享形式的笔记，细节往往更容易说服人。案例中在叙述美容仪的使用方法时，点出了两处细节二眼角和眼尾，将用户的注意力集中到这两处。

本案例呈现的另外一个重要的技巧是：使用动词制造画面感。我们经常听到文案要有画面感，这是因为语言文字的本质就是表达画面，而画面感越强，用户接受你的信息就越省力。动词是让文字鲜活起来的“撒手锏”。

四、爆款文案结尾写作

撰写新媒体运营文案的目的不是让用户读完一篇文章，而是通过文案激发用户做出撰写者期待的行为。有人看完文章会大呼“写得太有才了”，点赞并转发到朋友圈；有人会喜欢文章描述的产品，长按末尾的二维码并下单购买；有人会把自己此时的感受或想法留言在评论区；当然，还有人会抱怨“看了半天原来是个广告啊”，然后生气地关掉页面。因此，我们要适当地在文章结尾设置引导。

新媒体运营文案都有营销目的，要么为品牌服务，提升企业的知名度与美誉度；要么为销售服务，推广产品、提升销量。因此，需要在文案结尾进行优化，鼓励用户做出相应的动作。

另外必须对各平台的规则有所了解，部分新媒体平台严禁诱导转发行为，如微信公众平台，当出现“请好心人转发一下”“转疯了”“必转”“转到你的朋友圈”等文字，一经发现，将短期封禁相关平台账号或应用的分享窗口，对于情节恶劣的将永久封禁账号，这将得不偿失。

通常，新媒体运营文案的结尾写作常用如图 3-6 所示的 4 个写作技巧。

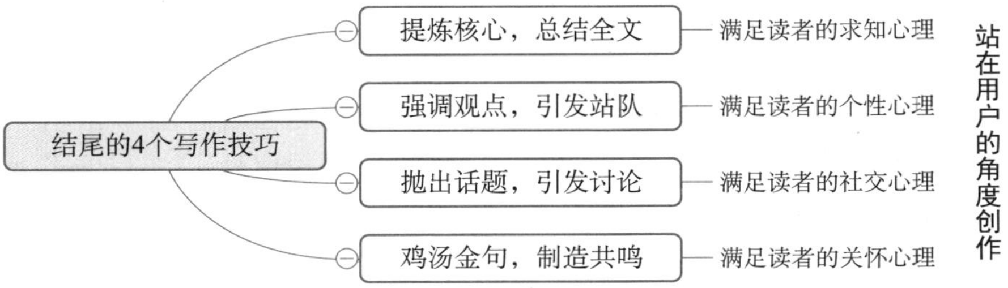

图 3-6　结尾的 4 个写作技巧

（一）提炼核心，总结全文

在结尾部分梳理文章的观点，能够有效加深用户的印象。撰写者可以用一句或几句话阐述一下整篇文章的中心思想、核心立意和论点。

（二）强调观点，引发站队

既然用户阅读、转发公众号文章的行为被认为是一种“投票”行为，那么我们就可以主动迎合用户的喜好。除了在开头、正文处阐明相关观点，在结尾处依然要对这些观点进行强调，以便让用户感受到作者的倾向性。

（三）抛出话题，引发讨论

在社交媒体上，话题就是“硬通货”。如果文章的结尾可以制造话题，也就相当于为用户提供了“社交素材”。用户获得了这些社交素材，便很大可能会在他们的朋友圈中传播文章，因为他们围绕这篇文章可以完成交流、吐槽等社交行为。

（四）鸡汤金句，制造共鸣

在结尾处引用一些情感美文、名人名言是极为常见的一种写作技巧。鸡汤永远都是刚需，人的内心总是需要抚慰的，故而“心灵鸡汤”就成为刚需产品。充满正能量、励志的句子总能有意无意地激发用户的积极心态。

开头为始，结尾为终，有始有终，才能掷地有声。对于上面讲述的这些关于开头和结尾部分的写作方法，撰写者需要将其与自己文章的主题、风格一一比较，继而选取出最适合自己文章的开头、结尾形式。当开头结尾真正成为“龙头凤尾”时，相关的文章自然就具备了成为“爆款”的潜质。

五、爆款文案评论策划

一篇好的新媒体运营文案，除了要吸引用户点击与阅读之外，还要能制造参与感，吸引用户撰写评论或者为他人的评论点赞。单纯的新媒体运营文案内容仅仅是新媒体撰写者输出的观点，作为用户只能被动接受，而评论的存在是给阅读用户一个发声的渠道，一些平淡的文章可能会因为几条有才的评论而被转发。常见的评论技巧如下：

（一）正文补充

例如文章里有遗漏的内容或需要增加的资料，可以用个人号在留言区补充完善。

（二）趣味互动

通常，在留言区域，作者会认真回复用户的问题或者评论；但是我们可以反其道而行之，不去一本正经地回复，而是趣味地与用户互动，有趣的互动会让用户印象深刻。

（三）留言引导

一篇文章会有多个观点，但用户的直观感觉常常会停留在结尾处的观点上，为了引导用户对某一话题有针对性地留言，可以在结尾增加“说说你对某某的看法”或“关于某某，不妨在留言区聊聊”，进行留言引导。如图 3－7 所示。

（四）点赞投票

评论区域的点赞功能可以作为投票工具。一方面，可以作为活动，发起“留言点赞前三名将获得定制奖品”的投票；另一方面，可以作为问卷，发起“大家可以尽情提问，点赞前三名的问题，下次文章我们会专门解答”的投票。

图 3-7　文末通用提示语

六、爆款标题创作技巧

（一）“挑战式”标题：挑战常识＋颠覆刻板印象

通过挑战读者的常识或者颠覆刻板印象，激发他们的好奇心或者好胜心，吸引其点击标题。常用的样式有：

样式 1：反差＋挑战常识＋好奇心。

样式 2：设问＋挑战尝试＋对比。

样式 3：比喻＋颠覆刻板印象＋趣味性。

比如：“最没用的网红却治好三百万人的焦虑”，既然没用怎么能为这么多人治病呢？用与常识相悖的信息点引发读者好奇。

“挑战式”标题创作技巧：找准悖论点，与常识建立对立关系。切忌凭空虚造，制造矛盾。灵活运用设问/反问，增强语势，增加悬念，引发读者深度思考，主动加入观点的讨论。挑战读者，是为了激发好奇心和想象力，不等于故意挑衅。

（二）“启发激励式”标题——启发回答＋引导回忆＋激发想象

就是要做读者的良师益友，激发他们的阅读兴趣。这类标题有以下几种常用的样式：

样式 1：递进强化语句＋追热点＋设问，启发读者回答。

样式 2：悬念＋设问，激发用户想象。

样式 3：场景化描述＋第二人称设问，引导受众回忆。

比如，“开学季将至，幼儿园门口又要出现这幅场景了，你有经历过吗?”（展现量：22 万）首句设定了具体的时间和场景，代入感强，让读者自然地回忆起自己的亲身经历。

（三）“干货式”标题——诉诸利益、知识缺口

司马迁曾在《史记》中写道：天下熙熙，皆为利来；天下攘攘，皆为利往。标题中

加入干货内容，可以提升含金量。在利己心的驱使下，读者会产生强烈的点击欲望。常用以下几种样式：

样式 1：精准定位＋诉诸利益＋实用锦囊。

先精准定位受众群，再提出困扰他们的问题并给出实用锦囊，让读者在利益驱使下点击标题。比如，“家长喂饭什么时候是个头？7 个诀窍让宝宝自己爱上吃饭”（展现量：969 万）。首句设问困扰家长的喂饭难的问题，末句以数字明确技巧，最后以好的结果“宝宝爱上吃饭”，强化标题的实用价值。

样式 2：数字＋具体技巧，填补知识缺口。

行为经济学家洛温斯坦认为：当读者现有的知识不能够解释它们看到的现象时，好奇心和注意力会因为缺口的产生而井喷。和直接诉诸利益不同，利用知识缺口更多地可以让读者认识到自己在某个方面的局限性。标题再给出具体的知识，可以马上填补他们的缺口。比如，“如何优雅地与老板谈工资？学会这 4 个职场思维很关键”（展现量：51 万）。如何谈涨薪，是职场技巧类的问题。首句设问，增强了读者的代入感，再以数字强化方法的具体性和专业性，暗示读者，点击一下标题就能获取知识。

样式 3：提出大众关心但不知答案的问题，给出权威内容填补知识缺口。

除此之外，提出大众关心的问题，再给出权威的解答，也可以迅速地吸睛。比如，“长期服用阿司匹林防血栓，饭前吃还是饭后吃？这些知识要了解”（展现量：73 万）。阿司匹林是心血管患者的常用药，但是具体是饭前吃还是饭后吃，可能是一些读者会感到困惑的问题，这个标题利用知识缺口成功地打造了爆款。

（四）“故事型”标题——画面感、戏剧冲突

爱看故事是人类的天性。标题写出画面感和冲突感，可读性会更强。白描原来是中国画的技法，后来引申为一种文学技法，以文字直接描绘人物的神情容貌和景物景象，可以让标题更加具有画面感，描绘的人物、个性也会更鲜明。常用的样式如下：

样式 1：白描场景＋人物主体＋动作语言。

比如，“苹果像昆虫腿、可乐瓶盖像辣椒，这些肉眼难辨的画面都是什么？”（展现量：902 万）这个标题是以比喻勾连读者熟识的事物，将昆虫腿比喻为苹果，可乐瓶盖比喻为辣椒，迅速地赋予了标题画面感。

样式 2：戏剧冲突，场景＋细节＋冲突。

美国大文豪亨利·詹姆斯曾建议写作时要戏剧化，再戏剧化。充满冲突的故事型标题，可以带读者进入精心营造的逼真幻境，观看人物的一言一行，让他们沉浸其中，不能自拔。所以写作标题时，可以先放置一个场景。

案例链接

襄阳南漳小城里的一家小店，为何有人驱车 40 公里也非要去逛?

该文章开篇描述南漳小城的“小”，再以“驱车 40 公里”和“逛”等词汇，在制造戏剧冲突的同时，突出了老曾的京东电脑数码专卖店在这个小城镇的发展，最后抛出悬念，引发读者思考：京东是如何深入“低线市场”引发“蝴蝶效应”的?

在勾起读者好奇心的同时提升点击率。

资料来源：襄阳南漳小城里的一家小店，为何有人驱车40公里也非要去逛?.（2020-08-12）.

扫一扫　看原文

【分析提示】

（1）亮点前置＋设问明确具体范围，勾起用户好奇心。标题以设问句将亮点前置，准确踩中“南漳小城”等流量关键词，提升机器推荐率；设定问题范围有利于精准圈中目标用户，即关注襄阳南漳小城的读者，成功增强吸睛度。

（2）细节构建场景，悬念制造戏剧冲突。标题采用“设置问题＋构建场景”的样式，以物＋动作＋量词的组合方式构建场景。一个小店，一“驱”一“逛”，让画面动起来，“40公里”的量词烘托小店人气旺盛，制造戏剧冲突，突出老曾的京东专卖店在小城的热门。最后抛出悬念引发读者思考“京东是如何深入‘低线市场’引发‘蝴蝶效应’的”，勾起了好奇心就有了点击量。

（五）“热点型”标题——蹭热点、找话题

热点可以是大众关注的事件、人物、问题等，即具有广泛传播度和关注度的点。这类标题常用的样式如下：

样式1：蹭热点＋踩中关键热词＋信息增量。

样式2：热点切入＋话题性。

如果想以热点当作引子，深入阐述某类现象或问题，可以在标题中略提一下热点，再切入其他的话题。比如，“《都挺好》大结局：冷暴力下的关系是一场漫长的凌迟”（展现量：1 077万），以热门电视剧《都挺好》为切入点，先以热点增强读者对标题的熟悉感，再自然而然地抛出金句，冷暴力下的关系是一场漫长的凌迟，用高话题性的内容引发读者共鸣，这样就成功地打造了千万级的爆款。

蹭热点资源要优雅，恶意利用热点提高点击率，就会被系统判定为标题党。

（六）“痛点型”标题——先走心，再扎心

什么是痛点？痛点就是抓住读者刚需下功夫，直击人心最敏感、最脆弱的地方，就是先走心再扎心。痛点型标题的首要职责就是回应读者关注但是难以解决的问题，帮助他们宣泄情绪或得到解决的办法。这类标题常用的样式如下：

样式1：蹭热点＋踩中关键热词＋信息增量。

就是抓住人们的情感易产生波动的时间节点，比如毕业季、求职季等。

样式2：目标指向＋情感需求＋痛点。

可以先精准定位目标读者群，再根据他们的情感需求去定制痛点，标题覆盖的受众群体越广，被阅读的可能性就越高。

（七）“共鸣型”标题：与我相关

共鸣型的标题往往会迅速引起读者的关注。没有人会不关心自己，作者从用户思维出发，回应读者的内心，等于告诉读者我懂你，让他们把他当成自己人。这类标题常用的样式如下：

样式1：第二人称＋共鸣＋解决办法。

样式 2：第一人称＋引发共鸣＋反差。

标题以第一人称写作，可以明确立场，为有相似经历的读者代言，满足他们抱团取暖的情感需求。还可以增强语境代入感。“我们”一词可以拉近作者和读者之间的距离，使有同感的读者迅速产生观点共鸣。

（八）“权威转嫁型”标题——名人背书，善用金句

用户可能不信任你，但他们一般会相信权威，因此借助权威的身份可以将读者的信任转嫁到你所强调的事物或观点上，这样就可以让权威为你背书。这类标题常用的样式如下：

样式 1：名人背书＋共鸣性话题＋金句。

样式 2：安全感＋名人背书＋说服力。

比如：“番茄营养好吃又防病，营养师：这八类人吃番茄却需要斤斤计较”（展现量：58 万）。这个标题也是利用权威转嫁，增强标题的说服效果。美国定位理论之父特劳伦曾经提出，消费者有五种思考模式，其中一种就是缺少安全感。这个标题旨在提示读者，这八类人不适合吃番茄，通过展示营养师这一权威身份，巧妙增强了标题的可信度和说服力，最终成为爆款。但是使用权威转嫁不是滥用背书。

虽然标题党在短时间内可能会获得大流量，但是都是虚假繁荣。我们只有将优质的内容提炼出亮点，将输出的内容效果最大化，才能创作出更具有个人特色的优质标题。

任务三　图片视觉设计

图片是打造一个吸睛新媒体账号必不可少的武器，如果说将新媒体账号看成是一个团体，里面的每一个功能与设置都是组成这个团体的一部分，那么图片毫无疑问就是这个团体的颜值担当。

一、图片视觉设计的魅力

新媒体运营者只有注重视觉设计，才能保证良好的视觉营销效果。视觉营销归根到底是信息传递的过程，利用表达效果良好的视觉表达方式向他人传递有关信息，引起他人关注，最终达到营销目的。因此，在视觉营销过程中，视觉信息要表达准确、到位。

（一）视觉时效性：抢占用户第一印象

时间在视觉营销中占据着举足轻重的地位，因为时间的把握对于视觉效果的打造和推出非常重要。在这个信息大爆炸的时代，信息不仅繁杂，而且发布、传播都很快，要想引起消费者的关注，就要抢占最佳时机，做到分秒必争。

企业和商家在保证视觉时效性上，要从以下几点抢占视觉效果的第一印象：在进行视觉设计之前，提前准备好相关信息；设计效果要符合大众审美，突出品牌理念。

（二）视觉利益性：锁定第一利益敏感词

要想利用视觉效果传递令他人感兴趣的信息，首先就应该锁定用户的基本利益需求。一般而言，当用户在浏览信息时看到赠送、优惠等关键词，好奇心就容易被激发。这样，信息就易引起用户的关注，从而提高点击率。

因此，企业和商家可以通过放大字号、增强颜色对比等方法来重点传达此类信息。如图 3-8 所示为小米商城官网广告图。

图 3-8　小米商城官网广告突出视觉利益性

（三）视觉信任感：加入最佳服务信息

基于在线购物的虚拟性，很多消费者对产品及商家都没有足够的信任感，因此，在传达信息时加入售后服务热线、退货服务等信息能够让消费者放心购物，提升店铺的转化率。

（四）视觉认同感：利用名人提升好感度

在传递视觉信息时，企业和商家可以利用大众喜爱的明星或名人来获得用户的认同，提升用户的好感度，从而为产品的营销活动增加更多的关注量，最终提高产品销售量，实现视觉营销的目的。

（五）视觉价值感：抓住用户取向和喜好

传达信息要准确，并且要清楚地分配每个页面的具体作用，而做好这些工作的基础就是深入了解目标受众的取向和喜好，体现视觉信息的价值感。在页面传达信息时，可以在页面上直接注明重要信息，起到突出强调的作用。值得注意的是，标注的信息要注重语言的提炼，注重核心信息点的传达。

（六）视觉细节感：重点突出，细节到位

在传递视觉信息时要注重视觉细节的准确、到位。这里的细节到位不是说面面俱到，越详细越好。因为图形的范围有限，消费者能接受的信息也有限，如果一味地追求细节，就会陷入满屏的信息之中，无法凸显重点。

让视觉的细节到位的方法有：突出打折、新品等重要的视觉信息；颜色对比要协调，避免无关的信息。

二、封面图片的视觉设计

封面图片决定用户对新媒体平台的最初印象，影响新媒体平台上文章的阅读量和点击率。好的封面图片能激发用户好奇心，起到提高文章关注度的作用。选择合适的封面图片是新媒体运营者打造良好视觉效果的重要条件之一。

（一）封面图片的尺寸设计

在每个新媒体平台的后台上传素材时，都会显示每一张图片的尺寸大小，现以微信公众号为例来介绍封面图的尺寸设计。公众号的次条（非第一条）封面图比较简单，按

照 1∶1 的比例制作就可以，可以做成 500＊500px。

第一条的封面图，要考虑的因素就比较多一些。实践证明：第一条封面图的画布应该制作成 900＊383px 的大小，主体内容要放在 383＊383px 的区域内。如图 3－9 所示。

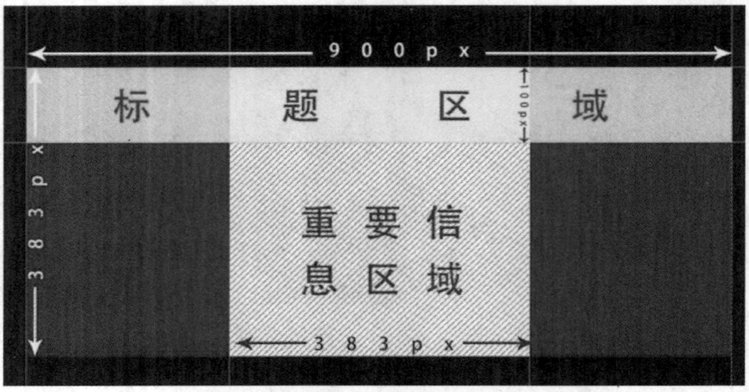

图 3－9　微信公众号封面图片尺寸

如果用户转发了我们的文章，其他人也可以看到图片最核心的信息。另外需要注意的是，公众号在群发多图文的时候，标题会遮挡一部分封面图信息，大致范围在 100px 左右。这一点，在做图的时候一定要有所考虑。因此，在群发文章之前，一定要对文章进行多次检查，多次预览，以减少失误。

如果有一定的设计功底，可以直接用美图秀秀或者 PhotoShop 软件进行设计。如果对制图一窍不通，可以借助一些封面图制作工具，如 fotor 懒设计、小蚂蚁编辑器等。

（二）封面图片的配图设计

1. 优先选择含人物元素的照片，优先选择名人照片

如果没有特殊要求，尽量用人物形象或包含人物形象的图片，而不是物品照片、建筑物图片、自然风景图片、抽象设计图片等。人是一种高级动物，情感最丰富、细腻，表达也最准确、具体，爱恨情仇、喜怒哀乐、赞成或反对、热情或冷漠、伟大或渺小等，这些通过人物形象表达都非常容易实现。而如果选用一些建筑物、风景照就很难准确表达上述情感，而有可能陷入自嗨局面，就是可能你觉得这张图片可以表达你想表达的，但用户看了可能根本没感觉。

很多新媒体大 V，如“罗辑思维”的封面图也是如此，几乎都是含人物形象的照片。

2. 用具体场景照片，增强现场感和代入感

场景化的照片其实就相当于向读者描述了一个故事画面，比较有代入感，代入感进而会产生共鸣感。例如，新闻、热点类的文章，用现场的具体场景照片，在增强现场感的同时，也增强了时效性和紧迫感，对提高点击量有很大帮助。

3. 封面图和标题要强相关，两者互为辅助

表达主题、表达对象、表达感情或观点时，封面图和标题一定要有很强的相关性甚至是一致性，而且它们之间的相关性应该非常直接，不能是需要用户动脑子去想象的相关性。很多创作者配封面图的时候经常用两者关系不大的照片，这样会很大程度上降低文章的点击率。

4. 照片必须能传递情绪、烘托气氛

无论选择什么类型的照片，都应该做到这一点，这是最根本的一点。要让图片自己“说话”，比如想表达的观点、态度、情感、情绪等，让用户看到这张图片的一瞬间就能感受到。

（三）封面图片配图要求

（1）尽量用大众熟悉的封面图片。人往往天然地亲近自己熟悉的事物，对陌生事物有抵触心理。我们在整个运营过程中也要记住一个原则：用熟悉的东西包装陌生的东西，因为直接向用户传达陌生的东西，用户就会有排斥心理。

（2）视觉焦点一定要在图正中，否则转发到朋友圈就看不到。如将封面图和标题搭配来提高点击率，我们要保证照片中的核心元素在分享到朋友圈之后依然清晰可见。要养成一个习惯，正式推送前试发朋友圈检验封面图的效果。

（3）尽量多用颜色深、明亮的图片。尽量不要用白色和灰色占比太多的图片，除非你的公众号已经形成这样的个性。因为从视觉传播角度分析，人更容易被色彩艳丽的东西吸引。

（4）注意题目和封面图的排版。有可能你选了一张特别巧妙、特别有亮点的图片，但是上传之后发现那个图片的亮点被标题遮盖住了，用户看不见、看不清，这时候就要好好进行排版。

当选择封面图的时候，第一重要的不是美观、清晰等，而是它是否能跟题目非常巧妙地搭配以提高点击率。如图 3－10 所示。

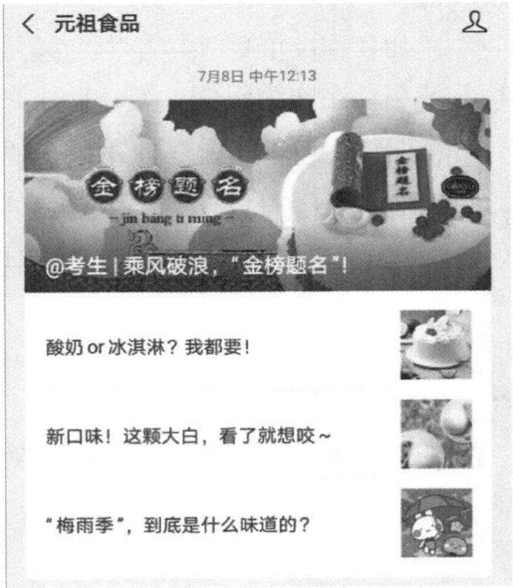

图 3－10　元祖“金榜题名”封面图

三、文章头图的视觉设计

头图指的不是封面图，而是点开标题后文章开头呈现的图片。新媒体圈内有一个词叫作“第一屏体验”，就是指用户不管是在朋友圈、微信群还是公众号会话里被标题吸引，当他点开题目后，看到第一屏内容时的体验。我们之前一直说，点开不等于阅读，有可能 1 万人点击了一篇文章，最后只有 2 000 人阅读这篇文章。但是，只要有 1 万人点击了这篇文章，就有 1 万人看了第一屏内容，因为他只要点开就不可避免地会看见。当了解第一屏体验的重要性之后，我们要想办法让用户看到第一屏的时候被吸引、被感染到、被刺激到，抓住用户的眼球，最后征服用户，让他继续往下阅读文章。

第一屏内容中非常重要的组成部分就是头图，头图配得是否成功直接影响到第一屏体验是否够好。头图的 5 个使用技巧如下：

（一）头图和标题关联度要足够高

用户先是看到题目，题目的信息会激发用户的某种思考或情绪，且形成一定的用户预期，所以当用户点进来的时候，就要加强或者延续标题中表达的内容，而不是一张不相干或者跳跃性太大的图片，否则用户的情绪会中断，预期会减弱，注意力容易转移。

所以头图和题目关联度要高，表达要直接，不要让用户花时间研究这张图片象征什么，寓意是什么。因此，根据文章题目选头图的关键有 3 个方面：

(1) 表达对象的一致性；

(2) 表达情绪的一致性；

(3) 表达方式要直接，不要绕弯子。

(二) 尽量选择最有爆点的图片

图片有爆点是指图片有一些特别吸引眼球的元素，看到图片的一瞬间就被它吸引。可能是里面有名人明星，可能是图片中展现的场景非常少见，可能是图片中展示的东西颠覆了大众的常识性认知，可能是图片非常有话题性、争议性等，总之它不是一张随便选择的非常平庸的图片，而是精心挑选让大部分点开的用户一下就被吸引的图片。

(三) 优先使用抓人眼球的动态图片

从呈现形式上说，动态的东西天然比静止的东西更易抓住眼球。因为从信息载体上看，动图能承载的信息肯定比静态图要多，静态图展示一个行为的瞬间，而动图展示一个行为的短暂过程，哪怕再短暂都比静态时间长；另外，动图的表达比静态图更准确、更具体。

比如“周冲的影像声色”“匠心之城”“有束光”“十点课堂”等微信公众号都是长期坚持用动图作为头图，容易抓住眼球且很有质感。

(四) 设计一张重复使用的品牌概念图

精心设计一张能塑造品牌形象的图片，每篇文章的开头都重复用这一张图片，形成一种固定的表达形式，通过对用户日复一日的视觉冲击强化账号品牌，这是目前很多账号的做法。比如“差评”“十点课堂”“清单”“看理想”“每天一句心情签名”等账号都有自己的一张品牌概念图，不管推送什么类型的文章，点开后第一张图永远都是那一个，目的就是塑造自己的品牌。

(五) 做一个持续塑造品牌的头图模板

虽然每次都根据文章选择图片，但会用同一个模板。比如设计一个品牌元素，加在每篇文章的里面。这也是增强品牌印记的一个好办法。

比如“新世相”公众号，它每张头图的顶部中间加上了白底黑字“新世相”，头图下面写一个：这是新世相的第×××篇文章。如图 3－11 所示。“拾遗”公众号，每张头图下面都有一句账号 slogan：心里有束光，眼里有片海，然后还有一个“拾遗物语”，如图 3－12 所示。

总之，我们在设计头图的时候要记住：文章的“第一屏体验”非常重要，头图是第一屏内容中非常重要的组成部分，要非常有策略地选择。

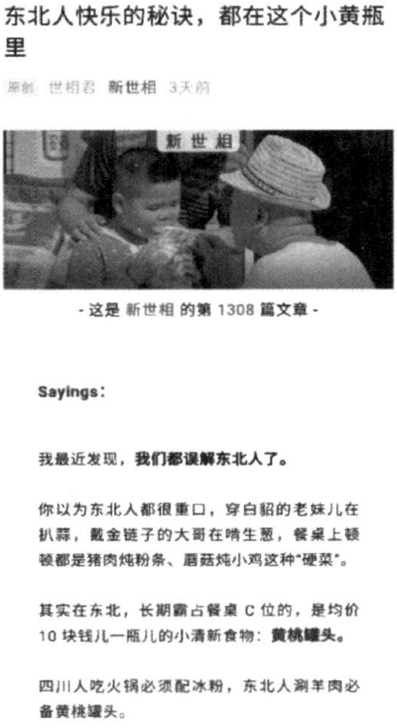

图 3-11 “新世相”头图设计

图 3-12 “拾遗”头图设计

四、文章配图的视觉设计

（一）文章配图的重要性

1. 现在是读图时代

内容的呈现形式目前主要是文字、图片、音频、视频、直播以及它们的各种组合形式；以单个形式来说，文字的生产门槛最低，因此产量也最大，结果就是这种呈现形式对用户来说刺激感较弱。视频是当下年轻人最喜欢的形式之一，刺激感最好，但生产门槛、生产成本都比较高。音频的表现形式受限较大，直播还无法直接在公众号中完成。

综上所述，图片是当下非常好的一种内容形式，生产成本不高，表现力非常强，深受用户喜欢。这种形式的传播优势开始凸显，像《共享单车，真是一面很好的国民照妖镜》《如何假装成一个好妈妈?》这些刷屏级的爆款文章，基本都是靠图片来实现内容传播的。

2. 有图有真相

很多时候不是你想不想配图，而是你必须配图，因为图片也是新闻事实的一部分，而不仅是文字的一种辅助形式。比如在撰写“火了，乘风破浪的奶奶！80 岁直播带货，一天卖出 1 万元！”等这样的内容，光有文字不配图，内容的说服力就会差很多。所以，对于有些内容，图片是必不可少的事实材料，跟文字部分同样重要。这时候一定想办法提供配图。

3. 强化文字表达

若想表达一种情绪，可以用图片强化这种表达效果。比如，如果表达的是疑问的情绪，可以配一张“黑人问号脸”；表达惊讶的情绪，可以用网络上流行的“我的天啊”那个表情；表示老板要求这个月账号新增一万用户但不给预算，那就用“臣妾做不到啊”表情图；若想表达一个人的逆袭过程，可以用这个人非常屌丝时和非常成功时的形象对比照等，恰当的配图可以极大地增强文字的表达效果。

4. 提高文章读完率

科学研究，大脑处理图片的速度快于文本，视觉处理的速度是文本处理的 60 000 倍，图片仅呈现 13 秒，大脑便可获取其中的信息。所以，图片天然比文字更吸引眼球。如果是一篇几千字的文章，在碎片化阅读环境，读者可能读下去比较累，因为看一篇文章时注意力可能经常被打断，这时候就要刻意地多设置配图，一是吸引眼球，二是利用图片让读者得到短暂的放松。

（二）文章配图的尺寸设计

当图片尺寸较大时，各新媒体平台后台会要求把图片进行压缩处理。所以我们必须优化图片的尺寸。图片的宽度不建议超过 640 像素，如果图片很小，最好不要小于 320 像素。

（三）文章配图的设计技巧

1. 图片要保证有用

这是配图的第一原则，很多人听了图片的强大作用后，就强行配图，经常是为了配图而配图。很多时候，我们会发现一些图片放在文章里没有起到任何作用。

怎么判断一张图片有没有用，方法就是假设把图片去掉，就感觉差点意思，甚至表达不完整，就说明这张图有用。否则就没用，可以把它删掉。有用可以体现在很多层面，比如，可以增强趣味性，可以增加事实材料，可以加强文字的表现效果等。

2. 图片要有感染力

就是选用能自己“说话”的图片，让图片自带情绪。一张好的图片能表达不同程度的喜怒哀乐，能渲染一种气氛，能展现一个态度，能表达一种观点，所以要尽量挑选情感饱满的图片。

3. 图片要保证颜值

图片的颜值问题是审美问题，当然没有人承认自己审美不好。审美可以培养，每天多看漂亮的图片，多看颜值特别高的账号、杂志、图片、视频、电影等，都可以提高审美和品位。

当然还有些最基本的要求：比如图片的清晰度，不要用像素特别差的图片，不要用特别恶俗的图片，不要用带水印的图片等。

4. 配图位置要合理

第一，不能破坏阅读体验。配图不能破坏文字的连贯性和逻辑性。如果读者看完这段话需要马上看下一段，那就不要在两段中间插图，除非图片能让两段的衔接更完美。

第二，配图尽可能均匀分布在整篇文章中。不要一会儿连续好几张图，然后又半天看不到一张图，理论上任何一段话都能找到一张合适的配图，所以在位置上均匀分布一定是可以调节的。

5. 尝试多使用动图

从视觉效果上说，动图肯定更抓眼球。从信息量和表达效果上说，动图肯定更胜一等，因为它是一个动作。我们自己不仅是内容生产者，也是内容的消费者，我们也更喜欢看动图。比如“日食记”是一个美食类账号，它用动图呈现美食看起来更加诱人，更有表现力。再比如一些电影类账号在解读电影时，也都是直接从电影中提取动图，让人更有共鸣。

6. 配图要遵循 3 个统一

（1）主色调统一。不要一会儿用灰色等暗色，一会儿又特别艳丽，要保证视觉体验的连贯性。

（2）风格统一。不要一会儿用实拍的，一会儿用手绘的，一会儿又用表情包，画风要保持一个风格。比如“脑洞运营”不管是文章封面图还是主体内容中的配图，都是统一的漫画风格。

（3）尺寸上保持宽度统一。图片的长度可以不统一，但宽度要一致。注意，这里说的宽度一致并不是指实际宽度一致，而是指显示效果，因为很多图片在后台编辑的时候挺小的，但推送到手机上预览时，图片在宽度上是铺满屏幕的，这就没问题。如果通过手机预览，图片有的宽、有的窄，不太整齐，就要换掉或者重新截图。

知识延展

文章配图小技巧

（1）配图和文字之间有空隙可以增强观赏性，建议图片上下一定要各空一行。

（2）图片下方可以添加注释，如果是原创的图片，可以加上解释说明。如果是非原创的，可以标注图片出自哪里，这样也能规避不少风险。

实例分享

“远洋外滩壹号”城市民宿内容运营

逢年过节举家出游早已不新鲜了，而告别酒店，选择城市民宿，深入体验当地风情，成为更多人的首要选择。城市民宿具有小体量、松散管理、强 OTA 导流、投资回报周期短等特点，已经成为朝阳产业之一。为了发展旅游，各省市区根据自身区域特点也制定了相关奖励扶持政策，大力推动和促进民宿产业的发展。“远洋外滩壹号”项目处于湖南长沙岳麓区滨江景观大道与佑母塘路交会处，距离地铁 4 号线的茶子山站仅 553 米，是大交通通达、小交通便捷，风景宜人、地处景区商圈的江景房，也是非常适合做城市民宿的楼盘之一。那么，此类城市民宿究竟该如何运营呢？

1. 针对性优化房源图片

在这个看颜值的社会，选房子也是看颜值的，如果房子装修设计上都很好，房间的图片却没有很好拍摄和展示出来，就是在降低入住率。最受用户欢迎的房源在首图设置上一般会遵循以下几个原则：

（1）整体空间而非局部。即在首图设置上，尽量挑选房间的整体图，精修后作为首图，而非部分细节。

(2) 优先选择最有特色的一张。往往第一印象决定用户的选择，而租客在查看房源的时候，在一张图片上的停留时间一般只有1～2秒，因此，选择一些展示房间特色的图片，获得青睐的机会就越大。

(3) 选择清晰的图片。清晰的图片让人感觉清新、真实，有吸引力。

2. 按框架设计房源标题

房客在平台浏览房源的时候，能够看到的主要信息就只有首图、标题和头像三个元素。所以房间的标题一定要传达足够的信息，并且让用户通过关键词就能够很轻松地搜索到。

对于优质的民宿房源标题有一套万能命名公式：优势（历史、地铁、路名）十风格（装修）十房型（几室）十描述（房源）。如图3－13所示。

图3－13 “远洋外滩城市民宿”案例

3. 真实的房东头像及昵称

一般来说，用户更倾向于选择具有真实的房东头像和昵称的房源，故一定要完善实名认证信息。

4. 优化房源详情及描述

(1) 优化评论。评论是用户了解一家民宿最重要的途径之一。建议在房源刚上线时，将房间设置一个较低的价格，准备一些小礼物，获取租客的好评。这样做的目的是提升房客初期的信任感，因为有房客好的评论，用户的转化率会大大提升。

(2) 优化房源描述。尽量将民宿背后的故事、地理位置优势和房屋的细节展现出来，用心地描述是对房客负责。房源描述中的某个细节可能是吸引房客直接预订的因素之一。

(3) 制定清晰的价格和退订政策。一般可以按照收房价格日价的2～2.5倍制定退房价格，同时，在旅游旺季、节假日、周末等时段可以适当调高价格。尽量避免额外的收费项目。在退订政策上尽量宽松，例如预订多少天后可以取消，房费退多少要合理。

五、二维码的视觉设计

二维码是在平面（二维）上按照一定规律分布的黑白相间的图形。其最重要的特点有两个：(1) 信息量大。二维码存储了大量信息。(2) 易读取。易于被扫描设备所识别与读取，并具有一定的校验与容错功能。

用一句话来讲，二维码就是在智能设备与非智能物体之间搭起了一座传递信息的桥梁。基于这个桥梁，二维码衍生出庞大的应用：支付、各种票务、产品溯源、餐厅管理、各种证件、商品盘点、网络资源下载、库存管理、会议服务、电子商务等。

在现实生活中，随处都能见到二维码的身影，二维码对于微信公众平台来说是非常重要的一种吸引读者的图片，同时也是新媒体平台的电子名片。

（一）二维码的类型

新媒体运营者可以采用多种类型和形态的二维码进行平台推广与宣传，以便吸引不同审美类型的读者。我们生活中常见的二维码主要有以下5种类型：

1. 黑白二维码

在我们的日常生活中，较常见的二维码都是黑白格子的，像这类单一的形式已经不能满足喜欢尝鲜、喜欢创新的消费者了。

2. 指纹二维码

相信很多人对指纹二维码都不会感到陌生，这是一种流行的二维码类型。它的特点是一个普通的二维码旁边带有一个指纹型的动图，与一般的黑白二维码相比，它给人的感觉会更有趣，如图3-14所示。

3. 彩色二维码

彩色二维码是一种非常有特色的二维码，它不像黑白二维码那么单调、死板，彩色二维码是靓丽、有活力的，这种二维码能够吸引大批追求新颖与特色的读者，能够使新媒体平台变得更有特色，如图3-15所示。

图3-14 指纹二维码

图3-15 彩色二维码

4. LOGO二维码

LOGO二维码是指企业将自己企业的LOGO设计到二维码中，使读者在扫码或阅读时能看到自己企业的LOGO，这加深了读者对企业的印象，也达到了提高企业知名度的目的。这种类型的二维码，企业在进行微信营销与推广的时候很常用，效果也不错，如图3-16所示。

5. 动态二维码

动态二维码也是新媒体平台中运用非常广泛的一种二维码类型，与静态的二维码相比，它能带给读者更多动感，能给看见的人留下非常深刻的印象。在新媒体平台中，一张动态二维码就是一张动态名片，如图3-17所示。

图3-16　LOGO二维码

图3-17　动态二维码

（二）二维码的设计

（1）需确定新媒体平台运营的目的。二维码运营的首要目的是能引起别人的注意，能引导客户扫描，能得以传播。

（2）要对二维码所营销的产品或者服务做深入了解，策划有吸引力的引导文案。

（3）要设计一个有创意、漂亮的二维码。

二维码营销的本质是社交，做好社交，就要抓住人性的特点。只要抓住了人性的特点，融合品牌文化和特别的创意，一般就可以带来高转化率。

我们再来看一个有关二维码创意的例子，开启可口可乐瓶盖的一刹那，碳酸气体喷薄而出，二维码隐藏其中。扫不扫描二维码已经不重要，创意已令人叫绝，完美推广了品牌形象。这样的二维码营销，没有任何文字引导，一切尽在二维码本身，与品牌文化、与使用场景完美结合，堪称神品。如图3-18所示。

图3-18　可口可乐创意二维码

现在网上有大量的免费二维码设计工具和模板可以用，比如创客贴、草料二维码、第九工厂、稿定设计等网站。

（4）策划有效的引导性文案或者图标，并使创意与整个平面文案和谐统一。有效地引导文案，需要充分利用人的贪欲、同情心、存在感、攀比心、爱晒、虚荣心以及奇趣酷炫等，记住，用户是需要引导和暗示的。

（5）利益诱惑。给予用户扫码的利益诱惑也是一个好的引导方式，但是利益诱惑必须合规合法。

（6）设计一个带参数的二维码。带参数的二维码适合在社交软件中传播，可以识别是哪个渠道（客户）的二维码，常用在分享与微商销售中。

实例分享

“十点读书”公众号排版整洁，段落清晰，配图优美，阅读其文章就是一种享受。每次八篇文章的长度适中，每个位置的排版形式固定，让用户有预见性地知道下一篇的形式，但是内容是完全不同的。图片与文章的主题、风格、尺寸统一，粉丝忠诚度很高，取关的人数非常少，每一篇文章阅读量都是10W＋以上，接地气的内容带动用户自主分享。

现针对“十点读书”公众号内一篇文章进行图文排版分析，其排版格式如图3－19所示。

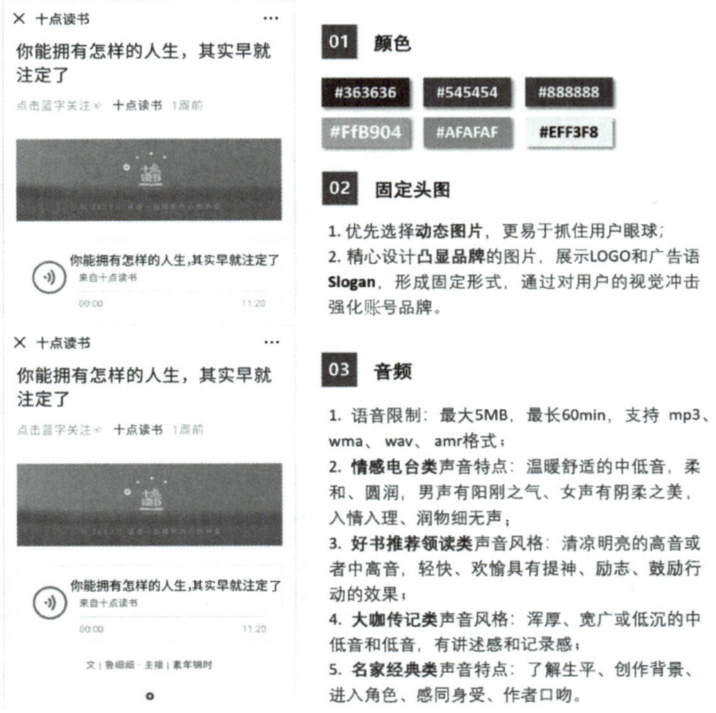

图3－19　“十点读书”公众号图文排版规范示例

04 一级标题格式

1. 第一个一级标题上下各留一倍行距；
2. 文章首图下留一倍行距；
3.中间小部分说明文本字号12，颜色选用#AFAFAF。

05 整体文本格式

1. 字号14号不加粗，默认字体；
2. 颜色#545454；
3. 行间距1.5倍；
4. 段落之间留有一倍行距；不使用段间距；
5. 段首无缩进；
6. 对齐方式：两端对齐。

06 强调规范

1. 整体文本基础上加以修改；
2. 14号字体加粗，颜色#363636；
3. 有必要的情况下可以使用强调颜色#FFB904，尽量按照第二点规范；
4. 强调文本控制行数，尽量不超过连续4行。

07 图片规范

1. 图片统一尺寸比例，建议使用16:9和4:3，不建议使用竖构图图片；
2. 图片加工颜色参考第一点颜色规范；
3. 图片上下各留1倍行距，必要时可以留出2倍速行距；
4. 图片像素大小，宽度控制在1000像素左右；
5. 图片说明由上文引出，不另加说明格式。

08 分点内容格式

1. 在整体文本基础上加以修改，又需要强调的部分按照强调规范处理；
2. 分点之间保留1倍行距（enter）；
3. 有序分点，序号加英文"."符号，后接两个空格，然后编辑文本，无需使用编辑器的有序和无序分点；
4. 无序分点将序号改为第三方编辑器的圆点，仍然两个空格接文本。

09 引用规范

1. 在整体文本基础上加以修改，又需要强调的部分按照强调规范处理；
2. 字号改为12，颜色改为#888888；
3. 如需标明出处，用破折号说明，文本格式如上，对齐方式改为右对齐。

10 结尾引导关注

"十点读书"公众号经常采用的引导关注方法：
1. **话题互动**：针对性抛出一个互动话题，引发讨论。未必需要一定和文章相关，重点是形成风格；
2. **下期预告**：做个下期内容预告，绑住你的读者；
3. **抛出问题**：在文末抛出和文章内容相关的问题，或一个新问题，会在下期或回复关键词给出答案；
4. **惯用口头禅**：编辑一段自己独有风格的结束语长期使用，可以是这个号的口头禅，可以是Slogan，也可以是特意准备的一段话；
5. **免费礼物**：赠送籍、红包口令、特权服务、会员等，提高读者的好感度。

图 3-19 "十点读书"公众号图文排版规范示例（续）

任务四 数据精准运营

2020年1月，今日头条发布《2019今日头条年度数据报告》，数据显示头条创作者们2019年全年共发布内容4.5亿条，发布内容总字数达到1 048亿字，累计获得点赞90亿次。在创作者发布的内容中，共诞生了1 761篇1 000W+阅读的爆款内容，24万篇100W+阅读的爆款内容和339万篇10W+阅读的爆款内容。创作者们在今日头条平台上生产优质内容的同时，也从平台获得了可观的收益。2019年，今日头条助力创作者获得营收达46亿元，为鼓励优质内容创作，青云计划共奖励了1.4万位创作者，12万篇内容，奖励奖金数额超过6 710万元。

今日头条CEO朱文佳曾表示，头条的目标是“打造人人都可以使用的、支持多种分发方式和内容体裁的通用信息平台”，从而来帮助人们看到更大的世界。今日头条目前拥有推荐引擎、搜索引擎、关注订阅和内容运营等多种分发方式，囊括图文、视频、问答、微头条、专栏、小说、直播、音频和小程序等多种内容体裁，并涵盖科技、体育、健康、美食、教育、三农、国风等超过100个内容领域。今日头条为用户推荐有价值、个性化信息，是一款连接人与信息的产品。它基于数据挖掘技术，采用人工智能技术为用户推荐个性化信息。在基于智能推荐的今日头条上，数据分析显得异常重要，也是每位运营者应该掌握的技能。下面以今日头条平台为例来介绍相关内容。

一、认识数据运营

（一）数据运营的概念

什么是数据运营？我们可以从广义和狭义两个角度来理解。

从广义上说，数据是反映产品和用户真实状态的一种方式，通过数据指导运营决策、驱动业务增长。与数据分析师的岗位不同，数据运营更加侧重支持一线业务决策。

从狭义上说，指“数据运营”这一工作岗位。它跟内容运营、产品运营、活动运营、用户运营一样，属于运营的一个分支，从事数据采集、清理、分析、策略等工作，支撑整个运营体系朝精细化方向发展。

（二）数据运营的主要工作

1. 数据运营工作之一：数据规划

数据规划是整个数据运营体系的基础，它的目的是分析清楚“要什么”。只有先清楚自己的目的是什么、需要什么样的数据，接下来的数据采集和数据分析才更加有针对性。数据规划有两个重要概念：数据指标和数据维度。

（1）数据指标。数据指标用来衡量具体的运营效果，比如UV、销售金额、转化率等。指标的选择来源于具体的业务需求，从需求中归纳事件，从事件中对应指标。

（2）数据维度。数据维度是用来对指标进行细分的属性，比如广告来源、浏览器类型、访问地区等。大体上，维度可以分为人口属性、设备属性、流量属性、行为属性4个方面：

1）人口属性：包括性别、年龄、学历等人口统计学数据；

2）设备属性：包括设备类型、型号等；

3）流量属性：包括访问来源，广告来源、广告内容、关键词等；

4）行为属性：包括活跃度、新老用户等。

2. 数据运营工作之二：数据采集

数据采集是数据分析的基础，传统的数据采集需要花费人力成本和时间成本。数据采集目前有三种常见的数据采集方案，分别是埋点、可视化埋点和无埋点。

（1）埋点：通过在产品（网页、App 等）中手动添加统计代码收集需要的数据。

（2）可视化埋点：可视化埋点是埋点的延伸，通过可视化交互的方式来代替手动埋点。这种方式降低了用户使用的门槛，提高了效率。

（3）无埋点：无埋点颠覆了传统的“先定义再采集”的流程，只需要加载一个 SDK 就可以采集全量的用户行为数据，然后可以灵活自定义分析所有行为数据。相比于埋点方案，无埋点成本低、速度快，不会发生错埋、漏埋情况。

3. 数据运营工作之三：数据分析

数据分析是数据运营的重点工作，前面的数据规划和数据采集都是为数据分析服务的。我们的最终目的是通过数据分析的方法定位问题，提出解决方案，促进业务增长。常用的数据分析方法与运用场景如表 3-8 所示。

表 3-8　常用的数据分析方法与运用场景

序号	分析方法	运用场景
1	留存曲线/魔法数字	用户留存分析
2	用户画像	用户细分、精准营销
3	用户细查	用户研究、产品研究
4	热力图	用户产品访问偏好
5	数学建模	预测分析、精准营销
6	A/B 测试	产品、运营优化
7	流量标记・UTM	广告投放、对外推广
8	多维度分析	细化问题
9	转化漏斗	转化过程流视分析

二、粉丝数据分析

粉丝数据主要包括粉丝概况和粉丝列表。

（一）基本评价指标

粉丝概况主要是用来查看用户数量变化的，它用于统计平台昨日计算的数据，故在粉丝概况数据中，所有的数据指标有一个总称即“昨日关键指标”。当头条号推出新的活动推广计划后，这些关键指标就能够反映新计划的效果，让运营者根据这些数据指标总结经验、查漏补缺。

从如图 3-20 所示的粉丝概况中，可以看到粉丝数据分析的基本指标有以下几种：

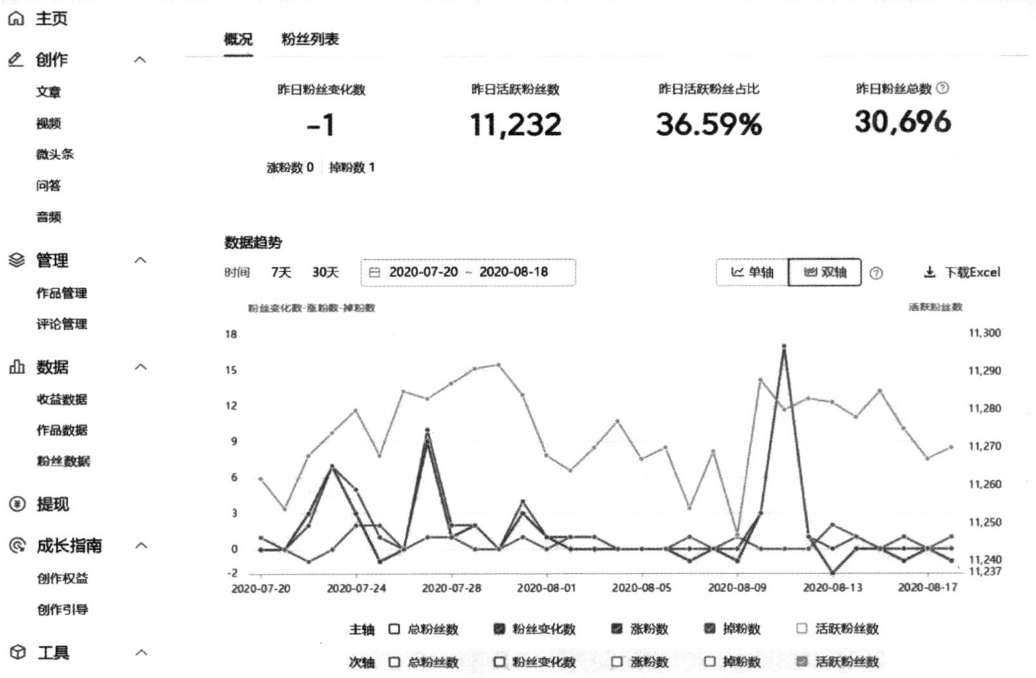

图 3－20　粉丝概况

1. 总粉丝数

总粉丝数也称累计粉丝数，指累计到前一天关注头条号的粉丝总数。总粉丝数趋势图其实不仅展现了一定时期内总体人数的增长情况，而且可以用在特殊时间段里，供新媒体运营者对数据进行深层次的分析。

比如在企业开展营销活动期间，就可以查看活动前期、活动中期和活动后期这几个时间段的“总粉丝数”的变化趋势。通常来说，如果企业活动做得好，在活动前期的用户累计数会大幅度增加；到中期时，用户累计数会趋于平缓；到后期时，用户数可能会出现小幅度的波动。

需要注意的是，如果在活动后期，总粉丝数出现了大幅度的波动，比如突然大幅度下降，那么说明活动策划可能存在某些问题，这是新媒体运营者需要重点注意的地方。

2. 粉丝变化数

粉丝变化数也称净增粉丝数，指的是前一天净增的粉丝数量，即新增粉丝与取消关注之差。在分析净增人数的数据时，需要注意特殊的高点和低点。如图 3－20 中在 2020 年 8 月 11 日出现峰值，该峰值相比其他节点，“粉丝变化数”数值要高出很多，说明这天该头条号开展了活动或者是推文质量高，才导致这样的结果。同时，“粉丝变化数”也是检验企业推广效果的很好手段，假设企业在两个不同的时间点开展了不同内容的推广方式，那么就可以将这两个时间段的数据进行对比，从而判断不同的推广方式产生的效果有什么不同。

3. 涨粉数

涨粉数即昨日新增的粉丝数量，一般来说昨日文章阅读量越高，涨粉数会越多。新增粉丝主要显示了近7天、14天、30天内的头条号新关注人数趋势情况。在该趋势图上，除了查看这几个时间段外，运营者还可以根据实际情况点击"自定义时间段"查看具体数据。将鼠标指向不同的节点（日期点）还能够看到该日期的详细新增人数数据。

涨粉数趋势图主要告诉运营者以下两方面的内容：

(1) 可以以此来判断不同时间段的宣传效果。从整体趋势上看，平台的用户新关注人数趋势虽然有起伏，但整体上还是比较平稳的，可见在宣传推广上还是有效果的，时常有吸引用户关注的推广活动，从而取得了不错的宣传效果。

(2) 观察趋势图的"峰点"和"谷点"，可分析出不同寻常效果出现的原因。"峰点"表示的是趋势图上突然上升的节点，它与"谷点"相对，都是趋势图中的特殊节点，意味着平台推送可能产生了不同的效果。如图3-20中，2020年8月11日新关注人数呈现"峰点"，那么为什么这一天的新关注人数呈现出"峰点"的趋势呢？此时就需要找出原因，是因为平台内容吸引人、关键词布局合理、文章标题有吸引力，还是开展了营销活动等其他的原因。查明原因后，运营者就可以重复利用这种经验并把这种经验归纳总结出来，从而获得更好的效果，进一步扩大自身平台的影响力，吸引更多的潜在用户。

4. 掉粉数

掉粉数即前一天取消关注的粉丝数量。由于维持一个老用户比增加一个新用户的成本要低得多，所以取消关注人数也是营销者要着重考察的数据。

通过"取消关注"的数据可以了解每天有多少粉丝取消关注头条号，一旦发现这个取消关注的趋势图呈现出增长趋势，运营者就要格外注意，要努力找出问题所在，然后尽可能避免这种趋势。但是有时候取消关注人数高，并不代表平台一定存在本质问题，因为有时候会出现新增关注人数暴增的情况，可能比平时高出好几倍，这个时候取消关注人数比平时多，是能够理解的，所以运营者不能只看一个数据，而要全局把控。

用户取关的主要原因无非是：粉丝日益多元化、高标准的内容需求和平台定位之间的矛盾。具体来说，主要有平台原因和用户原因两个方面。

(1) 平台原因主要有：头条号推送的消息没有价值，不能吸引用户关注；经常发布硬广告；没有定期更新等。

(2) 用户原因主要有：帮助投票，投完取消；领取优惠券，领完取消；用户兴趣发生变化，以及其他原因等。

通常来说，用户取消关注最大的原因是对推送的内容不感兴趣，所以提高内容含金量是最好的解决办法。

5. 活跃粉丝数

活跃粉丝数是指粉丝中有活跃行为的用户数量，活跃行为包括在一段时间内有阅读、点赞、评论等使用行为。

我们可以通过以下方法来提高粉丝的活跃度：

(1) 提高产量，可以多结合热点发表文章，文章要有态度、有想法，但是要专注擅长领域，创作专业的、系列的文章，持续吸引该领域的粉丝。

(2) 在符合账号风格的前提下，可以专门为粉丝定制一些内容，如在文章末尾询问粉丝想看的内容。

（3）设计和粉丝的互动环节，比如在文章末尾提醒粉丝转、评、点赞或者留言，及时回复粉丝留言，不定期发布福利等。

（4）保持固定文章的更新频率。

（二）粉丝特征分析

粉丝画像包括性别比例、年龄分布、活跃时间分布、地域分布、机型价格分布、粉丝偏好等。

1. 性别比例

性别比例在粉丝画像中至关重要，它决定了运营者的选题和写作文风格。运营者可在今日头条后台“数据→粉丝数据→概况”中查看性别比例。

《2019 年今日头条内容价值报告》显示，今日头条上男性关注汽车、军事、体育等领域，女性更关注美食、情感、健康、育儿等。故当男性为主要运营对象时，可以将垂直领域与军事热点、体育热点等结合写文章，从而提升文章阅读量。性别比例分布如图 3－21 所示。

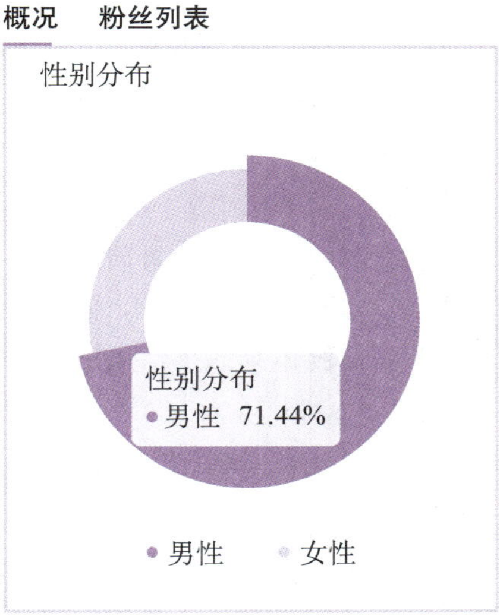

图 3－21 性别比例

2. 年龄分布

运营者在写文章时，都会有一个预期的用户画像，即文章写给谁看。而年龄分布可以显示出运营者的预期与实际粉丝是否一致，从而调整运营策略。

比如，运营者在写头条文章时，选择的领域是职场，用户画像是 24～50 岁的育儿爸爸。通过如图 3－22 所示的粉丝年龄分布，可知这一年龄段粉丝占比 80.28%，符合运营者预期，进一步说明运营者选题和文风与定位是一致的。

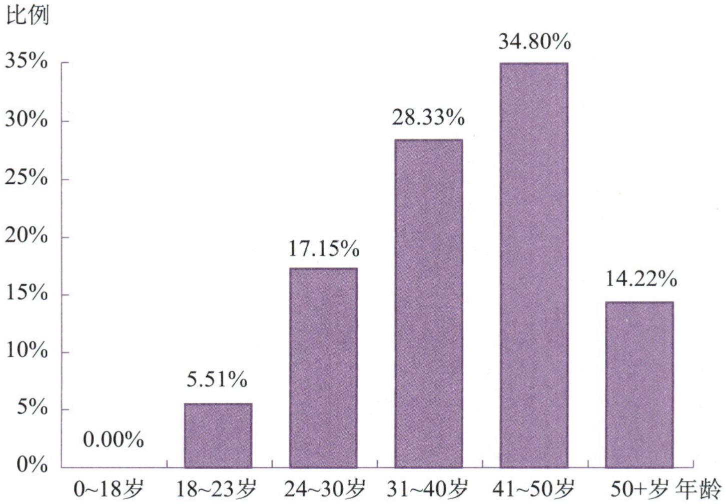

图 3－22 年龄分布

3. 活跃时间分布

在 2020 年 7 月 31 日今日头条后台改版前，在“粉丝画像”版块是有“活跃时间分布”功能的。根据《2019 年今日头条内容价值报告》统计分析：

18～23 岁，在凌晨 1 点至 4 点最活跃，1 点是高峰，白天的 9 点至 16 点活跃度一直较高。

24～30 岁，在凌晨 1 点至 4 点最活跃，白天的 9 点至 12 点是第二活跃时段。

31～40 岁，因工作和家庭最忙碌，较活跃阅读时间在早上的 5 点至 8 点，晚上的 21 至 24 点。

40 岁以上，早睡早起，阅读偏好集中于凌晨的 5 点至 8 点，下午的 17 点至 20 点。

4. 地域分布

地域分布采用的是数据分析法中的结构分析法，即粉丝按地域占总体数据比例的分析方法。

运营者可以在头条号后台看到粉丝在各个地域的分布比例。通过粉丝地域分布，运营者知道粉丝所在的城市，便可以研究当地粉丝的喜好，写出接地气的文章。而且这对于运营者后续策划线下活动或举办粉丝见面会活动，也具有参考价值。

5. 机型价格分布

借助《2019 中国手机品牌用户社交洞察》报告，对内容进行聚类分析后，划分出不同的购机人群，进而描绘出立体的人群画像。报告分析得出：1 000～2 000 元价位手机市场，玩乐游戏迷和关注日常生活的用户占比近 6 成，是主力用户群，玩游戏、晒配置、日常分享等贴近生活的内容更容易引起他们的关注；高价位手机市场，休闲随性人群占比 47%，他们关注“物有所值”。

因此如图 3 - 23 所示的机型价格分布分析，对于运营来说有很大的参考价值。

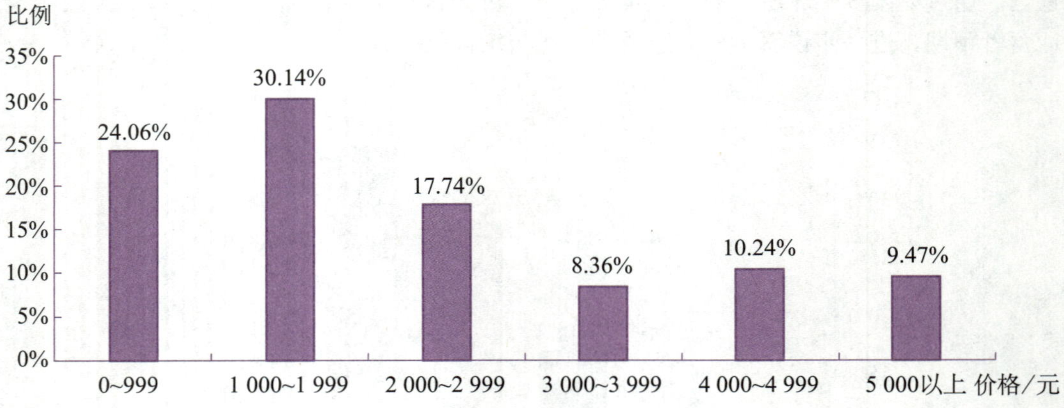

图 3 - 23 机型价格分布分析

6. 粉丝偏好

在新媒体平台写作时，找到读者的兴趣有利于平台运营，毕竟粉丝点击量往往决定着文章的热度，也是对运营者价值肯定的表现。

在“兴趣探索”中，运营者可以看到用户喜欢的文章分类，如图 3 - 24 所示。

图 3-24　受众都喜欢哪些分类的内容

运营者可以将读者感兴趣的领域和自己所在的垂直领域结合起来写文章。运营者在新媒体平台上写作要力求双赢，不仅要兼顾自己的垂直领域，还要迎合用户的喜好，如此才能确保文章取得较高的阅读量。

7. 粉丝喜欢的头条号

在后台还可以看到粉丝喜欢的其他头条号作者。通过对这些头条号进行分析，运营者可以了解这些头条号的文风、内容形式等，进而对粉丝有更多了解，便于日后改善粉丝运营，提高文章传播度。如图 3-25 所示。

图 3-25　关注你的人还喜欢哪些头条号

（三）粉丝列表分析

运营者可以单击用户头像进入粉丝个人主页，查看粉丝发表的文章，进而对粉丝有全方位的了解；也可以在粉丝主页查看粉丝关注的其他头条号作者，通过对这些头条号作者进行观察研究，这也利于提升粉丝对运营者的好感度。如图 3-26 所示。

图 3-26　粉丝列表

三、作品数据分析

（一）基本评价指标

在“核心数据”中，可对文章展现量、阅读（播放）量、粉丝展现量、粉丝阅读（播放）量、点赞量、评论量等进行数据分析，规划运营头条号。如图 3-27 所示。

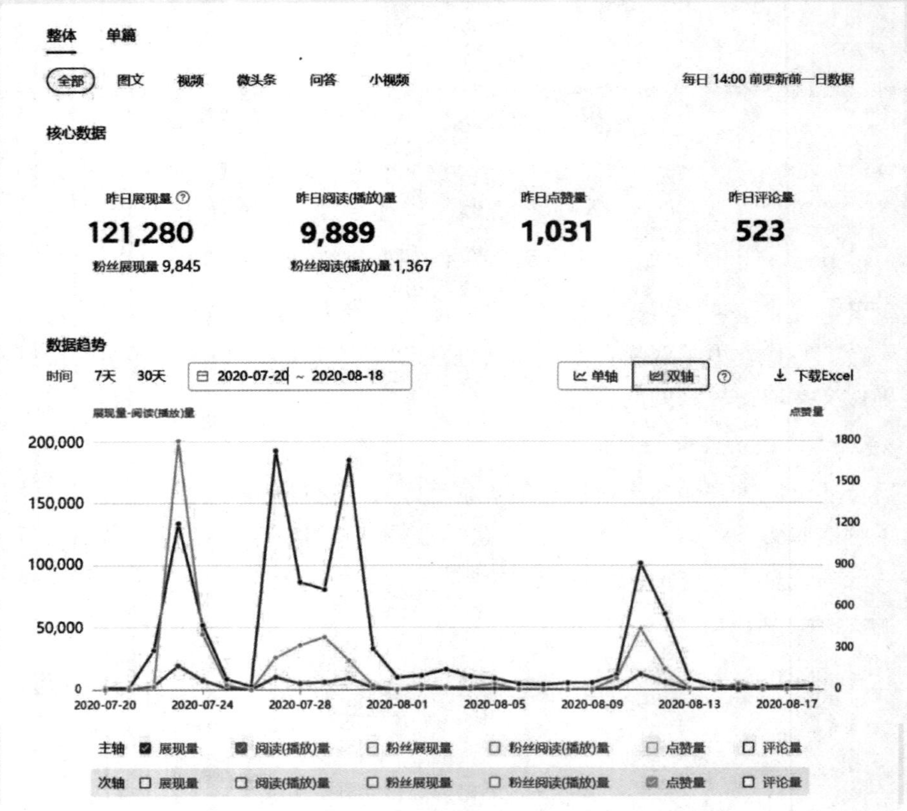

图 3-27　阅读数据分析

1. 展现量

展现量是指所发布的文章被推荐到用户信息流的次数。展现量主要分为系统展现和粉丝展现。

那么头条号的推荐机制是什么呢？头条号主要采用机器审核的方式。首先会给这篇文章打上标签，然后分批次推荐给可能对其感兴趣的用户。首先尝试推荐一定的量，如果点击率和阅读完成率高，再进行新一轮更大范围的推送；如果减弱到一定程度，推送过程就结束。如图 3-28 所示。

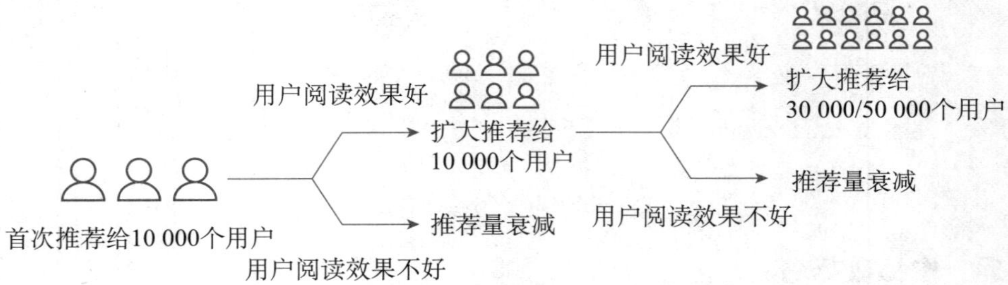

图 3-28　头条推荐机制的特点

影响推荐量的因素很多，比如：标题没有关键词，定位模糊，不精准，系统难以识别，这些都会影响推荐。对于标题党，系统会直接不推荐。内容不够优质，比如特别短，都是废话，这些也会影响用户点击率和阅读完成率。文章的时效性、话题热度、潜在用户大小也都会影响推荐。图片质量差、模糊的文章也不会被推荐。

那如何提高头条号展现量呢？

第一，定位要精准。就是说要对账号进行定位，要标签化，不要想着涉及各个领域。因为一旦定位不精准，平台就会觉得这个账号提供的价值比较普通，做不出高质量的作品，它会自然降低推荐次数，转而推荐其他定位精准、领域专一、垂直度较高的账号的作品。

第二，标题要和标签挂钩，吸人眼球。平台在抓取文章的时候，会根据相对应的领域或者标签来进行筛选，所以标题必须要符合自己的定位。一篇文章能让人点进去，最关键的就是标题能调动读者的情绪。

第三，作品质量要高。如果账号有过高点赞和高阅读量的文章，那么很有可能获得高推荐量。因为平台会根据以往的表现进行推荐，这也是比较人性化的，越有能力的，机会就越多。

第四，坚持持续输出原创。对于原创，所有平台都有这个要求。比较困难的地方在于持续输出，高推荐一定有高产。

总之，与其说头条是以算法为核心的，倒不如说是以读者为核心的。文章的选题和写作都要围绕读者展开。文章可以写头条用户关心的话题，“蹭”站内热点；也可以写“硬核”干货，给读者带来学习价值。

2. 阅读（播放）量

阅读量是指用户点击进入内容详情页进行浏览的次数。阅读量对运营者而言至关重要，它是衡量文章受欢迎程度的指标。

假如文章的推荐量很高，但是阅读量却一直上不去，应该就是文章内容的问题了。文章必须坚持垂直度，让机器人能识别。内容要具有实用性，提高读者阅读深度，增加收藏、转发量，这些都能够提高文章的点击量、推荐量和阅读量，提升成为爆文的概率。

3. 粉丝展现量

粉丝展现量指所发布的文章被推荐到粉丝信息流的次数。如果粉丝展现量比实际粉丝数量少一大半，同时阅读量也只有几个时，可能是粉丝对内容不感兴趣，还有可能是有一批僵尸粉。

4. 粉丝阅读（播放）量

粉丝阅读量是粉丝阅读文章的数量。由于粉丝观看广告，可让发布者获得 3 倍收益加权，故粉丝阅读量是粉丝定位是否精确及获得高收益的保障。

5. 点赞量

点赞是对某人某事的赞许与肯定。点赞量是指文章被读者点赞的数量。头条平台的设置，用户不看内容的点赞，是无效点赞，会影响作者的推荐量。

6. 评论量

评论量是指文章被读者评论的数量。评论量是文章被读者关注程度的指标，运营者可以通过评论量收集读者需求进而优化选题，增强文章互动性。

7. 其他的数据分析指标

（1）点击率：播放量与推荐量之间的比率。点击率代表一篇文章或视频标题、封面吸引人的程度，能否吸引读者点击标题观看内容。点击率低，一般就代表标题、封面图不够好。

(2) 评论率：评论量与播放量的比率。代表了用户表达自己想法的意愿，如果你的内容完全带动了读者的情绪，那读者是肯定会留下评论的。

(3) 转发率：转发量与播放量的比率。指用户在观看后愿意向外推荐、分享的欲望，转发的行为背后有两种心理因素：觉得对他人有帮助；或者是可以彰显自己支持的观点，作为意见表达的素材。

(4) 收藏率：收藏量与播放量的比率。代表用户在观看视频后进行收藏的意愿，代表了读者对内容价值的肯定。

运营者通过对不同内容这些数据的对比，找出各个数据都相对较高的内容，就能从中知道粉丝喜欢什么样的内容，就可以以此来改变内容方向，多创作出用户喜欢的内容。

实例分享

为了便于分析阅读数据，运营者可以使用数据分析方法中的漏斗图分析法来展示每个关键环节的转化率，如图 3-29 所示。

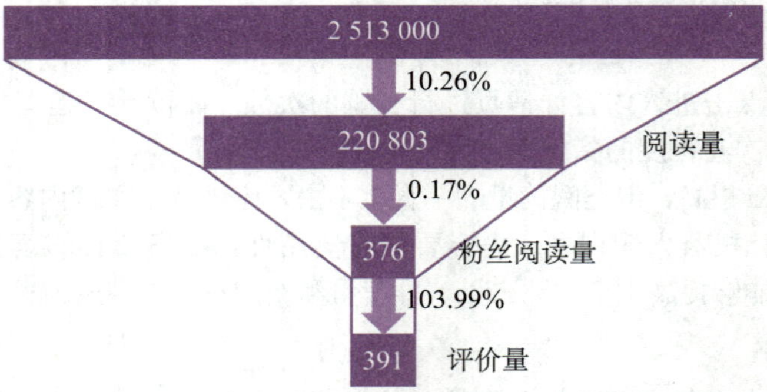

图 3-29 用漏斗图分析数据示例

阅读量占推荐量的比例为 10.26%。通过此数据，运营者可以得知文章标题命名是否成功。因为推荐至用户信息流中，文章标题对阅读量来说起着至关重要的作用，此比例越高越好。对于今日头条来说，此数据大于 10%是比较合理的。否则，运营者需要努力学习和掌握标题的命名技巧。

0.17%为粉丝阅读量占整个阅读量的比例，此数据反映文章是否被粉丝喜欢，也是文章获得高广告收益的保证。运营者应分析此数据，不断满足粉丝的需求，提升用户黏性。

103.99%为评论量占粉丝阅读量的比例，此数据反映文章受欢迎的程度，也利于保证文章的互动性。文章评论量越多，说明此文章越能击中用户关注点。此数据可作为运营者选题的依据，也利于运营者通过评论收集用户需求，不断产出对粉丝有价值的文章。

总之，通过阅读量漏斗数据分析和对比分析，运营者可以找到提升推荐量、阅读量、粉丝阅读量及评论量的方法，提升运营效果。

（二）图文流量分析

头条号的展现位置也就是头条号的流量来源，主要来自系统推荐、相关文章、个人主页、阅读历史、搜索和其他方式，如图 3－30 所示。运营者可以通过选择查看每种来源的展现量、粉丝展现量、阅读量、粉丝阅读量及点击率，根据趋势图分析，有针对性地优化文章的标题和内容。

图 3－30　流量分析

（三）图文创作分析

在“概况”中可以查看 7 天、14 天、30 天或任一时间段的阅读趋势变化。

1. 分析波峰

运营者可以对波峰位置进行分析，如图 3－31 所示为对波峰处阅读量最高的两篇文章进行的数据对比分析。

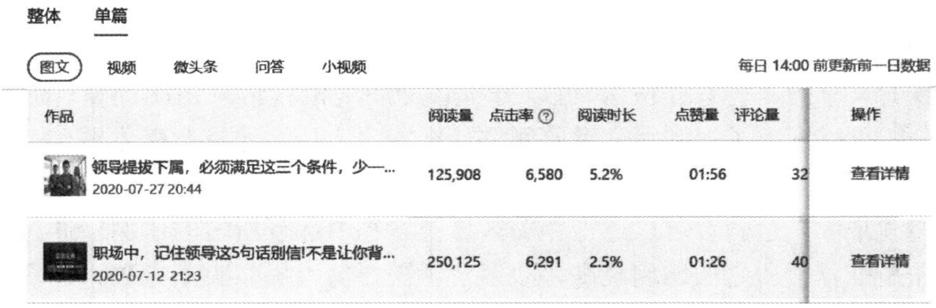
整体 单篇

图文 视频 微头条 问答 小视频　　每日 14:00 前更新前一日数据

作品	阅读量	点击率	阅读时长	点赞量	评论量	操作
领导提拔下属，必须满足这三个条件，少一... 2020-07-27 20:44	125,908	6,580	5.2%	01:56	32	查看详情
职场中，记住领导这5句话别信!不是让你背... 2020-07-12 21:23	250,125	6,291	2.5%	01:26	40	查看详情

图 3－31　分析波峰中的文章

（1）分析标题。两篇文章中标题都属于垂直领域的职场类型，且均采用了关键词“领导”，说明“领导”这个关键词在职场类属于核心热门词汇，以后写文章时可以多采用。两篇文章标题均采用了数字，如“三个条件”“5 句话”，因此也可以多采用数字来命名标题。

（2）分析发文时间。通过分析两个波幅可以发现两篇文章发文时间都是 21:00 左右，故运营者可得知所在领域的文章在 21:00—22:00 会有一波阅读高峰期。由于今日头条审核文章需要一定时间，故运营者发文尽量在 20:30—21:00 发文。

（3）分析文章字数。两篇文章的字数分别为 1 100 字和 1 200 字，故可分析出职场类文章字数最好在 1 000～2 000 字，1 500 字左右最佳。字数太少，观点表达不清楚；字数太多，读者没有耐心读完，会增加阅读负担。

（4）分析排版和文风。通过分析发现两篇文章都采用的是三段四图模式，即文章开头一张图，每段结束添加一张图。这样排版逻辑清晰、页面美观，也利于减轻读者的阅读疲劳。

两篇文章的文风都采用了“观点＋故事”阐释型，运营者给出理论干货后，用一个职场故事进行阐释，这样有利于读者理解，减少认知偏差。文章结构采用了“总—分—总”结构，便于阐述观点及辅助读者快速掌握要点。

两篇文章的文末都采用了评论引导语并加粗显示，这样可以提升作者与读者的互动效果，提升文章的热度，通过引发读者转发和点赞，保证文章高阅读量。如图 3-32 所示。

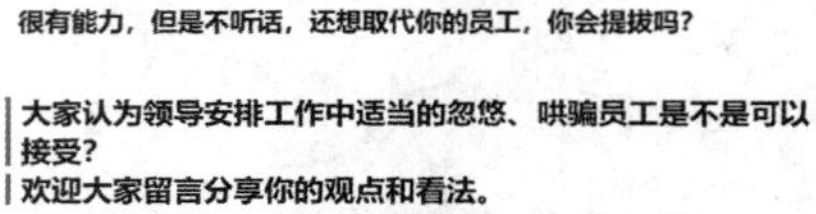

很有能力，但是不听话，还想取代你的员工，你会提拔吗？

大家认为领导安排工作中适当的忽悠、哄骗员工是不是可以接受？

欢迎大家留言分享你的观点和看法。

图 3-32　末尾引导话语

2. 分析波谷

分析波谷位置有利于规避运营中的不利因素，进而提升头条文章阅读数据。

波谷位置是阅读量较差的地方。通过统计在波谷的文章的共同点，找出阅读量差的原因，比如分析标题中是否包含了核心热门词汇，是否包含了粉丝关注的关键词；分析文章的发文时间，是否是粉丝最活跃的时间段；分析文章的字数是否会引起阅读负担以及分析文章的排版的文风是否有利于阅读。

3. 分析阅读趋势

通过“选择时间”分析文章的阅读趋势，合理之处继续发扬，不合理之处注意调整。利用数据分析的回归分析法，运营者可以及时了解阅读走势，调整运营方向。

4. 分析流量来源

通过查看文章的“查看详情”，可以分析各种展现位置带来的阅读量。通过文章的来源对比分析可以深入了解到写文章要侧重什么方向，什么才是新媒体平台上读者喜欢的内容。

通过阅读来源，运营者可以点击相关区域查看每个部分所占的比例。通过分析数据得知，首先是推荐量所占的比例最高，故运营者需要努力提高头条指数，进而确保提升阅读量；其次是其他所占比例较高，故运营者需要及时将文章分享至 QQ、微信朋友圈、微博等第三方社交网络，进而提升文章阅读量。

5. 分析平均阅读完成率

平均阅读完成率是指所有读者对该文章的平均阅读完成度，是文章阅读进度的一种比较直观的体现，也能说明文章内容受欢迎的程度。运营者可以通过完成度分析，查询阅读完成度20%以下所占比例，进而分析原因，找到提升文章吸引力的方法，进而引导读者完成阅读。

6. 分析平均阅读时长

平均阅读时长指所有读者对该文章的平均阅读时长，可反映读者在阅读时的认真程度。读者对喜欢的文章阅读比较认真，时长相对较长。不喜欢，有可能只是滑动手机看一下图片，时长相对较短。分析文章时要用两篇字数等同或相近的文章进行对比。

一般来说，平均阅读完成率越大越好，最好超过80%；平均阅读时长越大表明读者读得越慢，读者能沉浸在文章中反复钻研。阅读时长也能说明文章内容是否有营养。

7. 分析互动

文章到达读者后，读者一般通过收藏、点赞、评论、转发或分享等行为来认同文章。

（1）收藏。

读者收藏文章或视频，唯一的动机是内容对自己有帮助，先收藏，以备后面查阅。因此我们可从潜在用户需求的角度来撰写对用户有益、有价值的优质内容。

（2）点赞。

读者有时是为自己留下印记，有时是为了鼓励作者，更多的可能是因为内容调动了自己的情绪，对内容表达的观点表示认同。读者阅读文章后的情绪有正面情绪，也有负面情绪，能收获点赞的一定是正面情绪：认同、满足、愉悦、爆爽。因此我们的内容应从情绪调动方面多考虑与设计。

（3）评论。

内容存在吐槽的地方，内容存在有争议的事实和观点，内容引发了情感上的共鸣，这些都能引发读者去评论。因此文章的选题尽量用热点事件，观点鲜明，能引发情感共鸣。

（4）转发或分享。

读者转发文章的两大动机为存在感和优越感。存在感：给别人看的，希望别人感受到自己的存在；如果转发出去，没有点赞与互动就不会转发。优越感是比较优越的存在；读者分享的根本原因一般是希望文章给他人带来正向价值。

读者分享的理由一般有四种：观点传达，读者认可文章观点，希望通过分享，向外传达这也是我的观点；身份需要，让外界了解自己的身份标签；话题参与，与其他人交流自己感兴趣的话题；内容共享，利他思维，给其他人带去正向价值。因此，撰写文章时需为读者创造明确分享的理由：观点传达，身份需要，话题参与，内容共享。

总之，收藏量和转发量可以反映文章产生的价值，文章收藏和转发量越大，说明文章给读者带来的价值越大。

四、收益数据分析

为提升创作者体验，2020 年 7 月 31 日起，头条号后台“图文创作收益”页面正式升级为“创作收益”，页面内包括“概览”“趋势分析”“收益分析”“单篇收益分析”四个板块，创作者可在该页面内查看图文、问答和微头条的创作收益金额、千次阅读单价等。

（一）概览和趋势分析

创作者可在此板块查看昨日累计获得的图文、问答、微头条创作收益总金额，以及自然年内获得的总创作收益金额，并查看自己的收益变化趋势。如图 3－33 所示。

图 3－33　概览 & 趋势分析

（二）收益分析

创作者可在通过筛选“收益类型”，分别查看图文、问答或者微头条任一体裁的创作收益和千次阅读单价；通过筛选“补贴收益”，还可以查看每日的补贴收益情况。

点击“千次阅读单价”，可查看单价主要影响因素的波动情况，协助创作者找到单价波动的原因。千次阅读单价受“用户阅读时长系数”“内容价值系数”“粉丝阅读占比”等因素影响，并非一成不变。如图 3－34 所示。

（1）用户阅读时长系数。用于衡量用户阅读时长的高低，系数越大，表明内容阅读时长占站内整体阅读时长的比率越大。

图 3-34　收益分析

（2）内容价值系数。用于衡量内容商业价值的高低，系数大，表明内容的商业价值比站内整体水平高。

（3）粉丝阅读占比。粉丝阅读占比＝当日粉丝阅读量/当日总阅读量。

（三）单篇收益分析

创作者可在此板块查看图文、问答或者微头条任一体裁的内容，在发布日起任意时间段内的创作收益情况。如表 3-9 所示。

表 3-9　单篇作品收益

图文	创作收益/元		基础收益/元		补贴收益/元		粉丝收益/元	非粉丝收益/元	累计阅读量
	昨日	累计	昨日	累计	昨日	累计			

总之，每个平台都提供了数据分析的功能，每个平台也会不断地改进后台管理功能，因此运营者要不断地学习，利用各种工具去分析平台的数据，以便更好地运营新媒体平台。

素养园地

科学分析用户行为，实现大数据精准运营

凭着科技创新、精益求精的精神和自立自强的品德，2010 年，中国汽车行业自主创新典范的吉利公司收购了德国著名汽车品牌沃尔沃。近年来，吉利旗下沃尔沃品牌与今日头条进行数据共建，运用“智能技术＋精细运营”模式，洞悉品牌意向人群，致力新媒体平台运营，助力品牌降本增效。

沃尔沃在正式投放营销内容之前，利用今日头条大数据库，匹配具有安全及健康属性的标记用户，寻找精准潜在用户群体，科学严谨筛选高目标群体（TGI）指数的兴趣类别和关键词，从本品类、竞品类、泛兴趣类、高净值类等多维度创建人群包，并实时跟踪投放效果，不断增加高点击率（CTR）兴趣关键词进行定向维度和关键词的修正。使沃尔沃企业能够精准洞察用户特征，对精准人群进行实时动态跟踪，实现营销文案内容的精准投放，实现企业持续精细化运营。在 2018—2019 年“车市寒冬”中实现了销

量增长超10%的逆势突围，比肩车友俱乐部（奔驰、宝马、奥迪），成功跻身豪华SUV市场第一阵营。

资料来源：2019—2020今日头条营销通案．互联网数据资讯网．（2019-11-19）[2020-08-23].

问题：资讯平台运营有哪些规则？本案例讲述的资讯平台内容营销蕴含着怎样的精神？资讯平台运营中如何坚守个人品德，充分发挥科技力量，弘扬科学精神，这是每一个新媒体运营者的职业操守。

今日头条平台运营规范

【职业技能训练】

1．训练目标

（1）培养学生新媒体平台的数据采集与数据分析能力。

（2）培养学生信息获取能力、提炼创作能力、策划创新能力以及项目统筹运作能力。

2．训练内容

（1）建立不同新媒体平台的素材库，包括选题库、标题库、金句库、故事材料库等。比如，根据各自擅长的领域，选择运营的垂直领域，通过“西瓜数据”等第三方平台，寻找该领域阅读量在10万+的公众号、头条号，记录文章的信息来源、发布时间、作者情况等信息，分析文章的标题、内容结构以及配图。

（2）根据运营的新媒体平台，通过微博、百度、微信、乐观号、今日头条等平台寻找所在垂直领域下的热点事件，建立营销日历。

（3）根据所运营的新媒体平台的运营风格，设计一系列用于品牌营销的图片。包括：封面图片、头图、文章配图、二维码等。

（4）对所运营的新媒体平台进行用户分析和图文分析，调整内容运营策略。

3．训练评价

（1）有垂直领域匹配的选题库、标题库、金句库、故事材料库。（30分）

（2）建立营销日历，有清晰的运营规划。（20分）

（3）文章内容符合营销定位、逻辑性强，图文版式完整、美观。（30分）

（4）用户定位清晰，图文的推荐量、阅读量等数据合理。（20分）

项目四

音频平台运营

生活中其实有很多有才华的人，上知天文下知地理，但他们没机会展现自己，因为缺少一个发声的平台；传统的电台更多注重播报新闻、音乐和交通信息这类实用性内容，真正有思想、有深度的内容还是偏少，我希望能建一个像“声音百货商店”的线上平台，让每个有知识、有才华的人都有自己的舞台，类似于做一个“声音的淘宝天猫”。

——喜马拉雅联合创始人兼联席 CEO　余建军

知识目标

1. 了解音频在不同新媒体平台的典型用法，学会不同渠道音频信息采集的方法。
2. 掌握音频的录制、后期剪辑方法，以及音频平台留存促活的方法。

能力目标

1. 具备在不同新媒体平台，进行音频信息采集、内容策划采编、剪辑及后期修音的能力。
2. 能利用不同的新媒体平台开展活动运营、留存运营和促活运营。

素养目标

了解音频运营的规则，遵循“新媒体著作权”，规避侵权法律风险。弘扬法治精神，维护社会公德，规范、净化新媒体运营内容，保护知识产权，促进音频平台的发展。

平台概览

项目		喜马拉雅	蜻蜓 FM	荔枝 FM
产品定位及优势对比	产品定位	音频分享平台	音频聚合平台	音频社交平台
	模式	PUC+UGC	PGC+UGC（偏 PGC）	UGC
	优势	内容最多最全，有多档黄金节目；有录音功能，个人可以申请认证主播；用户规模式，社交化做得最为成功	电台数量多，范围广；支持硬件 FM 收听；支持与 DJ、主播互动；车载模式单手触控	支持个人开设专属播客；有强大的录制功能，长达 60 分钟，自动降噪无须处理；用户忠诚度高，广告少
	玩法	用户可以听段子、小说、新闻、音乐、商业知识、名校公开课等，也可申请为主播	用户可以一边听广播或直播，一边互动；或是像传统收音机那样听电台	首款中文播客应用，可以在手机上开设自己的播客及录制节目

续前表

项目		喜马拉雅	蜻蜓 FM	荔枝 FM
目标用户需求	目标用户	上班族、汽车用户、学生、家庭主妇，分类频道目标听众	上班族、汽车用户、学生、家庭主妇，分类频道目标听众	年轻群体中的文艺青年、小清新用户（学生、白领为主）
	核心需求	海量电台音频需求，展现传播声音需求	海量电台音频需求，与主播互动需求	展现传播声音需求，各类音频资源需求
	解决需求	提供海量电台音频资源、录音功能，用户可以筛选收听各类音频，或成为主播分享声音	聚合海量电台音频资源、直播，用户可以收听音频或电台，并与主播互动	有强大的录音功能，用户可以在手机上开设自己的播客及录制节目
运营推广策略分析	运营策略	事件营销、活动策划营销	事件营销、活动策划营销	事件营销、活动策划营销
	推广渠道	线上渠道：应用市场/商店（App store、应用宝等）、下载站； 社会化媒体：资讯媒体（18＋）、微博、微信公众平台、QQ公众号、知乎、贴吧、豆瓣、官方博客、兴趣部落、百度知道、百科、经验、文库等； 硬件/系统分发：智能硬件、车载系统、自营产品； 活动策划：专题活动（签到、声音比赛、明星专访、分享会）	线上渠道：应用市场/商店、下载站； 社会化媒体：资讯媒体（18＋）、微博、微信公众平台、知乎、贴吧、豆瓣、百度知道、百科、经验、文库； 硬件/系统分发：智能硬件、车载系统、电商产品； 活动策划：专题活动（签到、明星专访、分享会）	线上渠道：应用市场/商店、下载站； 社会化媒体：各大门户资讯媒体、微博、微信公众平台、知乎、贴吧、豆瓣、百度知道、百科、经验、文库； 活动策划：专题活动（签到、声音比赛、明星专访、分享会）
活动分析	活动类型	分享赠送、比赛评选、线上投票、抽奖、征集、热点活动、线下沙龙	签到积分、抽奖、大型活动直播、榜单评选	签到积分、榜单评选、分享、投票、赠送抽奖
	活动创意	活动内容更具创意，活动形式标准化。该平台一般联合商家共同举办“声音分享投票送奖品”“线上线下同步的声音比赛”等活动	活动创新点较少。该平台主要的长期活动有：微博抽奖、榜单评选、大型线下活动直播等常规活动	活动内容直接展示，活动形式多为互动分享型。该平台主要活动有：分享投票/评选送奖品、参与榜单评选送奖品、大咖直播分享等活动
	活动频次	活动频次很高，一个月多达 10 个活动	活动频次低，线上互动活动很少	除长期活动，活动频次一般（平均一个月 2 次）
变现方式	广告收入	√	√	×
	用户付费	√	√	√
	版权分销和出版	×	√	×
	社群粉丝经济	√	√	√
	硬件增值产品	√	√	×
	电商	√	√	×

运营故事

从“耳朵经济”到“品牌平台”，“凯叔讲故事”的品牌运营

“凯叔讲故事”是国内知名儿童内容品牌，通过“凯叔讲故事”App、“凯叔讲故事”微信公众号等，以有声儿童故事切入，构建“故事十课程”内容体系，围绕0～12岁亲子家庭，打造“孩子的故事大全，父母的育儿宝典”；立足内容、品牌、销售协同发展，从内容入口，切入大亲子行业，布局电商、出版、智能硬件等业务，进行多元化拓展，致力打造国民性儿童品牌。公司2014年4月成立，据公司官网披露，至2019年2月，已累计播出8 000多个故事，总播放量超34亿次，总播放时长2.67亿小时，相当于3.05万年，总用户超2 000万。

1. 以“让更多孩子拥有幸福的童年”为宗旨，深耕儿童课程产品

公司内容产品，目前主要分为故事、课程两类。

“故事”为“凯叔讲故事”App内一级栏目，包括童话、寓言、名著、国学、历史、科普等品类，满足益智教育、启蒙教育、品格培养、情商培养、语言表达等儿童成长需求。

“课程”包括训练营、专栏、微课三种形式，训练营主要提供艺术启蒙（音乐、书法等）、思维提升（乐高、魔方等）、数学、写作等训练，鼓励父母与孩子共同学习，构建新的家庭亲子生活场景；专栏和微课主要针对家长用户，讲解儿童心理、幼儿健康等“育儿干货”，帮助其提升育儿技能，促进孩子健康成长。

2. 内容取材丰富，注重原创生产能力，增强产品差异化特征，多款产品成为爆品IP

公司故事内容，取材自国内外经典名著、历史故事、民间传说、动画故事等，并实施“大语文”战略，拓展诗词等传统文化类内容，同时与多家童书版权方合作，保障内容素材供给。公司在儿童内容方面，以儿童故事为核心，成功将《凯叔西游记》《凯叔365夜》《凯叔·声律启蒙》《凯叔讲历史》《凯叔·神奇图书馆》《凯叔·三国演义》《凯叔·口袋神探》《凯叔·诗词来了》等头部产品，打造为系列爆品IP。

3. 推出会员制度，分为年卡、月卡两种模式，刺激用户活跃度

年卡会员享受“内容畅听”（除诗词等“大语文”系列，故事内容全部免费）、“专属礼包”（独家内容）、电商购物“全场包邮”＋“极速退款”，且“大语文”系列、课程产品、电商产品均可享受专属优惠价格，并可参加线上、线下专属交流活动。月卡会员仅享受“内容畅听”“专属礼包”“全场包邮”“极速退款”四项权益。会员模式基于丰富内容产品，为用户带来更便利的使用体验，有利于刺激用户活跃度，增强用户长期黏性，提高公司收入规模。

资料来源：六合咨询．凯叔讲故事：瞄准儿童内容市场刚需，服务超2 000万用户．今日头条．(2019-02-11) [2020-09-10].

分析提示

“凯叔讲故事”通过丰富的内容产品，与大量亲子家庭建立高频、高密度连接，并对产品反复打磨，追求极致，依靠内容高质量，获取用户信任；基于此，针对儿童成长

过程中多元化需求，逐步拓展电商、线下新零售、童书出版、智能配套硬件、自研实体产品等多条业务线，引导用户多样化消费，丰富公司变现方式，实现用户高活跃、高留存、高转化；同时连接更多亲子服务领域公司、从业者，成为入口级、平台型企业，进一步打开公司成长空间。

知识嵌入

任务一　音频内容策划

一、认识移动音频

（一）移动音频

移动音频是指通过网络流媒体播放、下载等方式，利用智能手机、车载音响、智能家居等终端，收听音频节目、有声读物、音频直播、网络电台等内容的业务总称。内容上则涵盖有声小说、人文历史、脱口秀、亲子节目、相声评书、新闻资讯、商业财经等诸多类型。

1. 音频节目

围绕某一主题或话题，由单集音频文件构成的实时更新的音频节目。用户在订阅一档音频节目后能够自动接收或下载该节目新近发布的音频文件。

2. 有声读物

一种个人或多人依赖文稿，并借着不同的声音素材制作的音频作品。有声读物是以出版类长音频内容为主的版权模式，早期主要表现为上游环节的有声内容生产，包括出版物、网络小说等内容的有声制作，现阶段部分内容制作方也自建了分发渠道。

3. 音频直播

通过网络流媒体技术，个人仅以音频媒介进行信息传递的实时直播形式。音频直播于 2016 年登场，2017 年逐渐形成了以互动类音频内容为主的打赏模式，早期阶段集中于 PC 端，后逐渐向移动端转移，商业模式以主播与听众进行语音互动获取打赏为主。

4. 网络电台

通过网络流媒体技术，实现传统调频广播电台（FM/AM）、电台小程序的实时播放。网络电台是以娱乐类音频内容为主的模式，早期主要是音频的分发渠道，如今呈现平台化，更多参与和延伸到上游内容制作以及下游场景分发中。企业建立自己的音频电台，要符合自身特色，一般有几种类型：知识攻略型、达人互动型、幽默搞笑型、活动传播型、美文疗伤型。

（二）音频平台的类型

由于音频内容和形式的多种多样，在经过多年的发展后，音频平台在激烈的市场竞争中需要明确自己的市场定位和发展方向，由此促进音频平台由同质化向多元化发展。图 4－1 为移动音频产业图谱。目前，依据音频内容和业务发展方向，可以将国内的音频平台分为以下三种主要类型。

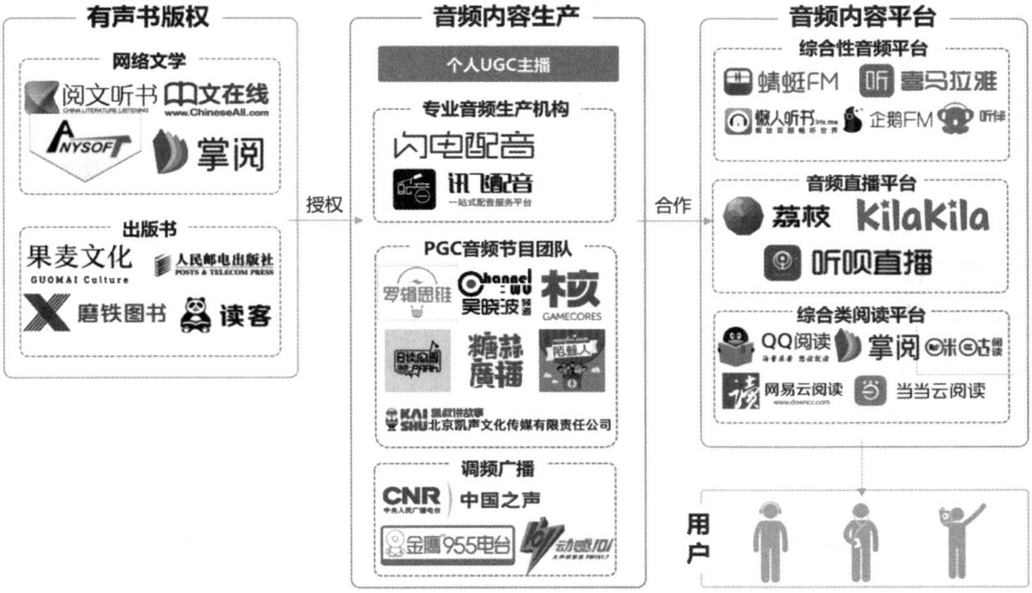

图 4-1　移动音频产业图谱

1. 综合性音频平台

提供包括音频播客节目、知识付费内容、音频直播、网络电台、有声书等全类型音频内容或服务的综合性音频平台，具备大而全的特征。例如，喜马拉雅、蜻蜓 FM、企鹅 FM、考拉 FM、懒人听书、猫耳 FM 等。

2. 音频直播平台

以音频直播为平台主打特色或仅提供音频直播服务的移动音频平台，主播与用户之间的互动交流是其主要特征。以荔枝为代表的音频直播平台以直播互动、声音社交为亮点，平台的主要收入来自直播打赏。后起之秀 kilakila 2016 年 9 月上线，围绕“虚拟偶像+声优+小说”，致力于成为“国内第一声优直播互动平台”，瓜分音频直播细分市场。

3. 综合类阅读平台

提供网络文学、出版电子书、漫画、有声书在内的多种形式数字阅读内容的综合类阅读平台，其中有声书是重要的业务构成。有声书市场的兴起，带动了传统阅读平台的转型。诸如微信读书、QQ 阅读、掌阅、书旗小说等为防止用户流失，纷纷在阅读界面加入“音频阅读”功能选项。

随着“耳朵经济”的兴起，越来越多的平台会尝试音频服务，如腾讯视频、爱奇艺视频等的“音频后台播放”功能（即用户可以选择不观看视频，锁屏听声音）、网易云音乐、QQ 音乐等的“电台直播”功能（即音频直播功能）。

（三）音频平台的盈利模式

我国移动音频市场发展经历四个阶段，分别是探索阶段（2010—2012 年）、市场启动阶段（2013—2014 年）、高速发展阶段（2015—2017 年）和应用市场成熟期（2018 年之后）。步入 2018 年，不同平台盈利模式逐渐明晰，也更加多元。

移动音频行业分为上下游。上游为内容生产方，主要是专业制作方、传统电台和高校机构；下游为平台运营方，是移动音频行业的核心。如图 4－2 所示。

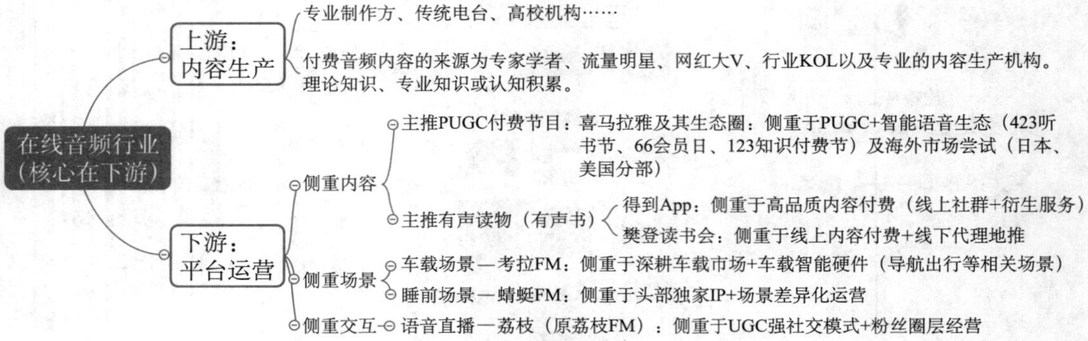

图 4－2　移动音频行业应用场景

下游平台运营方可根据内容、场景和交互的不同侧重分为三类。侧重内容的平台方主推 PUGC 付费内容和有声读物（有声书），分别以喜马拉雅及其生态圈和得到 App、樊登读书会为代表；侧重场景的平台方主要抢占车载场景和睡前场景，分别以考拉 FM 和蜻蜓 FM 为代表；侧重交互的平台方主要功能为语音直播，以荔枝为代表。

付费音频内容的来源为专家学者、流量明星、网红大 V、行业 KOL 以及专业的内容生产机构。其理论知识、专业知识或认知积累，经制作后可成为标准化的付费产品，再经包装、展示、推广等环节，于喜马拉雅、蜻蜓 FM、荔枝、得到 App 等付费音频平台上售卖；付费音频平台中的用户经过信息筛选，付费后可进行内容收听。付费音频内容市场的商业价值转换过程主要由内容创造者、付费音频平台及知识消费者构成，标准化的付费产品为重点环节。

1. PUGC 付费节目——喜马拉雅

喜马拉雅作为移动音频领域的早期玩家，依托先发者的海量用户及播讲人数量红利，奠定了“人海战术”优势，领跑音频付费市场。

喜马拉雅的内容生产模式由“PGC＋UGC＋独家版权”构成，在付费内容上有先发优势，整合了海量内容与播讲人资源，构建起 PGC 精准分发的内容生态。目前，喜马拉雅拥有超过 10 000 节音频课程，囊括了市场上 70%的畅销书版权，超过 2 000 位知识网红、20 万认证播讲人以及 500 万播讲人。

在线下智能家居领域，喜马拉雅亦寻求着抢先进入的机会。自 2017 年 6 月发布小雅 AI 音箱后，2017 年 9 月喜马拉雅与格力联合推出内置喜马拉雅的首款智能冰箱；2018 年，喜马拉雅推出了 Inside 2.0，覆盖了智能闹钟、智能马桶、智能冰箱、智能音箱、宝宝故事集和智能灯等硬件。

2. 有声读物——得到 App＋樊登读书会

在有声读物方面，得到 App 以“优质 PGC 内容＋配套服务”驱动用户付费，樊登读书会则高度聚焦、专注精品内容和线下活动，双双形成了自己的风格和特色，如图 4－3 所示。

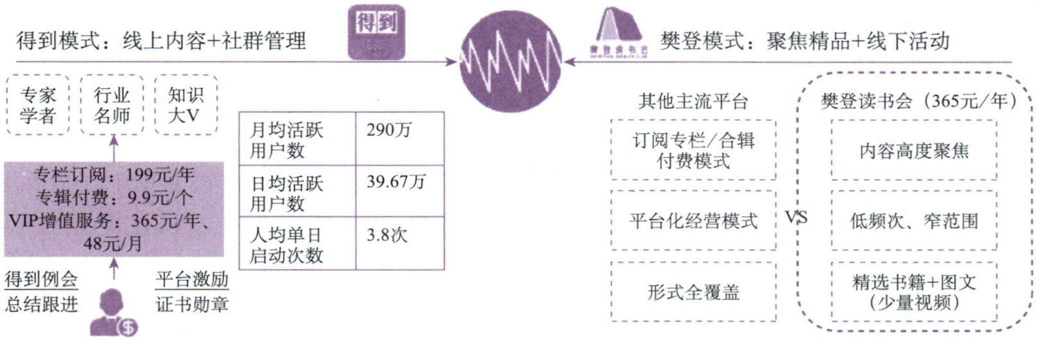

图 4－3　得到 App＋樊登读书会运营模式

得到 App 用户存量远不及喜马拉雅，因而另辟蹊径，坚持走优质 PGC 路线，对付费产品的品控极为重视。得到 App 还加强了配套服务，采用学习跟踪模式，阶段性激励用户提高参与感，并通过社区化运营等模式提高用户黏性。

樊登读书会推介界面简单，内容清晰，推送频次为一周一本。考虑到高频次推送会增加用户接收压力，且容易降低成就感，樊登读书会保持了低频次、窄范围推送，这是基于团队的书籍筛选能力和用户对其输出内容的认可。

樊登读书会建立了 400 万付费会员的“线下王国”，目前拥有省级分会 19 家、市级分会 248 家、县级分会 724 家、行业分会超过 500 家，在海外还有 42 家分会。

3. 车载场景——考拉 FM

考拉 FM 凭借其母公司优势平台率先抢占车载音频市场。母公司车语传媒旗下业务全国电台汽车节目《爱车天天汇》，覆盖全国 200 多个城市，母公司车语传媒独家运营，并代理众多电台和频率。

随着人们用车机会的增加，车将成为家之外的一个可移动生活空间，“堵车”或成为最大的市场机会，车联网也将成为车载音频的爆发点。当 80%左右的新增车辆实现联网时，汽车将在普遍意义上成为“四个轮子的手机”，而车内音频系统是车联网的重要切入点，行业当下的首要任务便是将导航及娱乐两者的精准度做到极致。

考拉 FM 的优势在于车载场景音频端口存在较高技术门槛，大众移动端音频平台转型难度较大，在用户需求、使用习惯和汽车端技术等方面的要求均不相同。如图 4－4 所示。

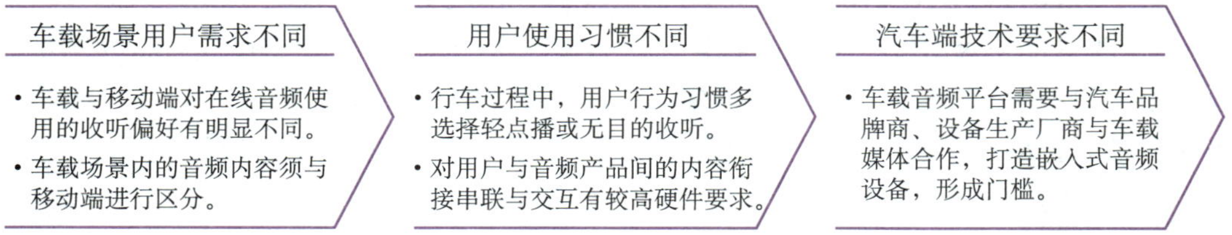

图 4－4　车载场景平台不同

车联网爆发后，考拉 FM 还将涉足深度车载直播节目，在精准推送的基础上提供个性化节目（考拉宝）。预计车联网全面爆发后，考拉 FM 日活用户将达到亿级，并以高净值用户居多。

4. 睡前场景——蜻蜓 FM

在睡前场景中，蜻蜓 FM 着力头部资源独家版权，发力场景差异化营销，成为“睡前”赢家。

对于收听睡前音频的听众而言，听音频不再是单纯娱乐，而是辗转难眠时的安眠良药，也是一天劳累后自我疗愈的方式。这显示了睡前音频有别于其他娱乐方式或收听场景的独特作用。

蜻蜓 FM 着力打造睡前场景需求，不断的“睡眠暗示”强化了用户依赖感。

5. 强互动式音频直播——荔枝

荔枝主打“人人都是播客”，以“UGC 强互动模式”构建青年人的音频社交平台。2018 年 1 月 10 日，荔枝 FM 正式更名为“荔枝”，转向语音直播的差异化竞争。

荔枝的核心战略为声音新媒体、音频强互动社交和跨界互动模块。声音新媒体包括 UGC 内容、播客学院、声音价值研究院，音频强互动社交涵盖了语音直播、语音社交和语音游戏，而跨界互动则包括声音艺术展、专业 Live 演唱会直播和声音邮局。如图 4-5 所示。

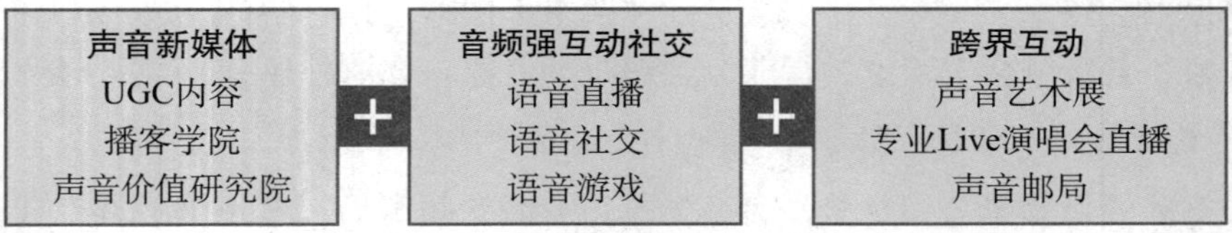

图 4-5　荔枝直播的盈利模式

内容上，荔枝重视声音新媒体养成，重点加强自身草根主播的培养，陆续举办了“最强周星争夺战”“好声音招募令”等比赛，网罗优质主播资源。

技术上，荔枝拥有直播万人连线系统、ASMR 及 S+VR 直播技术、串流解码技术等能够支撑大规模语音直播的技术和系统。

社交上，荔枝主页主推“情感”“音乐”“二次元”等直播交互社区，实时“荔枝打赏”，用声音交朋友。但社交转化最终仍导流到微信等即时通信平台。

各平台在未来发展方向上存在差异化竞争。喜马拉雅侧重于 PUGC+智能语音生态（423 听书节、66 会员日、123 知识付费节）及海外市场尝试（日本、美国分部）；蜻蜓 FM 侧重于头部独家 IP+场景差异化运营；荔枝侧重于 UGC 强社交模式+粉丝圈层经营；考拉 FM 侧重于深耕车载市场+车载智能硬件（导航出行等相关场景）；得到 App 侧重于高品质内容付费（线上社群+衍生服务）；樊登读书会则侧重于线上内容付费+线下代理地推。

二、移动音频的内容布局

随着 5G、大数据、人工智能、物联网、移动支付和相关软硬件技术的发展，移动音频的应用场景及商业模式正愈加成熟，成为移动端用户追捧的娱乐消费方式。移动音频具有内容丰富、使用便利等特点，其伴随性特征满足了用户碎片化收听的核心需求。

（一）按照性别和年龄的内容布局

1. 深受女性欢迎的音频类目

对于女性来说，她们主要关注的领域就是情感、轻音乐、娱乐、魅力养成、婚姻、家庭、星座、八卦、情话等。

根据年龄段分：18～30 岁的女孩，主要对情感、娱乐、星座、八卦、情话、轻音乐等话题比较感兴趣。30～40 岁的女性，主要对魅力养成、家庭、婚姻等话题比较感兴趣。

不同年龄段的人关注的话题不一样，30 岁以下的女性，很多都会关注情感、励志心灵鸡汤类的话题，当然女性也更喜欢一些八卦的话题，在感情方面也有独特的个人见解。而对于 30 岁以上的女性，正是建立家庭的阶段，这些女性会主要关注有关婚姻类的话题，如何让自己婚后的生活变得幸福，对幸福家庭的建立有非常大的想法，同时也想让自己变得更加有魅力，不仅是外在，内在魅力提升也极为重要。

2. 深受男人喜欢的音频类目

男性主要感兴趣的领域是相声、历史、经典老歌、创业、汽车、军事、体育、社交、励志、新闻等。

18～30 岁的男性，主要对创业、汽车、社交、励志、新闻等话题比较感兴趣。30～40 岁的男性，主要对相声、历史、经典老歌、体育等话题比较感兴趣。

不同年龄段的男性关注的话题也不一样，年轻小伙子多半会对选购好的汽车、体育话题、社交话题聊得比较多。而一些成熟男性，他们想的主要是怎样创业、怎样提升个人收入，同时在业余时间也喜欢听相声、历史类的节目。

（二）知名音频平台的内容布局

1. 喜马拉雅 App 的音频内容布局

喜马拉雅官网显示，喜马拉雅目前布局的内容矩阵包括有声书、音乐、相声评书、情感生活、历史、商业财经、人文、教育培训、旅游、健康养生、二次元等多个品类。丰富的内容矩阵是喜马拉雅能够保持高用户渗透率的主要原因。喜马拉雅 App 的音频内容主要分成四个梯队：

第一梯队：有声书作为头部音频栏目，通过将独家版权内容 VIP 化，来提高用户的忠诚度。

第二梯队：儿童、人文、外语、相声评书、教育培训等栏目是知识付费的重要领域，通过打造 IP 节目、推出专属 App、运营专属公众号等方式，来培养用户的付费习惯。

第三梯队：音乐、情感生活、娱乐、头条等栏目的主要目的是满足普适性的大众需求，增加用户活跃度，占据用户的碎片时光。

第四梯队：用于满足用户的长尾需求，打造大而全的音频平台。

2. 一点资讯音频栏目布局

一点资讯作为国内领先的内容聚合类平台，与今日头条、腾讯新闻并称国内三大内容平台，内容涵盖历史、文化、娱乐、财经、汽车、体育等数十个方向。从目前一点资讯 App 端整体布局可以看到，官方十分重视音频内容，将音频频道入口放到了底栏中央位置（这也是整个 App 的最佳入口位置）。目前，一点资讯的音频栏目内容囊括有声书、音乐、娱乐、相声评书、资讯、脱口秀、情感生活、历史、人文、英语等 30 多个类别。

一点资讯除去将此前在内容方面深耕的娱乐、资讯、财经、科技等内容搬到音频平台上外，还加入以下几大元素：

（1）教育内容。包括英语、法语、德语、日语等语种音频内容，职场教育、演讲、心理学等社会实践类专业内容，同时引入马东、蔡康永、乐嘉、熊浩等知名 IP 知识类内容的“名校公开课”，这些内容同时也是当下学习资源中实用类内容，适用性强，需求度广。

（2）儿童内容。儿童对于语言类内容更为需要，当下智能音箱、智能电视均突出了儿童内容这一卖点，一点资讯此次加入的音频内容也特别加入针对儿童的音频内容，诸如伊索寓言、格林童话等睡前故事，三字经、百家姓等启蒙内容，以及小猪佩奇、一禅心灵庙语等知名 IP 娱乐内容。

（3）个性化内容。一点资讯在新增音频内容中还加入了诸如 3D 体验馆、电台、诗歌、二次元、戏曲、时尚生活等针对不同人群喜好的个性化筛选内容，在兼顾内容覆盖广度的同时，加强垂直内容的深度。

3. 蜻蜓 FM 的音频内容布局

蜻蜓 FM 的音频内容，已覆盖文化名家、女性、新青年、财经、儿童成长、原创自制、超级广播剧、影视 IP 等在内的九大内容矩阵。蜻蜓 FM 推出了全新九大内容矩阵、3 年 10 亿现金扶持的主播生态战略及“两出一入”的国际化战略，宣布将全力打造“中国最有品质的音频内容平台”，引领行业迈进新的发展期。

（1）“一出”是指蜻蜓 FM 中文内容的文化输出将通过亚马孙 Audible、全球最大图书馆有声书供应商 OverDrive，以及第二大图书馆有声书 Hoopla 等合作伙伴“借船出海”，首批覆盖 60 种语言和 103 个国家，其中包括“一带一路”沿线 65 个国家。

（2）“二出”是将上线蜻蜓国际 App（Dragonfly FM International），聚合和自制多语言外文有声内容来服务全球用户。

（3）“一入”则主要是指蜻蜓 FM 已在今年上半年正式加入美国有声读物出版协会（Audio Publishers Association，简称 APA），并将引进有着音频奥斯卡之称的奥帝奖历年获奖作品等全球优质有声作品，其中，《饥饿游戏》《都铎王朝》等热门 IP 位列首期引进的作品阵容。

从人文领军的九大内容矩阵、赋能音频生产的主播生态战略，到与全球文化融合共振的国际化战略，蜻蜓 FM 打造的全场景、全内容链、电影级音频内容服务正重构着人们对音频内容消费体验的认知，而其底层的全新内容生态体系，也为网络音频行业的演进奠定了新的格局。

4. 腾讯酷我音乐“百亿声机”全领域长音频募集计划

为满足用户的新兴音频需求，酷我音乐推出的覆盖全领域优质音频内容的“百亿声机”计划，覆盖儿童节目、有声书、曲艺相声、两性情感、历史人文、自制内容等品类，构建了多元化、全品类的内容体系。在酷我音乐端内，偏向情感的用户可以收听到莫萱日记、程一电台等治愈系节目；有声书用户则可收听到当前正热的《庆余年》《斗破苍穹》等原著小说；曲艺相声爱好者还可重温单田芳、刘兰芳等大师的经典杰作。此外，还有专门为儿童准备的米小圈上学记、凯叔西游记，专为文艺青年、历史咖准备的为你读诗、绝密档案，以及自制的国宝、体育等音频节目。酷我音乐已与阅文集团、纵横中文网、17k 小说网、有妖气等合作伙伴达成合作，目前已吸引唐家三少、酒徒、丁墨等头部作者，以及亿级网络电台主持人程一、社会学家李银河等头部 KOL 入驻。

在多元化内容体系的支持下，“百亿声机”有望覆盖海量用户，满足用户多种音频内容消费场景，从而持续为用户提供丰富的“声态圈”资源。

三、音频典型用法

音频能有效解放视觉，利用听觉获取信息。归纳发现，音频的使用大致有以下几种方式：朗诵原文、广告推广、提问互动、采访曝光以及播放音乐。以下将对这几种方式进行具体探究。

（一）朗诵原文

将文字内容录制成音频能适用于更多的使用场景。使用音频获取信息能解放视觉，音频的这一基础特性成为音频最普遍的使用方式。根据自身内容属性，时事类账号多开设时事新闻整合播报栏目，情感文摘类账号多以温暖舒缓的朗诵助眠。根据计算，朗诵的速度约为每秒 4 个字。

实例分享

来源：“小北”微信公众号

分享：运营五个月后粉丝破百万大关，正式加入百万大号的队伍。“小北”主打电台 FM，每晚 9 点 9 点零 9 秒会准时推文和大家说晚安，“用声音和文字治愈每一个孤独患者”。

知识延展

公众号文章的功能特点：人际互动、信息共享、认知共识、愉悦共鸣，与之对应也就要求公众号主播的声音同时具有日常性和艺术性。

日常性：公众号鲜明的拟人际化交流的特点要求主播即使“眼前无人”，也要“心中有人”，声音状态真实、真诚，以日常发声为基础。但是主播的日常发声不同于日常口语，主播的语言应该是“精粹口语”，清晰度、信息量、持久性、穿透性都高于日常口语的要求。

艺术性：公众号文章主播“以事醒人、以理服人、以情感人”，还要“以美愉人”。既然有传播美的功能就要有艺术性，但是它的艺术性区别于朗诵、话剧、曲艺、声乐等纯艺术形式，纯艺术形式的情感表达比较夸张，通常用强烈的表达欲望、浓烈的情感外化能力来获得超强的感染效果。公众号主播的艺术性则不同：在情感体验上，公众号主播大多通过真挚、平实的方式启迪和激发受众内在心理感受与情感体验。

总而言之，公众号文章主播的声音状态应该是——真挚、平实的精粹口语。

（二）广告推广

将广告宣传录入音频也是常用玩法之一，音频由此成为活动的广告位。同道大叔常用音频宣传其品牌“道仔文化”，有时也将音频位置出售给广告主，并直接将广告产品展现在音频标题当中。

实例分享

来源：窦涛“百车全说”喜马拉雅号（2020-07-23）

分享：窦涛曾是一家普通汽车4S店销售，更是一个懂车的话唠。其在喜马拉雅上主讲的电台节目《百车全说》累积播放已达4.73亿次，吸引了34.4万爱车的听众。其在“国车红旗HS7如何做到‘有里有面’”一期中，深度探讨红旗HS7的四个“面”和“里”，即设计、空间、配置、安全及发动机、变速箱、底盘，分享驾乘感受，对国产红旗汽车做了很好的推广和宣传。

（三）提问互动

音频不仅仅是运营者一个人的独白，还能与用户产生互动。账号“说出我们的糗事”在图文顶端以音频提出一个激发用户兴趣的热点问题，引导用户进行关键字回复获取答案。这种方式与“罗辑思维”引导用户回复获取文章相似。

（四）采访曝光

音频相较文字更为形象，具备更强的感染力。不少民生类账号常在正文中以音频的形式援引被访者发言，在有效规避风险的同时又增加有效的信息。

（五）播放音乐

运营者将音乐以音频的形式上传至素材管理中心，之后添加至图文信息中。

另外，对音频时长进行解析发现：时长为1～5分钟的数量最多，占比高达40%，为市场主流；占比其次的音频是5～10分钟，占比约为28%。但是对比数据发现，1～5分钟时长的音频逐渐减少而5～10分钟时长的音频增幅明显，其余时长的音频变化趋势不大。5～10分钟的音频或为发展趋向。

任务二　音频素材采编

一、音频采集工具

除了内容本身，录制专业级音频的重要影响因素之一就是音频质量。“出色音频”的定义可能是主观的，但我们在录制时要确保清晰、无失真的出色声音和最小的环境噪声，这是专业录制的基本要求。要实现这个基本要求，我们要考虑众多录制环境因素，如录制经验、合适的设备以及调试时间，这些都是缺一不可的。

（一）房间

要想拥有专业级的音频质量，虽说不需要花大价钱依靠专业声学测量仪器来改造录制环境，但综合考虑交通噪声、其他环境噪声等不确定因素，并根据不同因素采取不同措施还是很有必要的。

最简单的办法就是购买一些专业声学吸音海绵，把海绵贴在录制空间的反射表面，或用吸音海绵 DIY 一个隔音罩。同时将地板铺上地毯，在窗户面挂上多重厚窗帘，保持桌面干净，以减少任何近距离的声音反射。录制时尽可能地远离墙壁。测试背景噪声是否还存在，较好的检测方法就是使用耳机监听，做几个小测试并尝试模拟不同场合下的音质效果。

（二）计算机

一般来说，在个人的小型音乐工作室里，所有工作都要由计算机来完成。制作音乐，建议自己装机而不要买品牌机。用来制作音乐的计算机最好使用扩展位多、散热好的大机箱，专业用户可以选择服务器专用机箱；主板建议使用 Intel 原装主板或使用 Intel 芯片的佼佼者主板，以保证系统的稳定和兼容性。

（三）声卡

声卡是计算机中与声音处理有关的设备，也是最重要的硬件设备之一。录音时，来自话筒或调音台的音频信号都要经过声卡进入计算机，因此声卡的质量是至关重要的。我们使用声卡主要是使用它的音频处理效果。在录音时，声卡上的数模转换器将来自麦克风的仿真信号变成数字信号，回放时则相反。专业的录音声卡抗干扰能力很强，有的音频工作站系统使用昂贵的全外置数模转换器来彻底将声音处理芯片与计算机隔开。

我们习惯将声卡分为民用声卡和专业声卡两种。民用声卡并不是不可以用来录音，但专业声卡在音质和性能上肯定要超过民用声卡。

（四）麦克风

麦克风是直播/录制时的关键工具之一，与任何音频制作流程一样，选择合适的麦克风类型非常重要。这并不意味着最昂贵的麦克风就能录出较好的效果，但使用一款高质量且适合人声的麦克风可以产生准确的原始音频，这是非常重要的。

因此，动圈麦克风或电容麦克风就是较佳选择了。动圈麦克风坚固、耐用，可以很好地降低环境噪声。电容麦克风则能提供更为清晰与沉稳的音色，但是电容麦克风比动圈麦克风更敏感，所以往往会容易录入更多背景噪声。因此如果录音环境不完全隔音，动圈麦克风会是更好的选择。

（五）监听设备

首先要说的是，监听音箱和我们平常的家用的欣赏音箱不是一个概念。监听音箱的声音毫无修饰。而欣赏用的音箱都是带有修饰的，这会蒙骗我们的耳朵。如果有可能，建议选购一对专业的监听音箱。

但使用民用的多媒体音箱也不是不行，因为毕竟不是每个人都买得起专业监听音箱。这就要求摸清我们所使用的音箱的“脾气”，做到心中有数。比如知道我们的音箱低音比较厚，就要让低音稍小点。另外，借助频谱仪软件，混音的时候就可以很清楚地看到各个频段的情况。

（六）录制软件

1. Windows 自带录音软件

可以通过“控制面板 → 声音 → 录制”打开录音机，Windows10 中的录音机叫语音录音机。Windows 录音机一般默认的是录制外部输入（麦克风设备）的声音，若修改为录制“立体声混音”，就会录制电脑内部播放（播放器音源）的声音。

2. PC 端专业录音软件

Adobe Audition（aa 录音软件）是一款完善的工具集，其中包含用于创建、混合、编辑和复原音频内容的多轨、波形和光谱显示的功能。这一强大的音频工作站旨在加快视频制作工作流程和音频修整的速度，并且还提供带有纯净声音的精美混音效果。

录音精灵是一款能够极大提升听觉效果的录音工具。它支持从各大音乐网站、视频平台及音乐电台录制音频流媒体文件。录音精灵能提供诸如 MP3、AAC、FLAC、WMA 等在内的多样化的输出格式，以便于在任意播放器及便携式设备中轻松享受音乐。

GoldWave 是一个功能强大的数字音乐编辑器，是一个集声音编辑、播放、录制和转换的音频工具，它还可以对音频内容进行转换格式等处理。它体积小巧，功能却不弱，可以打开的音频文件相当多，包括 WAV、OGG、VOC、IFF、AIFF、AIFC、AU、SND、MP3、MAT、DWD、SMP、VOX、SDS、AVI、MOV、APE 等音频文件格式，也可以从 CD、VCD、DVD 或其他视频文件中提取声音。音频处理特效丰富，从一般特效如多普勒、回声、混响、降噪到高级的公式计算。

3. 手机录音软件

录音宝是一款提供高质量录音、录音转文字服务的手机录音软件，与讯飞听见网站账号互通，手机和网站操作都方便，解决了常见的录音回听不方便、导出录音复杂、录音转文字耗时等问题。

风云录音机是一款强大的录音软件，支持各种场地的录音，不管是本地录音还是通话录音，都能满足用户的需求，一键开始录音还能随时暂停录音，就算来电通话也不会中断录音，时长没有限制。

二、音频采集内容

（一）音频节目的组成部分

音频节目是一门听觉艺术，其音频大致由三大组成部分：人声、垫乐、音效。以一期情感类节目为例，一般来说，一台音频节目分为四个部分，台宣（或片花）、开场白、内容、结束语。一般时长如图 4－6 所示。

图 4－6　音频节目组成部分

（1）台宣：譬如电视节目固定的开头短片，一来显得更正式，二来有一种仪式感。

（2）开场白：一个音频节目建议有一句固定的 slogan（广告语）；就像“期待与你相遇几分钟，不多不少刚刚好”一样，让人容易记住。开场中还要加上主播自我介绍以及对于本期节目的简单介绍，给听众做一个铺垫。

（3）内容：节目稿的内容一般是由主播或者编辑准备的，稿件大致分为两种：原创类稿件和内容搬运类稿件。原创类稿件有利于提升音频节目的品牌形象；搬运类稿件一般是文摘类，很多美文类公众号都是读别人的文章，当然此类方式必须要事先从对方处取得授权。

（4）结束语：可以针对节目内容和大家谈谈自己的想法，以及简单地告别。还可以在文末抛出和文章内容相关的问题，或是一个新的问题，会在下期或回复关键词给出答案。也可以做个下期内容预告，绑住你的听众。

（二）音频内容的采集准备

音频内容的采集主要分为前期、中期、后期三个阶段。在音频录制前期，我们主要是进行节目内容的具体准备工作，如节目朗诵的内容、音乐、封面图等，中期进行节目的录制和剪辑，后期要进行音频节目的包装与推广。本任务主要谈论节目前期准备。

1. 内容准备

建立音频节目的第一步就是明确定位，先问自己两个问题：“我的音频节目属于分类中的哪一类?”“我的音频节目大致推送内容是什么?”。图 4－7 为网易云音乐电台栏目分类。

图 4－7　网易云音乐电台栏目分类

第二步，确定选题，然后准备节目内容，基本上都要有节目稿件（脱口秀节目也要有话题提纲），内容一般是主播或者编辑准备的，分为原创类和搬运类。

2. 配乐准备

单纯的人声可能难以带动听众的情绪，我们需要根据声音的节奏搭配背景音乐。因此我们要收集整理好音乐素材。

(1) 配乐的搜索：一定要避免选择烂大街的配乐。可以搜索合适的背景音乐 BGM，也可以选取一些电影原声带，或者人物短片、纪录片、综艺节目类的背景音乐等，因为音乐能带动听众情绪。

(2) 配乐的选择：根据故事的节奏、情绪来选择背景音乐，比如在开头介绍人物信息这部分就可以选用比较平稳的音乐，在主人公遇到挫折的部分可以选用比较紧张、低沉的音乐，在努力冲破困难的部分可以选用比较激昂、励志的音乐，在结局的部分选用胜利平稳的音乐。

(3) 配乐的命名：为了在剪辑的时候可以快速找到自己需要的音乐，可以在每首音乐的名字里加上音乐属于哪一类情绪。比如偏向悲伤的音乐可以在文件名加上“悲伤一”。

三、音频采集方法

常见的音频数据采集方法有四种：直接获取已有音频、利用音频处理软件捕获截取声音、用麦克风录制声音、用喜马拉雅 App 录音。

(一) 直接获取已有音频

有许多声音素材网站，声音文件下载方法和其他文件下载方法相同，可以从网上下载，还可以从多媒体光盘中查找。常见的声音素材网站如下。

1. 爱给网

爱给网，原为音笑网，诞生于 2008 年，是国内较早提供音效、配乐和声音材料搜索服务和上传分享的专业平台，我们可以根据自己的需要查找声音素材。如图 4－8 所示。

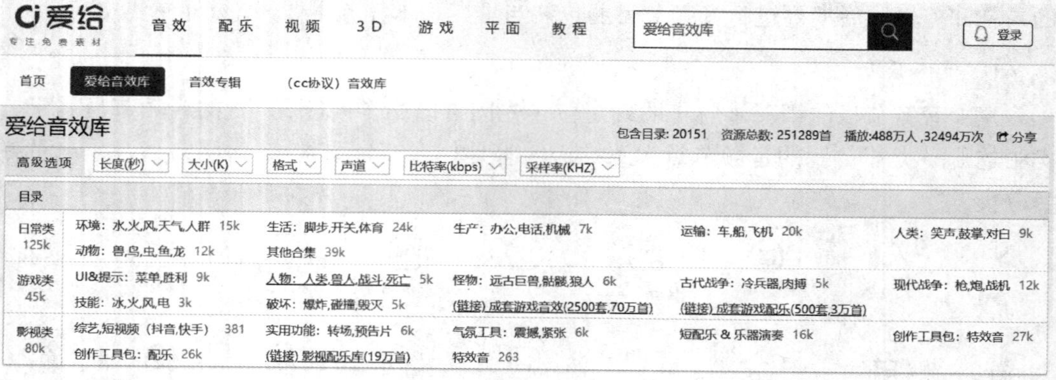

图 4－8 爱给网首页

2. 声音网

声音网提供海量音效素材和配乐素材，并且下载免费。

3. 公众号音频采集

微信公众号里有些优美动听的旋律或者触动心扉的话语，总是让我们忍不住想永久地保存下来。那如何把其他公众号图文中的音频或者音乐转载到自己的公众号上呢？

第一步，进入“小蚂蚁微信编辑器”网站，在“新媒体助手”菜单中找到“音乐/音频提取”，如图 4－9 所示。

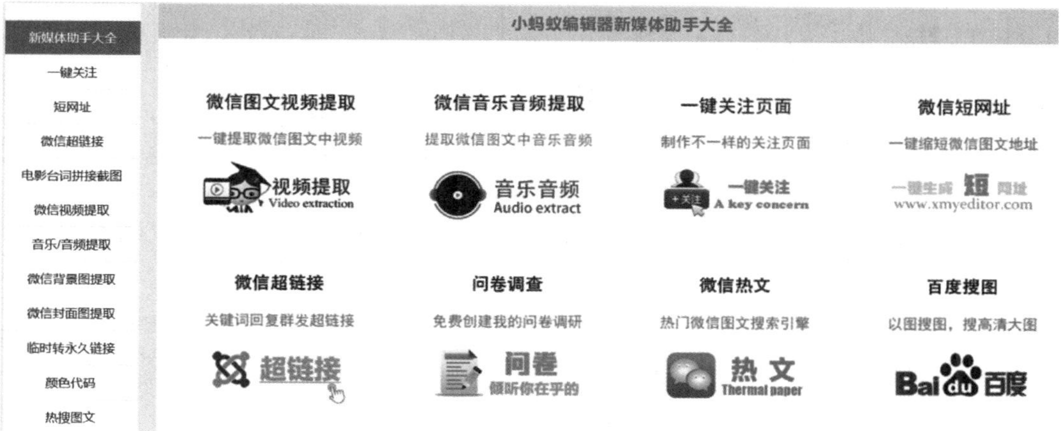

图 4－9　音乐/音频提取

第二步，复制含有音频或者音乐的微信图文链接地址。如图 4－10 所示。

图 4－10　复制音频链接地址

第三步，将第二步获取的地址填入“微信文章地址”框中，点击提取按钮。如图 4－11 所示。

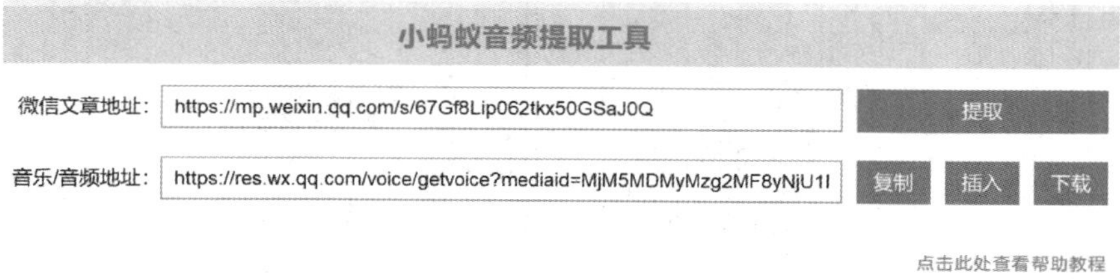

图 4－11　复制音频链接地址

第四步，文章中音频和所有音乐文件可同时提取，可以点击右侧的复制、插入、下载进行操作。点击下载可以将音乐、音频内容下载到本地电脑。

（二）利用音频处理软件捕获截取声音

剥离正在播放的视频中的声音，或从音频中截取一段声音。剥离视频中的声音，可以用“千千静听”软件，这款软件可以方便直接地转换音频格式，也可以用于剥离视频中的声音。具体操作是打开要转换格式的视频文件，在播放列表中用鼠标右键单击需要转换为 MP3 格式的视频，单击“转换格式”，在打开的“转换格式”对话框中，选择“编码格式”及保存位置，单击“立即转换”即可。

如果需要转换功能更全面一些，可以选用“格式工厂”，这是一个多媒体格式转换免费软件。它还可以实现大多数视频、音频以及图像不同格式之间的相互转换，具有设置文件输出配置、增添数字水印等功能。如图 4－12 所示。

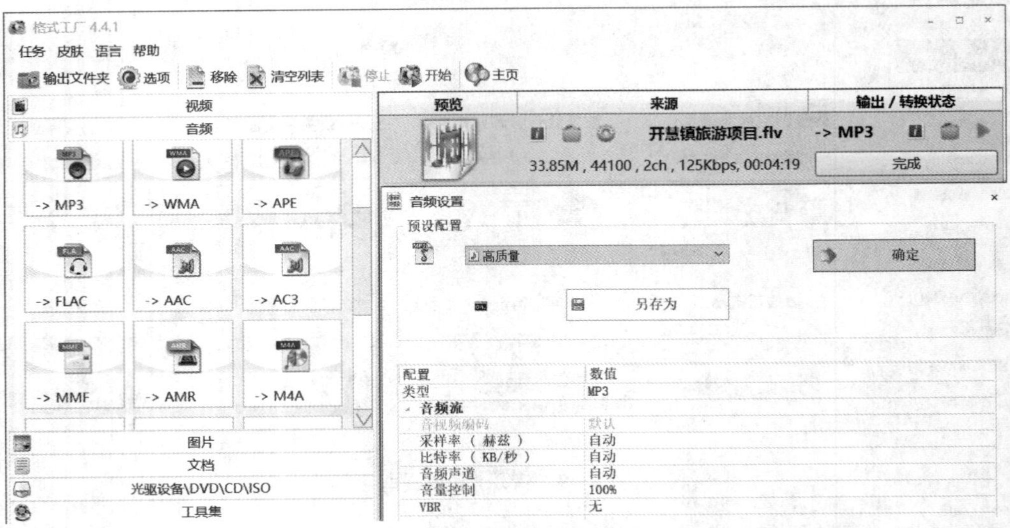

图 4－12　利用格式工厂剥离视频中的声音

（三）用麦克风录制声音

Adobe Audition 集编辑、混合、录制和复原音频等功能于一体，致力于提供业界优秀的音频清理、复原和精确编辑工具，可用于视频、播客和音效设计。

（1）进入“Audition”软件主界面，依次点击“文件→新建→多轨会话”命令，当然也可以直接快捷键“CTRL＋N”呼出。

（2）接下来设置好名称、频率，以及输出文件夹。如图 4－13 所示。

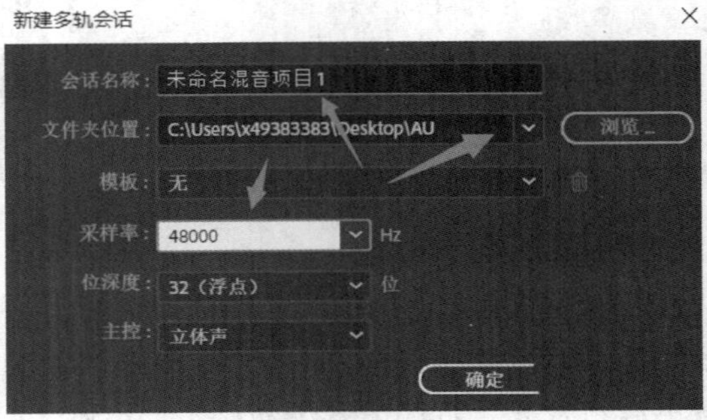

图 4－13　新建多轨会话

（3）建好项目后，点击如图 4－14 所示的录音“R”按钮，再点击编辑栏内如图 4－15 所示的录音按钮，便可成功录音。

M＝Mute，“静音”表示静音当前音轨（我们要听人声的时候可以把伴奏的 M 键点亮，就不会放伴奏）。

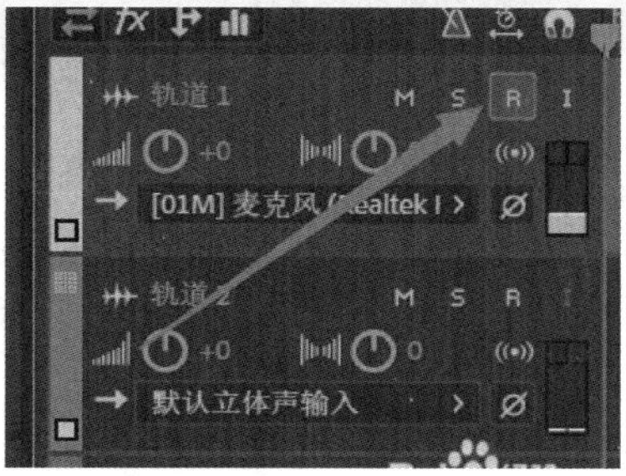

图 4－14　点击“录音”按钮

S＝Solo，“独奏”表示只播放当前轨（点亮 S，其他轨就算不静音也不会播放）。

R＝Record，“录音”表示点亮 R 键录音至当前音轨。

I＝Monitor input，“监听输入”表示点亮 I 键可以在耳机中听到自己的声音，即听湿录干功能。

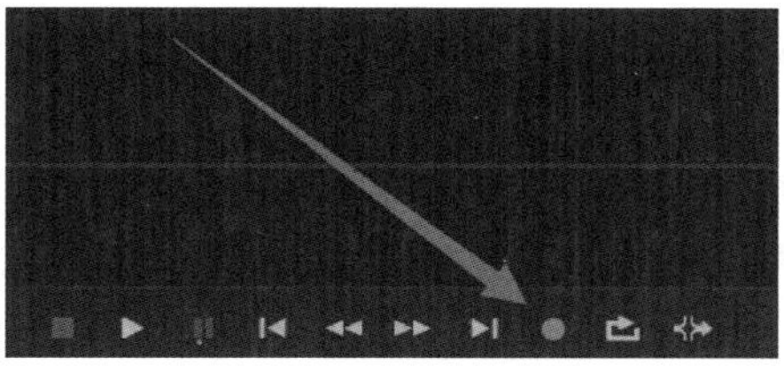

图 4－15　录音红色按钮

（4）对着麦克风说话，可看到音轨处有波形出现，即表示已经在录入声音了。录音完毕后再点击一下红色圆点按钮来结束录音。保存退出即可。

录制音频的注意事项：

（1）录音前：录音尽量不要开麦克风加强，音量大小后期会调整。

（2）录音时：留半分钟左右的空白，方便后期噪声采集；每句台词之间隔 3 秒左右空白，方便后期剪辑。话筒最好离嘴 5～10 厘米，与脸成 30 度角且在嘴唇上方，以防录进爆破音和喷麦。高音和激烈的时候话筒拿远一点。录制音频的时候不要开任何软件，包括 QQ、SKPYE、YY 等。

（3）录音后：同一天同一套设备的录音放在一个文件夹，不要混合放。不要自己降噪或者做混响，统一交给后期处理。

（四）用喜马拉雅 App 录音

荔枝直播、蜻蜓 FM、喜马拉雅等 App 都提供了手机录音的功能，用户在录制音频后可以加简单的后期效果，也可以直接上传录音节目。

（1）打开喜马拉雅后，点击右下角的“我”，进入主页；点击橙红色的“录音”按钮开始录音。如图 4－16 所示。

（2）录完一段声音后，点击“暂停录音”后可以开始剪辑，声音经过修剪后，可以点击左侧的“试听”按钮听一下效果，如果仍不满意，可以点击左下角的“重录”按钮，重新开始；如果觉得这段录音不错，剪辑恰到好处，可以点击“接着录”，继续录下去；总之，可以重复录制，直到满意为止，保存后可以给声音添加配乐。

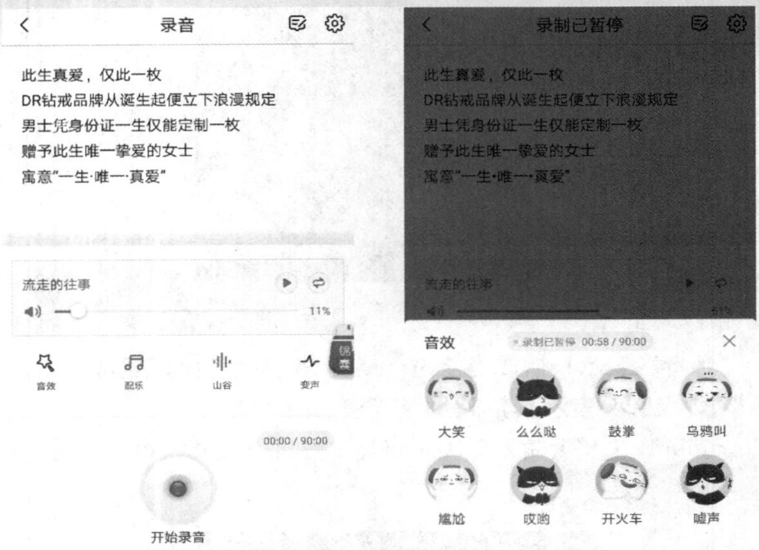

图 4-16　录制音频

（3）在图 4-17 所示的界面，选择“添加配乐”，可以控制伴奏音量的大小；在“变声”中，可以将声音变换成其他角色的声音；在“音效”中，可以适当添加不同的音效效果。设置完成后，可以试听作品，也可以保存到草稿箱，还可以直接上传声音。

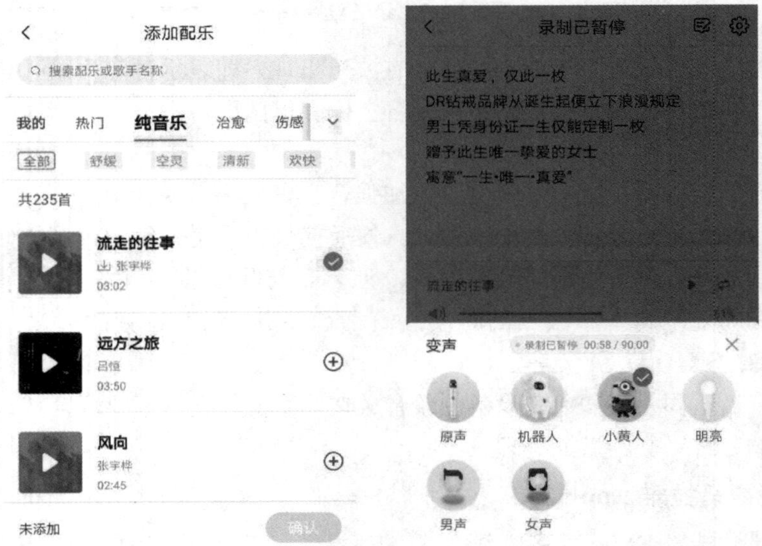

图 4-17　设置简单后期效果

任务三　活动运营实施

在新媒体运营过程中，一次成功的新媒体营销活动，不仅能快速吸引用户注意、扩大品牌影响力，还能无形中强化用户对产品或品牌的认知，进而促使目标用户做出贡献。而活动策划等前期准备工作是否到位，关系到整个营销活动的成败，故活动策划是新媒体营销者必须掌握和熟练运用的策略。

一、新媒体营销活动的准备

（一）活动开展的完整流程

新媒体营销活动分为线上和线下两种，相比而言，线上活动更注重创意和数据，线下活动更注重执行和细节。随着互联网的全面渗透，由于线上活动具备门槛低、互动多、传播快等特点，线下活动会更多地与线上活动相结合。但无论是线上还是线下活动，都必须具备策划、执行和收尾三大阶段。

1. 策划阶段

新媒体运营活动始于策划，运营活动超过一半的工作量都在策划阶段。策划阶段需要新媒体运营者完成阶段计划、目标分析、玩法设计和物料制作四个方面的工作，为后续两个阶段搭建起整体框架。

一般来说，新媒体运营者需要在每年年底结合节假日、周年庆等热点，制订下一年的年度活动计划。这样操作的作用体现在以下两个方面：

（1）制定全年活动的整体框架可以减少运营的随机性，防止运营者“临时抱佛脚”，不断追随热点而没有运营主线。

（2）规划全年的活动安排有助于相关执行者灵活安排时间，提前准备活动海报、活动文案等素材。

设计全年活动规划，首先需要梳理企业下一年的整体目标、新媒体整体运营规划和互联网热点预测评估，然后分别推导出年度活动的主题、月度活动规划及热点活动规划，最后汇总形成全年活动规划。如图 4－18 所示。

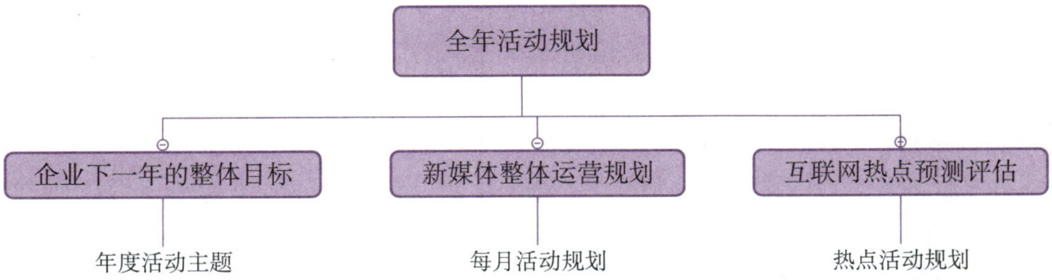

图 4－18　全年活动规划

根据全年的活动规划把活动整体目标拆解到每一次具体的营销活动中，根据目标、主题、目标人群分析来设计每一次活动的切入点、活动形式、活动设计等具体玩法。与此同时，根据策划的目的和要求，开始营销活动的物料设计、制作。物料既包括线下物料，如易拉宝、宣传单、条幅等物品，又包括线上物料，如活动海报、活动视频、活动文字。运营者必须提前将物料制作完成，防止由于物料缺失而延误其他工作。

2. 执行阶段

进入执行阶段后，新媒体营销活动才从策划变为落地。为了使策划阶段制定的工作目标顺利实施，运营者需要协调整个团队，在“活动预热、活动执行、活动监控、活动结束”等几个环节按照既定的方案精准执行。

在此阶段，企业需要利用各类新媒体平台，搭建有效的传播矩阵，使活动信息快速到达目标人群，不仅使目标人群了解活动内容，还要吸引目标人群参与。

此外，新媒体运营者还需要特别注意目标人群阅读量、粉丝量、购买量、转化率等相关数据的收集，为后期复盘提供基础。

3. 收尾阶段

在对外宣布活动结束后，新媒体活动的运营工作实际上并未结束。

一方面，新媒体运营者需要做好用户追踪、数据统计等工作，区分忠实用户与潜在用户，整理活动照片、视频、留言截图等，进行二次传播，为下一次的营销活动发酵奠定基础。

另一方面，新媒体运营者需要进行活动复盘，对活动效果进行评估，总结营销活动的经验，为后续活动的持续改进提供支持。

（二）活动策划的关键环节

一个完整的营销活动策划阶段包含了活动目的、活动主题、目标人群分析、活动切入点、活动形式与活动设计、活动预估等几个关键环节。

1. 活动目的

活动目的是活动策划的起点，是新媒体运营者想要通过活动达成的最终结果。只有明确营销活动目的，才能保证后续实施过程不偏离初衷，才有助于确认现有的资源能完成此次营销指标。

常见的新媒体营销活动目的有以下四种：

（1）吸引潜在用户关注。指的是能够快速吸引潜在用户的关注，提升新媒体账号粉丝的关注数量。

（2）扩大品牌影响力。一般指新媒体账号的文章、视频等内容的阅读量。

（3）增强关注用户的黏性。指的是粉丝自发的转发、留言、点赞、收藏、打卡等方式的互动。

（4）促进产品销售。引导用户产生购买行为，给品牌带来销售盈利。

具体的活动目的需要根据实际情况来确定，如果新媒体账号刚起步，可以通过做活动增加曝光量，吸引用户关注；如果新媒体账号已经具备一定的用户基数，可以通过做活动增强用户的黏性，保持用户活跃度，等到时机成熟，再通过一定的商业模式促使用户转化，促进产品销售等。

在确定活动目的时，需要注意以下事项：

（1）需求明确。在策划活动前，一定要明确企业想要通过这次活动达到什么样的目的。此外，活动一定要和企业的定位相符，不能为了做活动而做活动。

（2）目标清晰。确定活动目的以后，紧接着就是确定活动目标。活动目的往往比较抽象，如通过活动吸引更多的潜在用户关注新媒体账号，但究竟要吸引多少数量的粉丝，在什么时间段完成，这都需要通过确立活动目标给出明确的时间线和可以量化的数据。

如果无法给出非常具体的数字，大概的数量级也是要有的，因为这会影响之后的活动策划形式，比如：粉丝量从 6 万增加到 7 万和从 6 万增加到 10 万所采取的活动方式、需要的技术支持和资源投入等都是不一样的。

2. 活动主题

营销活动主题就是活动策划的点子。一个好的主题是活动的灵魂。营销活动主题是为了达成活动目的而制定的。主题制定好以后，宣传就有了着力点，接下来一系列的新媒体营销活动都应以这个活动主题为线索，围绕活动主题展开活动与交流。在新媒体营销活动中，活动主题往往直接体现在推文标题中。

案例链接

2018 年夏天，星巴克推出了全新包装、冷藏即饮的星怡杯，为了宣传这个刚刚上市的新品，星巴克与喜马拉雅跨界合作，玩起音频听觉营销，限量发售 300 万杯 #为此刻读诗# 特别版星怡杯。通过扫描星怡杯杯身上的二维码，即可聆听由暖心歌手光良、独立唱作人陈粒、辩论男神黄执中及其他二十位喜马拉雅优质主播带来的精选诗歌，用澄澈之声演绎徐志摩、戴望舒等名家大师的经典之作。如图 4－19 所示。

扫一扫　看原文

图 4－19　星巴克与喜马拉雅跨界活动

资料来源：当喜马拉雅遇上星巴克星怡杯，玩转跨界感官“星”营销．搜狐网．(2018－08－13)[2020－09－10].

【分析提示】

此次喜马拉雅和星怡杯共同打造呈现的收听式 H5，其页面选择了文艺清新的设计风格，主题为“让此刻，沁人心啡”。轻音乐背景，配上“在每天清晨，给你第一声问候；在无尽的琐事中，带来片刻浪漫；在回家路上，让你不觉得孤单”的“小清新”文案，营造出了一种都市情感主播用声音治愈的氛围。

3. 目标人群分析

确定营销活动目的和营销活动主题之后，需要着手分析活动的目标人群，即哪些人更有可能参与到此次或系列活动中来。人群不同，引起他们参与的“兴奋点”也不同，如：妈妈们一般喜欢分享关于孩子的事情，所以新媒体账号发起类似“最萌宝宝投票”

之类的活动虽然老套，但对她们来说，还是非常有吸引力的。只有了解活动针对的人群，才能够进一步确定具体的活动形式、活动内容。具体的目标人群分析，我们在项目三中做了具体介绍。

4. *活动切入点*

确定了活动的目标人群后，还要思考营销活动该从哪些角度切入。营销活动的切入角度主要有以下四种。

(1) 结合时间节点。很多时间节点不光有利于活动借势宣传，而且经常能成为做活动的理由。常见的有传统节假日、季节变化、纪念日及"历史上的今天"，也可以是"双十一""618"等大型电商节日。不同的节日有不同的标签，新媒体运营者可以从中挑出和活动主题相关的节日作为活动日期，如春节的关键词就是红包、相亲、春运，中秋节的关键词就是团圆，世界读书日的关键词就是书籍、阅读等。

(2) 结合时事热点。根据一些热点事件或话题，策划相关的营销活动。热点引起的话题效应和传播效应会让活动更广泛地传播。

(3) 基于产品本身的策划。如新品上市、春秋换季时，需要对产品展开营销活动宣传推广。

(4) 基于用户的需求和兴趣点。用户之所以会参加活动，无非是觉得活动对自己有价值，要么有用、有趣，要么能产生共鸣、有参与感，当然也可能是对自己身边的人有价值，如有些活动具有地域性，订阅用户无法直接参与，但可以将活动转发给相关好友。

5. *活动形式与活动设计*

新媒体营销活动的形式是指活动具体的创意表现形式。平淡无奇的营销活动无法抓住目标用户的注意力，丰富多彩的跨界活动和脑洞大开的营销活动创意，有助于营销活动效果的提升。

新媒体营销活动设计指的是设计具体的营销活动流程。在设计营销活动流程过程中，既需要考虑目标用户参与营销活动的便利性，活动路径不易过深，也需要考虑与幕后团队的协调沟通。

6. *活动预估*

营销活动开展之前，需要对活动的成本、效果、风险进行预估，以便合理规划经费预算，提早发现活动中可能存在的问题和风险，进行规避，并对活动结束后的复盘提供一定的参考依据。根据活动预估的内容可以分为以下三个方面：

(1) 活动成本预估。即对营销活动过程中的各项费用，如宣传成本、单个用户获取成本、活动奖励成本等，根据实际情况进行具体、周密的计算，并用清晰明了的形式列出。一般的营销活动成本预估包含新媒体日常维护、新媒体推广费用、活动实施费用等几个部分。

(2) 活动效果预估。不管是什么类型的营销活动，都要做一个保守的效果预估，无论是写在活动方案中的反馈，还是控制预算，都是非常有价值的参考指标。大体的预估流程是：先核算大概有多少曝光量，然后按照以往经验估算保守的转化比例，进而推出估计的效果数据，数据往往会取最小值和最大值。

（3）活动风险预估。即需要制定营销活动的风险控制方案和后备方案。新媒体运营者需要把每一次的活动风险降到最低，这就需要未雨绸缪，列出营销活动可能会出现的风险点，根据每个风险点给出对应的备选方案。风险点主要可以从技术、推广、法律、规则、作弊漏洞等几个方面考虑。

二、新媒体营销活动执行的关键环节

在营销活动执行阶段，主要需要完成活动预热、活动执行、活动监控、活动结束等几大关键环节。

（一）活动预热

对于营销活动来说，活动预热直接关系到整个活动能否顺利地实施，是活动成功的“带领先驱”。因为这涉及活动信息能否准确、及时地传递给目标人群。告知是一切活动执行的先行条件，而预热就是常用的告知手段。同时，活动预热还可以提高用户的预期值。因此，要开展好营销活动预热，需要完成以下几方面的工作：

1. 选好宣传渠道

做好营销活动的宣传预热，保证活动顺利进行和活动目标顺利实现，首先就要选好宣传渠道。新媒体运营者在选择宣传渠道时，需要考虑其渠道是否能为活动带来最大化的效果。

活动的推广渠道一般分为站内渠道和站外渠道。站内渠道主要指产品的介绍和推送等，站外渠道主要指资源互换、媒体或商家合作、名人推广等。

新媒体运营者在选择营销活动渠道时，需要考虑三个方面的问题：一是企业目标用户是否在此渠道比较聚集；二是此渠道能给活动带来怎样的宣传作用；三是活动是否适合此渠道的整体风格。

新媒体运营者可以将现有的营销渠道列成表格，确定活动的目标人群后，结合手上已有的资源及预算，评估各个渠道的推广策略，然后选择适合的渠道推广。

此外，推广时间和推广渠道是密不可分的。渠道确定后，要根据渠道用户的活跃时间进行推送。

2. 活动预热引流

任何一个新媒体平台都要经历用户由少到多、不断积累的过程。要保证营销活动顺利进行，首先需要解决预热引流中可能存在的以下两个方面的问题：

（1）活动本身设置合理性的问题。

如果活动的目标用户定位不精准、有效时间不清晰、活动流程不衔接、参与规则不明确、奖品不够有吸引力、宣传文案表达不到位，用户就无法参与营销活动。这时通过活动预热，能够及时发现问题并进行修正，从而提高用户的热情和参与度。

（2）活动广告位不够的问题。

运营者需要先根据以往经验和数据提前获取一个广告位的受众数量，然后找到负责广告宣传的主要相关人员，协商选择与目标用户匹配的广告位和加大广告的宣传曝光力度的方法，最终实现提供广告投放的用户转化率。

3. 活动预热内容

活动预热就是要告诉目标消费者具体的活动内容和参与方法，因此，新媒体运营者在活动预热过程中，需要注意以下几个方面：

(1) 参与方式。

活动预热的页面不宜过深，越简单越好，如：点击“阅读原文”或链接、图片等直达活动页面，微信公众号后台回复某关键词，直接在留言区留言等。新媒体运营者要充分发挥不同新媒体平台的功能，提高用户参与活动的便利性，减轻营销者统计时的工作量。

一般来说，根据目标受众的具体情况，门槛越低越好。门槛越低，就能吸引越多的用户参与进来，有助于营造良好的活动开展前的氛围，形成良性循环。

(2) 活动规则。

永远不要让用户去猜，要让用户看到活动页面后，一眼就能看出要做什么，能得到什么。除非是有意而为之，如创意需要等，否则不要使用太过晦涩的表达，以防造成用户理解困难或理解错误，打击用户参与的积极性，甚至引起用户的反感。

除了规则设置要简单外，规则的表达方式也要简洁，尽量使用精练的文字、简短的句子，实现活动信息的有效传达，防止用户因繁长的语句而反感。

阐述活动规则时，可以把核心规则放在活动页面的显著位置，具体规则和其他说明放在页面底部。此外，还需清晰地告诉目标受众活动时间，写清楚营销活动具体开展的时间区间，最好具体到分钟，可以使用加粗、改颜色等表现形式来突出活动时间。

(3) 关于奖项。

在奖项设置方面，一定要明确设几个奖项、奖项的名称、奖品的获取方式等内容。选择的活动奖品要切中用户需求，也要考虑活动预算，最好还能与活动主题产生关联。此外，获奖概率的设置要合理，概率过小，用户缺少参与激情；概率过大，用户获取成本太高。

在评奖规则方面，要从用户的思考路径来引导用户完成营销活动。

在奖项公布方面，要说明获奖名单公布的时间、地点及领取奖品的时间、领取形式。还可以通过录制抽奖实况视频等形式，证明活动的公正性。

特别声明方面，根据活动的具体情况，还需有防止作弊的提示。

总之，活动奖项应该激励用户参与营销活动，要把参与营销活动的奖励放在活动页面的显眼位置。

案例链接

基于对年轻消费者清火需求的精准洞察，片仔癀牙膏以跨界合作的方式，联合凉茶行业领导品牌加多宝，线上音频独角兽喜马拉雅，以声音营销为创新突破口联合发起“清火行动”，从口腔、身体、心理三方面，通过年轻人喜爱的沟通方式，线上联动线下，打通营销闭环，打造出一个独具特色预防上火的解决方案。如图 4-20 所示。

1. 线上发起“拯救上火计划”，以一场拯救上火音频问答挑战赛完美匹配用户清火需求，在生理和心理层面都直接击中了年轻受众的痛点。借助“拯救上火音频问答挑战赛”这个杠杆，以用户的“上火”困扰作为沟通支点，突破兴趣圈层限

图 4-20　“拯救上火计划”活动

制，以共情激发大量用户的参与。

2. 线上互动以声音为创新点，结合上火特定场景推出声音测试 H5，通过好玩新奇的方式植入清火理念，提高三方品牌在消费者心中的渗透力。

3. 借势平台主播效应，产出优质分享与传播内容，助推话题在平台爆发式传播；借助头部主播内容定制清火音频节目，如平台口碑榜第一的《段子来了》、情感类节目《默默道来》、经典阅读《上官文露读书会》，为消费者带来一波心理清火之旅。在话题回答中，预埋主播结合节目调性和特定场景的上火困扰与清火知识，潜移默化中植入片仔癀和加多宝降火功能的问题，打造联动效应。

4. 在推出“拯救上火音频问答挑战赛”撬动线上品牌声量的基础上，线下在上海月星环球港打造“清火潮研所”网红快闪店，将这场“清火绝配”的跨界合作影响力延伸到了线下场景中。借线上挑战赛内容赋能，以声音互动为核心，从专属上火数值测试、到视听触 360°沉浸接收降火秘籍，与消费群体展开一场细腻的沉浸互动对话。让消费者深度感受“清火”的新奇体验之余，形成超强“清火”记忆点。

5. 传统与潮流跨界共生，联合推出“联名礼盒”。“清火礼盒”内含片仔癀牙膏和加多宝经典红罐凉茶，并且附赠喜马拉雅 VIP 卡，为消费者提供由口腔到身体再到心理的清火服务，让消费者更直接地感受这对“清火 CP”的功效。

6. “清火 CP”五城联动，花式预防上火嗨爆美食狂欢夜市；片仔癀牙膏和加多宝开启杭州、成都、深圳、武汉、东莞五大城市美食狂欢夜！有混搭、有态度、有玩乐！以年轻的姿态、创新的玩法，让消费者打破了对传统老品牌的固有印象，带来全新的美食体验！

扫一扫　看原文

资料来源：跨界营销玩出新潮态 片仔癀牙膏 & 加多宝打造“清火”最强 CP. 百家号. (2019-12-27) [2020-09-10].

【分析提示】

现在年轻人流行一边熬着最深的夜，一边孜孜不倦地养生。从生活到工作，从口腔到身体层面再到心理层面，年轻人会被太多无可奈何和无处发泄的“奇难杂火”困扰。片仔癀牙膏携手加多宝凉茶，联动喜马拉雅，三大品牌跨界联合，直击当代年轻人生活中处处可见的“上火痛点”，发起“清火行动——内外清火，拯救上火”，片仔癀牙膏解决口腔上火，加多宝凉茶预防身体上火，喜马拉雅清心灵之火，以共同的“清火基因”为链接点，传播品牌降火功效，上演一场CP满满的国潮跨界。

（二）活动执行

从用户看到营销活动内容到操作结束，每多一个环节，就会折损一部分目标受众。因此，目标受众对参与营销活动的体验感非常重要。

1. 活动指引要清晰

一个新的营销活动出现，总是会有不同的营销活动流程，新媒体运营者需要清晰地把营销活动流程展现给用户，才能让用户顺畅地体验活动。而要想把活动流程清晰地展现给用户，就需要做好营销活动页面上的指引工作，让用户在体验活动的过程中，能轻松地按照活动页面的指示参与活动。

具体来说，为避免对用户的浏览造成干扰，需要活动页面的颜色搭配，图片、文字、视频的活动文案内容安排，活动的表现形式和布局等三个方面保持一致性，确保活动页面的活动指引的清晰度。

2. 活动环节要安全

出于对营销活动执行的安全性考虑，首先应该在参与活动需要的用户信息上进行权衡，应该把营销活动规则中需要的用户信息设置得尽量少一些。对于新用户来说，为提升其参与度，不让其产生疑虑而放弃，尽量不要涉及用户隐私及与用户利益有相关的信息，如身份证、人脸识别、银行卡等信息。

当然，老用户由于其已经对新媒体企业产生信任，对营销活动的参与度会大幅提高。企业和商家如果想获取更多的用户信息，可以用其他的方式引导他们输入。基于此，在设置营销活动规则时，应该进行级别设置，把老用户和新用户区别开来。

然而，无论是老用户还是新用户，在营销活动过程中，都应该注意确保用户的安全性，不能把用户的任何信息泄露出去。特别是老用户的敏感信息，更要特别加以保管。

3. 活动跳转要少

一个完整的营销活动过程，并不是都可在一个页面上完成的，有些活动从开始到结束，需要在不同的页面跳转。这里的“跳转”包括以下两种形式：

（1）不同层级页面的跳转：当活动从开始到结束包括两个或两个以上层级时，需要在代表不同层级的活动页面间跳转。

（2）不同平台页面的跳转：当活动从开始到结束跨越不同平台，需要在第三方平台上进行操作时，需要在不同平台页面间跳转。

然而，不管是怎样的跳转，对于营销活动参与者来说，还是越简单越好。因此，新媒体运营者在进行营销活动开发和执行时，最好把活动操作汇总到其中一个或两个页面上，减少页面的跳转。只有这样，才能让用户更好地、无间断地体验活动参与过程。

4. 响应要迅速

营销活动的页面响应速度与用户跳出率之间是正比关系，响应速度越快，用户跳出率越低；反之，响应速度越慢，用户跳出率越高。

一般来说，用户选择跳出某一平台，大多数会在7秒左右执行操作。这一数据对营销活动来说，意味着大部分人没有完整的体验营销活动，同时，也意味着这一群人没有足够的时间浏览完完整的活动流程就选择退出了，这会直接影响营销活动的运营效果。因此，对于新媒体平台页面的响应速度，新媒体运营者最好设置在7秒以内，不要让用户因为等太久而中途退出营销活动。

（三）活动监控

在营销活动开展过程中，需要新媒体营销者实时监控整个活动的过程，看活动是否在预期的轨道上，并在确切的数据指导下，对影响活动顺利进行和实现活动目标的情况及时进行调整。监控的内容主要是以下几个方面：

1. 活动节奏监控

新媒体运营者对营销活动的节奏控制十分关键，因为活动的节奏会直接影响到活动的效果。节奏太快，目标受众跟不上，只有放弃参与；节奏太慢，受众等待太久，也会中途离开。合适的节奏才能增强活动效果。想要制造出合适的活动节奏需要从氛围节奏、时间节奏和流程节奏三个方面入手。

控制氛围节奏的方式在营销活动中十分常见，通过运用“饥饿营销”的方法，在消费者中形成一种强烈购买意愿的氛围，再激发消费者抢购。

控制时间节奏就是在营销活动的关键时间，将表现活动目的的关键内容呈现出来。

控制流程节奏指的是营销活动的各个环节，需要在规定的时间内完成，不能让个别环节拖延或仓促进行。

2. 活动数据监控

一般新媒体账号的线上活动，需要在活动过程中随时调出活动的曝光量、转发量及用户回复情况。

新媒体运营者要对数据波动情况有心理预期，明确数据波动范围，如果超出波动范围，出现异常情况，需要及时追查具体原因，给出应对方案。

3. 用户数据监控

用户数据监控主要指的是对用户后台的留言反馈数据的监控。在营销活动进行过程中，参与用户经常会提出某些疑问，此时就需要运营者及时对疑问进行回复，回复的类型分为三种。

（1）自动回复：用户会针对营销活动中不清楚的地方在新媒体账号中进行提问，内容多为活动时间、活动参与规则、奖项公布时间和方式、奖品领取方式和时间等。这些既定内容可以做成自动回复的形式，告知目标受众。

（2）关键词回复：指在营销活动中，通过回复具体的关键词内容，引导用户进入下一环节或页面。

（3）人工回复：针对用户的一些特殊问题，营销者需要进行一对一的回复。在回复过程中，为了提高回复效率，可以利用之前准备的 FAQ 文档快速响应。

新媒体运营者要注意收集营销活动过程中的用户反馈和讨论、重要截图等资料，这些不仅可以为最后的活动复盘做准备，而且可以用于二次传播，放大整改活动的价值。

运营者要盯紧营销活动的发展，关注用户参与的状态，矫正活动过程的细节，保证活动的正常进行，并且要善于发现活动中的亮点，找到活动中的人、事作为爆点并进行推广宣传。如果活动中出现一些优质的参与者，可以额外借势作为单点推广。

（四）活动结束

活动过程结束，只是相对于用户来说的，对于运营者来说，并没有结束，还有后续工作需要处理。其中，最主要的是关于活动结果公布和活动奖品寄送。

1. 活动结果公布

在公布活动结果时，需要注意做到以下几点：

（1）简单说明活动的参与情况，满足用户的好奇心。在公布活动结果时，要注意受众用户要和活动上线时的受众用户一致，确保参与此次活动的获奖者和未中奖者都能看到活动结果。

（2）说明领取奖品时的注意事项，方便用户领取。同时，提供用户申诉和询问的渠道，以开放的态度面对后续可能出现的问题，类似于售后服务。

（3）尽量做到透明、公正。严格按照活动规则执行和公布。公布结果时，可以列出每一位获奖用户的头像、ID 号、获得的奖项。不要有任何歧义或隐瞒。还可以通过录屏等方式记录产生获奖名单的过程，减少用户对活动公平性的猜疑。这关系到企业在用户心中的信用。

（4）对所有参与营销活动的用户表达感谢之意，鼓励未中奖的用户继续关注新媒体账号。对活动进行再次传播，这也是营销活动中非常重要的一环，且非常具有品牌价值。

2. 活动奖品寄送

为了确保活动的奖品能顺利被用户接收，在开展营销活动时，除了用户上门当面领取，还可以采用邮寄的方式发放奖品。

在寄送奖品时，需要用信息的方式通知获奖人员及时收取。当寄送实物奖品时，需要登记中奖者信息和物流单号；在发放虚拟奖品时，需要登记中奖者信息和相应的虚拟奖品信息，并制作奖品登记表，对相关情况进行登记，以备查询和核对获奖人员是否及时收取奖品。

三、新媒体营销活动收尾的关键环节

在新媒体营销活动的收尾阶段，运营者面临着用户追踪、数据统计和活动复盘等几个关键环节。

（一）用户追踪

用户追踪主要指的是对参与营销活动的情况进行梳理和总结，分析哪些是优质忠实客户、哪些是潜在客户，对于获奖用户和未获奖用户要分别进行不同形式的鼓励。

1. 获奖用户

对于获奖用户，应该是运营者重点关注的群体。在发出奖品以后，可以通过鼓励其主动晒单等形式，延续活动的传播效果。

晒单不仅可以让获奖用户得到进一步的满足感，还能让更多的潜在用户看到奖品，扩大活动的影响力，如果是系列活动，通过维系与获奖用户的互动关系，为下一次活动的开展奠定良好的宣传基础，吸引更多的用户参与其中。

2. 未获奖用户

未获奖用户是参与过营销活动的用户，说明其对新媒体品牌有一定的认知，因此，对其参与活动表达感谢，以吸引其参与下一次的活动。

联系未获奖的用户，既要对其参与本次活动或系列活动表示感谢，给用户受到重视的感觉，还要向其推荐下一次的活动，并鼓励其参与。

3. 优质用户

对参与活动的用户，从参与度、任务完成情况、互动情况等多方面进行数据整理、总结和分析。弄清楚本次活动吸引了多少优质用户资源，并收集起来进行专门的维护。发掘优质用户进行重点培养，可以尝试联系优质用户，并保持长久的互动联系，为未来的活动蓄势，给新媒体账号之后推出的产品带来好的转化率。

（二）数据统计

数据统计要和一开始的营销活动目标、活动预告结合起来，才能对新媒体活动进行最有利的统计和评估。如果活动的目的主要是吸引用户关注新媒体账号，那么，就重点分析活动期间增加的粉丝数据及用户是通过什么途径关注的。

数据统计除了利用各新媒体平台自带的功能外，还可以通过第三方工具，如金数据、问卷星等进行统计。

衡量活动效果的数据指标主要有以下几种：

1. 阅读次数

阅读次数也就是平时所说的“阅读量”，指用户打开新媒体账号图文、视频等活动信息的浏览次数，这是衡量营销活动内容创意的关键因素。

直接影响阅读次数的主要因素是标题质量。如果标题没有吸引力，目标受众看到了活动信息也可能会视而不见。因此，一般活动的标题要直接突出活动主题，留置悬念，以吸引用户点击查看。

2. 分享转发次数

分享转发次数指的是用户对营销活动页面进行分享转发的次数。这一数据直接说明活动的覆盖面。一次良好的营销活动应该能够吸引大量粉丝转发分享，从而吸引更多的用户参与。

营销活动的内容和形式是否有吸引力，直接影响用户的分享转发数据，因此要想用户多分享转发，需要在形式上下功夫。

3. 原文页面阅读次数

原文页面阅读次数一般指的是用户点击文章阅读原文、图文链接等活动直接参与营销活动的相关页面链接的次数。

用户的黏性和活动的吸引力是直接影响本数据的主要因素。如果本次活动是目标受众感兴趣的，用户一般都会点击链接参与。

4. 留言互动人数

留言互动人数主要是指在营销活动期间，目标用户在新媒体账号进行互动、留言、反馈的情况。

留言、互动人数的多少直接说明此次活动的目标用户是否活跃，是否对本活动抱有浓厚的兴趣。活跃用户的情况会直接影响营销活动的参与情况。

5. 活动参与人数

活动参与人数主要指的是在营销活动开展期间参与活动的用户人数规模，是直观反映营销活动影响效果的关键性指标。

如果活动参与人数不够，主要的原因无非以下两个方面：

（1）营销活动的曝光量不够，目标用户没有看到活动内容。

（2）营销活动内容不够有吸引力。可能是活动内容过于复杂，使用户丧失了参与兴趣；也可能是活动的奖励机制不够有动力。

6. 用户关注人数

用户关注人数主要包括新关注人数、取消关注人数、净关注人数、累积关注人数等四个指标，这些数据对于吸粉引流活动尤其重要。如图 4-21 所示。

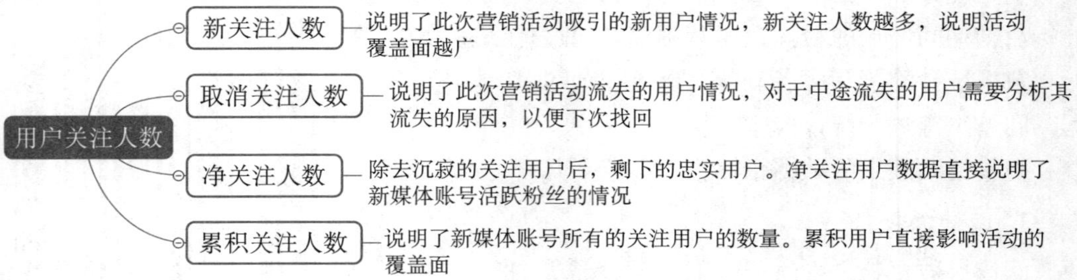

图 4-21　用户关注人数

7. 销售业绩

销售业绩是指通过本次或本系列营销活动带来的产品销售额。如果本次活动以销售产品为主要目的，则需要重点关注该数据。该数据直接关系到新媒体企业的经营状况，因此，运营者需要通过各种创意的活动吸引用户购买产品，以提升销售业绩。

8. 投资回报率

投资回报率是指在营销活动过程中，资源投入情况与所获得资源情况的比值。如获取单个用户所需要的成本、产品销售业绩的投入产出比等。该指标是衡量营销活动成功与否的关键，也是衡量营销活动是否值得开展的关键指标。

（三）活动复盘

完成一次营销活动后，一定要对营销活动的背景、目标、取得的效果、不足之处等方面，进行全面细致的活动复盘。只有对整个营销活动过程进行细致的梳理、分析、总结，才能凝聚成宝贵的经验，形成标准化的操作流程，之后的营销活动只需在此基础之上进行不断的完善。

进行活动复盘时，最好根据不同的对象，进行针对性的分析和总结。

1. 针对营销者本身

一方面，对这段时间的营销工作进行及时的总结，有始有终完成营销工作；另一方面，思考在本次营销活动执行过程中，是否存在问题，包括做事方法、人际沟通、细节处理等各个方面，从而提升自己的工作技能。

2. 针对上级领导和部门同事

通过活动复盘的形式汇报此次活动的最终收益情况。

对于上级领导而言，需要看最终结果来评判运营工作是否到位，项目每一步的进展是否达到预期。

对于部门同事而言，可以帮助其改善自己的工作，如果部门有新人加入，每一次营销活动复盘还可以作为新人入职的宝贵学习材料，帮助其快速熟悉工作内容和程序。

在进行营销活动复盘时，需要特别注意以下两个方面：

（1）复盘要及时。营销活动结束后，要在最短的时间内开复盘会议，此时很多营销活动执行细节和用户反馈都是最新状态，做复盘的可靠性比较高。

（2）反馈要重视。这里的反馈主要指的是参与用户在新媒体账号的留言反馈，这是极为宝贵的资料，有助于之后更好地举办活动，因此必须得到营销者的重视。

完整的营销活动复盘流程如图 4－22 所示。

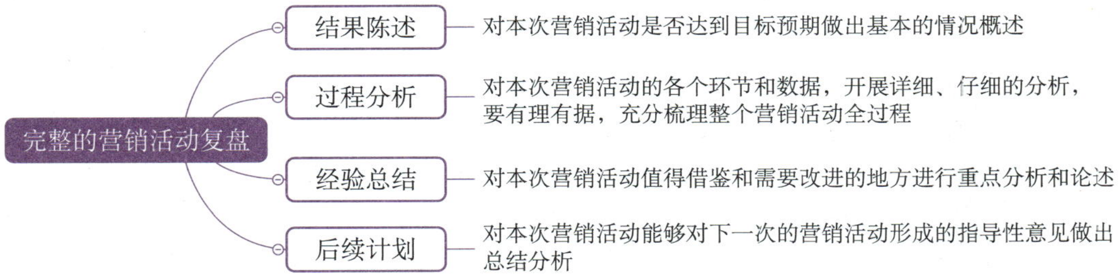

图 4－22　完整的营销活动复盘流程

案例链接

2019 年 4 月 15 日至 30 日，在雪佛兰科鲁泽新车上市之际，雪佛兰携手喜马拉雅发起“我为痛快代言”活动，喜马拉雅号召全站中小主播及用户参与其中，用家乡话为科鲁泽 TVC 配音，成为科鲁泽的“痛快代言人”！夜跑、美食、购物、自拍等 17 个生活中的“痛快”场景，让活动总曝光量达 2.3 亿。挑战赛过后，雪佛兰还推出了一支由各地方言演绎的科鲁泽 TVC 合集视频，持续制造话题。

资料来源：雪弗兰一口气出了 17 支 TVC，但！缺配音！. 搜狐网.（2019 - 04 - 19）[2020 - 09 - 10].

【分析提示】

魔性而又接地气的语言是打动年轻人的叙事外壳，而生活场景化的用车指南则是向消费者传递年轻化、时尚化生活方式的叙事内核。品牌聚焦年轻化，当下最有效的手段之一就是用年轻人喜欢的方式和语言去讲故事、做内容。

雪佛兰携手喜马拉雅发起的“我为痛快代言”活动是成功的，收获了 2.3 亿的曝光量。每次活动之后，对活动的每个环节进行复盘分析，还可以制造话题持续，增加曝光量。

四、新媒体营销活动的效果总结评估

在新媒体营销活动的效果总结环节，不仅要分析此次营销活动的具体效果，还要评估此次营销活动带来的长期效果，并用数据分析报告的形式呈现营销活动的具体效果。

（一）评估活动短期效果

一次新媒体营销活动的效果，主要根据冲高回落值来体现。冲高，是指营销活动开展过程中，突然向上无限量飙升的最高峰值。例如：活动开始之初，关注人数、文章或视频阅读数等数值会有一定程度的飙升。回落，是指在营销活动进行过程中，在到达峰值以后，随着活动热度下降，数值上涨趋势回缓的情况。例如：当活动接近尾声的时候，关注人数的上涨幅度会有一定的回落。

冲高回落值与整个活动的开展进程密切相关，且计算的内容大多与用户数有关。基本计算公式为：

$$\text{冲高回落值}=\frac{\text{活动结果数据}-\text{活动开始数据}}{\text{活动峰值数据}}\times 100\%$$

利用这一公式计算出来的冲高回落值结果，是判断本次营销活动效果好坏的重要依据，具体判断的内容如下：

（1）如果其数值非常低，表示营销活动的效果不好；

（2）如果其数值为负数，表示营销活动起了反作用；

（3）如果其数值比较高，表示营销活动的效果非常好。

另外，冲高回落值计算公式中的“活动结果数据”和“活动开始数据”不是任意选择的，这两个数值的取值，一般要求是在用户的行为处于趋于稳定的状态下的数据值。

（二）评估活动长期效果

在对营销活动进行评估的过程中，除了冲高回落值以外，还有一个重要的指标，那就是活动用户增长率。这一数值可以有效评估营销活动的长期效果，对用户增长的实际情况有一个清晰的显示，其计算公式为：

$$\text{活动用户增长率}=\frac{\text{活动结果数据}-\text{活动开始数据}}{\text{活动开始数据}}\times 100\%-\text{自然增长率}$$

在这一公式中，“自然增长率”指的是平台没有进行营销活动时的用户增长率。

利用这一公式计算出来的活动用户增长率结果，也是判断营销活动效果和效率高低的重要依据。特别是关于营销活动对于用户的引流方面，通过这一数据可以轻松得出结果。具体分析如下：

（1）如果其数值非常低，表示通过营销活动转化来的用户数，几乎没有什么增长，活动效率低，活动效果不好；

（2）如果其数值为负数，表示通过营销活动不仅没有促进用户数增长，反而在原有的用户增长上有所退步，营销活动出现了反向结果；

（3）如果其数值比较高，表示营销活动转化而来的用户数也高，活动效果好。

（三）数据分析报告呈现活动成败

一般说来，在营销活动结束后，是有必要对相关数据进行统计和分析的，以便发现问题，为下一次营销活动的举行提供有效的数据支撑和验证。

相较于线下活动来说，线上活动的数据分析明显比较繁杂。以产品促销型的营销活动为例，线下营销活动要进行的数据分析，其内容主要包括进店用户数、消费人数、销售额、客单价四个方面的数据。一般的数据分析内容，都可以通过这四个数据计算出来。而线上的产品促销型的营销活动，其数据分析的内容就需要从多个角度去考虑。除了销售效果的分析以外，还有其他一些比较重要的数据分析。比如：线上促销活动的数据分析应该包含的一些数据量，如领券量和使用量、交易单数、活动营收、利润等。

另外，在线上营销活动中，除了之前提及的销售方面的数据以外，还有一些比较关键的数据，比如：跳出率、页面停留时间、新增用户数、净增用户数。当然，所有活动还应该把活动的投入和产出计算进去，并计算活动的收益，这才是比较完整的数据分析。

在数据分析的基础上撰写成的营销活动分析报告，则应是一份能够令领导满意的答卷。一般来说，营销活动分析报告主要有两种表现形式：

（1）以 Word、Excel 或 PPT 的形式撰写一份正式的关于营销活动内容的详细的分析报告。在撰写此类分析报告时，要从报告阅读人员的视角出发，以简单、直观的方式呈现报告内容。

（2）以邮件的形式发送的关于营销活动结束或下线的通知类的报告。要对活动中出现的问题和解决方法做出简要描述，在最后还应该对活动执行人员表示感谢。

另外，在营销活动分析报告撰写的内容上，避免单纯的罗列文字和数据，要做到图文结合，有理有据，详略得当，重点突出。在营销活动分析报告撰写的原则上，既要用图片的形式力求表述直观、用数据真实呈现效果，又要简单明了、逻辑清晰、条理清楚，最好采用总—分—总的写作形式，使逻辑主线明确。

任务四 用户留存促活

新媒体的宣传推广固然重要，但是用户留存技巧也是必不可少的。部分新媒体平台可能因其宣传推广吸引了一定的用户，但是却因为未掌握用户留存技巧而无法留住用户，这非常不利于平台发展。

一、留存运营：以心换心赢得粉丝口碑

对于新媒体运营者来讲，获取一个新用户的成本往往高于挽留一个老用户，因此，新媒体运营者必须提升用户活跃度、降低用户流失率，将路人变为忠粉。

（一）产品：把控质量才能收获好评

质量是产品价值的重要体现，每个顾客都希望自己买到的产品质量是过关的。正是因为在购物之前对产品的质量有一定的预期，所以，顾客会结合实际和预期对产品作出评价。因此产品的质量从一定程度上来说决定了用户的购物体验。

产品质量是顾客留存的关键，一旦在顾客心中出现质量不好的印象，很可能会直接造成销量的剧烈下降。所以，当顾客对质量有疑虑时，运营者一定要利用各种社交方式进行沟通，让产品在顾客心中留下良好口碑。

（二）推送：把握内容差异化和精准化

差异化、精准化是成功留住用户的两个主要原则。用户就是具有差异化的个体，不管是个人爱好，还是个人属性，每个用户都是不同的；而运营者要留住用户，让用户对平台产生认同感和归属感，就应该以差异化、个性化的产品和服务为运营内容，让用户觉得你对他们是用心的、重视的，这样不仅利于用户留存，还利于后续营销。

因此，先对用户的不同基础属性和行为特征进行分析，再进行运营工作，不仅是差异化的，更是精准化的。这样的运营才是及时（急他们之所急）、周到（想他们之所需）、暖心（荐他们之所喜）的。做到这三点，用户可以从推荐的产品中快速地找到自己所需要的、合适的产品，这无疑能更快地引导用户消费，将用户留在平台上。

（三）引导：让用户快速地熟悉平台

在具体的新媒体粉丝留存运营中，新用户首次关注新媒体账号内容和提供的功能、产品，还不了解该账号，此时，如何让这些用户更快地熟悉起来，更快地进入用户的角色，就成了决定用户留存的关键。只有做好新用户的引导工作，才可以让用户对新媒体账号及内容产生兴趣，从而愿意继续关注账号内容和体验产品。此时，我们要做好用户引导的设置工作，具体有以下几个方面：

图 4－23 “夏说英文晨读”音频主播头像设置

1. 头像设置

如果是个人新媒体账号，头像建议以个人形象为主，一是个人形象便于目标受众识别；二是可以利用个人的专业性、良好口碑等特性吸引目标受众。此外，用漫画的形象，使头像更加生动，让目标受众过目不忘。比如：喜马拉雅平台“夏说英文晨读”的主播“教书匠小夏”就是用夏鹏本人的头像，不仅让目标受众一眼就能识别，更让人过目不忘。如图 4－23 所示。

2. 介绍信息设置

在资料页上，想要做好用户引导，就需要在功能

介绍上体现新媒体账号的亮点和内容，这有利于为用户提供认识基础。比如：“TED英文演讲”音频号的介绍信息简洁明了地表明该节目的栏目内容、抽奖活动等信息，吸引目标消费者关注。如图4－24所示。

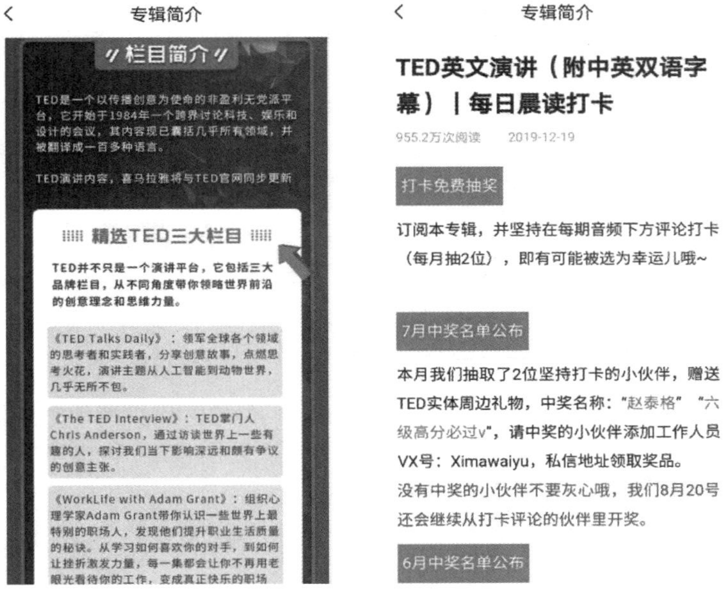

图4－24 介绍信息设置

3. 欢迎页面设置

在喜马拉雅音频节目首页，可以设置官方微博、微信等信息，将用户进行引流，还可以通过设置专辑标签定位更精准的人群，引导目标消费者快速了解该新媒体账号的功能和价值。比如：“小厨FM”音频号的首页，在简要介绍账号基本信息前提下，给出了官方微博、微信账号，并设置了时尚生活、美食、美食烹饪等标签，定位精准用户，并将目标用户引导进入其矩阵平台，形成良性循环。如图4－25所示。

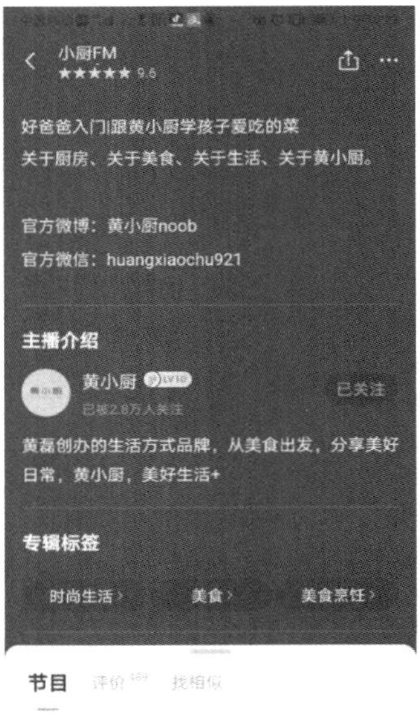

图4－25 欢迎页面设置

（四）需求：有针对性地解决用户问题

有针对性地解决用户的痛点需求，可以从两个方面来进行，即从用户需求出发解决问题和专攻一点解决用户痛点问题。

1. 从用户需求出发解决问题

在新媒体运营者更清楚地了解用户需求的情况下，有针对性地解决用户提出的关于平台的不同问题，可以改善用户感觉不如意的体验，让用户感受到平台对其的关注和重视，从而极大地提升用户对平台的好感度、参与度和关注度，对于留住用户、减少用户的流失有很大作用。

2. 专攻一点解决问题

古语有云:“兵在精而不在多。”对于新媒体运营者而言,这句话同样有意义。任何平台的新媒体运营者,如果追求的是全面,可以在短期内吸引很多用户,但是这需要耗费巨大的人力、财力,且在追求全面的过程中,可能一不留心,就会出现知识性错误,让用户产生不信任的心理,往往得不偿失。

因此,对于一般的新媒体账号来说,我们选择的方向一般不是全面而是专攻一点,试图在某一点上做到极致,从某一极致的点上针对特定用户人群,解决他们的痛点需求,那么,这些有着明确指向的用户人群将会成为平台的忠实粉丝。

基于此,新媒体运营者想更有效地留住更多的用户,就需要在平台功能或内容上设置得简单一些,专门从某一角度有针对性地解决用户痛点问题,这不失为一种好的运营技巧。

(五) 奖励:“签到+积分+任务模式”机制

在运营过程中,用户留存的关键就在于让用户认准该新媒体账号,使其不愿意离开。基于此,奖励机制的设置就是一个很好的契机,且很容易在社交推广中形成雪球效应,推动运营发展。

1. 积分奖励促活

在奖励机制模式中,积分类的奖励可以说是最为常见的。这种模式在目前互联网环境下比较流行,能够很好地增加普通用户,并不断地培养出核心用户。

除了在新媒体账号推行积分奖励外,运营者还可以通过电话、短信、QQ 群、微信群等多元化的社交方式,让用户知道正在进行的活动,从而让顾客一传十、十传百,自行向周围人宣传。

2. 任务奖励促活

越来越多的新媒体运营者将任务奖励模式作为一种重要的营销手段,是因为它对潜在消费者来说是有利可图的,而对新媒体账号来说又是可以直接增加人气的。这一奖励模式十分简单:运营者通过社交渠道提供一个活动任务,如下载、转发、分享、评论、征稿等,用户将其完成,就能够获得优惠、返现或积分等奖励,而在此过程中,新媒体账号不仅能获得用户的使用时间,更能通过用户的社交圈获得更多的新用户。

3. 签到奖励促活

签到奖励几乎是大部分互联网平台都具备的模块,尤其是建立了积分奖励机制的平台。由于签到的模式极其简单,所以在新媒体中被广泛使用,这也是目前使用比较频繁的一种与用户互动的营销模式。

新媒体运营者要想留住用户,在设计签到打卡功能的时候,要从用户的心理需求出发,设置一定的奖励,例如积分兑换、现金奖励、物品抽奖等。可见,所谓“签到”,其实就是基于一定的利益点设置,让用户逐渐形成持续性关注的习惯。因此,从本质上来说,签到就是一种提高用户活跃度和黏性的营销方式。

一般说来,签到有三种形式,即每日签到、连续签到和累积签到。无论是哪种形式，其目的无非是让用户持续地、长时间地关注新媒体账号。基于这一点，在运营过程中，设置“签到”功能时，可从完善签到的基础功能、延伸签到场景和业务设置、定期开展用户回流式签到活动、适时变更利益点设置确保体验新鲜感等几个方面着手，以取得更好的营销效果。

（六）营销：用内容形成品牌效应，增强黏性

品牌黏性的增强重点在于优质内容的运营。当新媒体平台能够为用户提供优质内容时，用户会主动向周围人传播。“提供价值，而非吸引眼球”，这是运营者的态度，也是留住粉丝的关键。因此，品牌黏性的增强重点在于优质内容的运营。好的内容会让用户从接触账号时的“看一看内容”到“很期待，等着看内容”，完成留存的初始积累。

1. 做好内容定位

品牌效应的初始阶段是整个内容供应链的初始时期，在此过程中，运营者最主要的任务就是通过各种方式了解目标用户需求，也就是平台要做好内容定位，如内容从哪来、内容到哪去、内容的关键方向以及新媒体平台的功能和板块设置等。

2. 甄选优质内容

在新媒体平台的内容运营过程中，运营者主要要做的就是内容质量的甄别，通过优质内容打造和社交宣传，逐步建立品牌效应。展示内容属于整改粉丝运营阶段的一部分，而要让展示的内容是用户真正需要的，又需要先通过社交渠道探知用户的真正需求。

案例链接

2019 年 1 月，故宫和喜马拉雅共同打造的《你好呀！故宫》系列课程一上线就受到用户的欢迎。该项目成为喜马拉雅在线上线下同时开发文创产品的又一个典型案例。

《你好呀！故宫》是由 6 名故宫专家和 8 位青年学者，历时 400 天打磨制作而成的。节目将故宫文化知识划分为建筑、服饰、青铜、瓷器、书法、绘画等六大门类。音频内容共分为三季，目前第一季已上线喜马拉雅平台。购买节目后，除获得 19 节音频课和 6 节视频讲解中国建筑和服饰之道外，还配备故宫电子知识笔记卡、地图、建筑结构、服装纹饰，边听音频、看视频，边看笔记、比对图示。

《你好呀！故宫》是“耳朵里的华夏”互联网十文化地标研学融合平台项目的重要组成部分，该平台充分利用互联网音频十线下体验的融合方式打造优质原创音频节目。“耳朵里的华夏”互联网十文化地标研学融合平台项目主要面向儿童家庭，线上应用数字化手段，深层挖掘并打磨针对不同文化地标的故事，将路线场景中的亮点以音视频方式一一呈现；线下精心设计游览路线和动手互动环节。通过将数字音频、动脑和动手等线上十线下融合课程打包，让儿童尝试不同艺术形式，开发其想象力、创造力，从而提升孩子们对于优秀传统文化的美誉度及认同感，让传承经

典的种子扎根心间。

资料来源：喜马拉雅：提升内容质量，注重 IP 运营．(2019-03-29)［2020-09-10］. http：//www.cipnews. com.cn/Index_NewsContent.aspx? NewsId=114939.

【分析提示】

《你好呀！故宫》以优质、丰富的内容带领全国少儿在声音中听到色彩、在图像里探索故宫、在创作中触摸文物，全方位感知中国传统文化的魅力，传承中华之美的精髓！

3. 积极进行互动

利用社交媒介与用户积极互动，更有利于内容和品牌的传播，也更能增加用户的信任度和支持度。在与用户进行社交互动时，运营者需要把握根据自身特点进行运作、固定时间发布内容、与受众时刻互动和尽量推广原创内容等四个关键点。

（七）福利：把握用户趋利性，制定优惠专题页

人都是趋利的，商家如此，受众亦如此。如果一个新媒体平台能够给予受众一定的福利，让顾客觉得关注平台是值得的，那么顾客自然会愿意留下来。

运营者要适当采取“以小舍换大得”的策略，以向受众赠送一些福利为噱头，通过社交媒介和受众自行进行宣传，让平台获得更多的流量和更大的影响力。

（八）评价：及时沟通处理中差评留言

当平台留言中出现了中差评，运营者一定不要慌张，而要及时沟通处理，这就体现了售后服务的重要性。

一方面，运营者应该在最短的时间内获取最新产生的中差评信息，从自身角度出发找出受众给中差评的原因，并在第一时间与用户进行联系沟通，这才是处理中差评的正确打开方式。另一方面，运营者应根据用户的基本信息推测其作息时间，然后选择合适时间、合适方式沟通，这样能减少用户的抗拒心理。与用户沟通修改评论，最好选择用户闲暇时，不然就算答应修改，过后也很容易忘记。

（九）体验：积极跟踪与观察用户的感受

平台的体验决定了用户对平台账号的观感，也决定了用户是否愿意继续留在平台上。从客观角度来说，平台产品不可能是十全十美的，总会存在让用户感觉不如意的地方，只有不断减少欠缺的地方，才能有效减少用户流失。

在此过程中，运营者要不断地跟踪收集用户的体验信息，不断地完善优化平台的服务工作，让更多的用户留在平台上。

（十）投诉：多角度沟通降低运营损失

用户投诉是很多新媒体平台运营过程中遇见的比较头疼的事情，如果没有掌握应有的社交沟通技巧，可能劳心劳力，还不能获得用户认可。运营者在解决用户投诉时，可从以下角度入手，将投诉所造成的损失降到最低。

1. 及时处理，表达歉意

用户认为产品有问题时，运营者要及时回复问题并且表达自己的歉意，为用户想出解决措施，具体的做法：接受用户的反馈，并表达歉意；记下用户的问题；查询问题发

生的原因；寻找解决方案。

2. 耐心倾听，热情接待

面对用户投诉时，运营者要耐心倾听他们说清问题，并热情接待，具体做法应该是：及时回应用户的投诉；以更热情的态度对待用户；认真倾听用户的投诉内容，分析问题。

3. 安抚情绪，获取信任

用户在投诉时可能会出现情绪失控的情况，运营者要做的就是安抚用户的情绪，获得他们的信任，具体做法是：站在用户的角度想问题，如果是我们自己遇到了这个问题会怎么做，怎么解决，这样也会让用户增强对运营者的信任感。

4. 提出方案，进行补救

对于用户的不满，运营者应该做到：向用户及时提出补救的方式；明确告诉用户解决问题所采取的措施；让用户感受到运营者在为他考虑并很重视他。

5. 告知流程，及时跟进

当发现产品出现问题后，用户首先担心的是问题能不能得到解决，其次担心需要多长时间才能解决，因此运营者应该告知用户解决流程，并及时跟进。具体做法：告诉用户采取了什么样的补救措施并进行到了哪一个环节，这样有利于用户了解运营者的工作，安抚用户。

二、促活运营：用最少的钱做最好的投资

很多时候，我们每次推送的图文信息的阅读量一般最多只是用户数的10%左右，很多用户关注了之后再没有后续工作了。因此，新媒体运营者需要保持用户活跃度，提升用户黏性，让用户为平台的发展助力。

（一）活动：5种方式快速促活

不管是线上还是线下，活动是活跃用户比较好的一种方式；活动的内容形式可以多样化，可以根据重要节假日、热点进行活动策划，也可以通过日常性的活动进行用户活跃。日常性活动如签到、登录后获取积分、领取优惠券。

（1）促销类活动：利用打折、满减等方式促活用户，提升销售额。

（2）热点类活动：利用热点来提升搜索度和关注度，以此促活用户。

（3）节假日类活动：利用节假日等时间节点来提升关注，让用户活跃起来。

（4）签到式活动：通过日常签到行为，使用户经常活跃在平台上。

（5）积分、优惠券活动：利用唾手可得的利益点设置，刺激用户活跃和消费。

（二）机制：物质激励巧妙促活

用户激励是互联网产品运营工作中非常重要的一部分，甚至可以说，用户运营就是通过各种方法激励用户，以使其做出符合运营预期的行为。预期行为可以是活跃、发帖、互动和消费等，商家需要根据自己的业务场景进行预期。用户激励体制可以从物质激励、精神激励、功能激励三方面进行制定。

物质激励可以是具体实体的物质，也可以是虚拟的物质，利用不同形式的物质进行用户促活，是众多企业和商家选择的方式。例如实体奖品寄送、积分赚取和消耗等。

案例链接

2019 年 10 月，喜马拉雅联合美团外卖，共同推出“喜马拉雅联合会员＋美团会员”联合会员，这意味着消费者可以用一份价格，享受到喜马拉雅及美团外卖的双重权益。联合会员活动打通了喜马拉雅、美团外卖两大平台之间的会员权益渠道，成功实现了双平台权益互通。

作为中国领先的音频分享平台，喜马拉雅一直在积极为用户创造更多价值，同时也为跨界平台附加更多品牌价值。

资料来源：美团外卖与喜马拉雅推出联合会员．(2019-10-12)[2010-09-10]．https：//www.sohu.com/a/346521705_114774.

【分析提示】

无论是对于美团外卖还是喜马拉雅的平台用户来说，此次联合会员活动无疑都是一次不错的福利体验。

（三）勋章：低成本的精神奖励促活

相较于物质激励机制促活用户而言，精神激励机制所耗费的成本明显更少，它更多的是从满足用户的心理需求出发，用能代表自豪、荣誉的方式来激励用户和促活用户。相比较物质激励来说，其影响明显更持久。

一般来说，勋章只有做出巨大贡献和成就的人才能获得，其所代表的是荣誉和地位，人人都想获得勋章，这在现实生活中是不能完全实现的。基于这一点，一些平台以颁发虚拟的勋章来激励用户关注，并让其活跃在平台上。无论是排行榜还是特权，都是为了让用户积极活跃在平台上并持续有着某种活跃行为才出现的。

（四）通知：直接可见的活跃度显示

运营者和平台每天推送信息，用户每天接收信息，看起来平台与用户之间很活跃。其实不然，这种信息的推送和接收，用来考察活跃度是没有任何依据的，因为平台与用户个体之间是没有一对一直接接触的，长此以往必然使得用户与平台之间关系漠然。

要改变这种状态，可以采用更直接的信息通知方式来活跃用户与平台之间的关系，具体来说，利用信息通知的方式促活用户主要有短信、Push（服务信息）、电子邮件信息、微信公众号等几种。

1. 短信、Push 方式找回用户

无论是短信还是 Push，都是信息，因而在实现用户找回上有共同点。两者都有比较高的送达率和打开率。这一点对用户找回非常重要，也是运营者选择这一渠道找回用户的主要原因。

但在考虑其优点的同时，还需注意：这一类的用户找回方式，一方面内容比较单一，大多是以文字为主的文案形式，有时包含链接，在内容的新颖和吸引力方面明显不足；另一方面，这种找回方式频繁使用，容易让用户反感，一不小心就有可能被拉黑或屏蔽。

因此，在使用此类方法找回用户时，需要注意信息发送的目标群体精准性、信息发送频率、内容上的吸引力以及用户使用场景等几个方面的问题。

2. 电子邮件信息找回用户

发送电子邮件找回用户的方式，其优势在于内容类型的多样性。这种方式除了文字和链接外，还可以包含图片、视频等内容。当然，任何事物都有两面性，用电子邮件找回用户的缺点主要表现在电子邮箱的使用率较低和容易被屏蔽两个方面。

运营者如果想要利用电子邮件更好地完成找回用户的任务，需要从以下两个方面努力：

（1）标题方面：需要撰写一个非常吸睛的标题，这样用户才会愿意打开邮件，才有接受找回的可能。

（2）规范方面：应该确立一定的规范，发送电子邮件时服从规范要求，这样才能不被邮件系统屏蔽。

3. 微信公众号找回用户

用微信公众号找回用户同样有其优势，除了成本低和内容打开率较高之外，还有一个非常重要的优点，微信公众号是一个有着持续内容和产品推送功能的平台，因而能更好地提升用户黏性。当然，这些优势都建立在用户没有取消关注的前提之上。找回用户并让用户持续关注，优质的内容产出是基础。另外，运营者还可以通过开展有趣的活动来实现。

（五）列表：安排任务提升用户体验

用户会基于娱乐的原因去浏览和关注某些平台。如果平台提供了“任务列表”的操作，可以进一步提升娱乐性质，让用户从中感受到愉悦身心的价值所在，从而活跃起来。除此之外，任务列表还是有些用户获取奖励或提升账号等级的必经途径。在游戏平台上，任务列表是必备的组成插件。

在新媒体平台上，也可以设置任务，让处于休眠期的用户自然而然地加入完成任务的用户行列中。

（六）等级：福利差异提升用户活跃度

很多企业和商家在运营平台上，设置了用户的成长等级，这一设置除了有利于用户管理，给用户提供更贴心的服务外，还是促活用户的有效措施。

对用户来说，其成长等级越高，代表用户可享受的特权就越多，因而用户希望自己的等级越来越高。不同等级之间的用户可享受的福利存在差异，所谓“多劳多得”就是如此。为了提升自身等级，用户一般需要更多贡献值，更多的贡献值的来源包括多个方面和多种形式，不论是哪一个方面和哪一种形式，首先都需要用户活跃在平台上，贡献值就是其活跃程度的表现。图 4－26 为喜马拉雅平台等级与奖励政策。

图 4－26　喜马拉雅平台等级与奖励政策

素养园地

音频版权保护应引起高度重视

从网络文学市场因盗版侵权一年损失近60亿元，到《锦绣未央》侵权案一审胜诉，“网文”“侵权”无疑成为文化圈里最热的两个关键词。2019年，喜马拉雅被指内容侵权的情况持续出现。《暖气》的作者慢三在微博发文称，“刚看到他人的有声版权被侵权了，也去喜马拉雅搜了搜《暖气》，果然……”在此之前，博联社创始人马晓霖则表示，喜马拉雅未经本人授权，推出《马晓霖看中东》音频版，构成侵权，经交涉暂停下架。

经天眼查发现，仅2019年1月17日—5月15日，喜马拉雅就有26条开庭信息，包括15条案由为“侵害作品信息网络传播权纠纷”的开庭公告，其中喜马拉雅有6次为相关案件的被告方。

资料来源：佚名．无版权音频层出不穷 喜马拉雅沦为网文侵权高发地．人民网．(2019-05-10)[2020-06-25].

问题：音频运营有哪些规则？本案例讲述的音频内容营销蕴含着怎样的精神？音频运营如何维护社会公德，以帮助更多的新媒体运营者保护版权，弘扬法治精神，规范、净化网络内容，保护知识产权，促进音频平台的发展？

“喜马拉雅”平台运营规范

【职业技能训练】

1. 训练目标

(1) 培养学生观察新媒体市场的意识和分析、解决问题的能力。

(2) 使学生认识基本的新媒体运营团队，能够明确自身的新媒体职业生涯规划。

2. 训练内容

(1) 寻找你所在垂直领域下的微信公众号、喜马拉雅、荔枝直播等音频平台，分析该领域下大咖号的音频矩阵运营体系。

(2) 确定你所运营的项目的音频运营矩阵。

①综合性音频平台运营内容规划。

②音频直播平台运营内容规划。

③综合类阅读平台运营内容规划。

（3）确定音频录音核心选题。

①分析优质同行提供的内容类型。

②分析用户需求，寻找用户喜爱的类型内容。

（4）内容创作。

①原创内容。自己原创策划内容，能够保证内容质量和连贯性。

②寻找爆文。先对内容进行定位，如时尚类，可以找美容美发类、美妆类、服装搭配类等文章，经作者同意把这些文章做成音频。

③寻找同行优质内容。学习竞争对手，寻找优质内容。

3. 训练评价

（1）分析音频矩阵运营体系，把握准确。（20 分）

（2）新媒体音频运营矩阵选择适当，理由充分。（30 分）

（3）新媒体平台音频选题适合，把握恰当。（20 分）

（4）音频内容创作丰富、感染力强。（30 分）

项目五

视频平台运营

短视频内容更加碎片化，用户黏性更强；直播内容价值更高，付费意愿更强。

——2020 中国直播行业风云洞察

知识目标

1. 掌握短视频和直播脚本的撰写方法、短视频拍摄剪辑技巧。
2. 了解短视频和直播的传播发酵及变现模式。

能力目标

1. 能为企业开展新媒体运营，具备短视频脚本编写、拍摄、剪辑的能力。
2. 具备运用短视频传播发酵及变现的能力。

素养目标

了解视频平台运营规范，能运用视频运营规则解决问题，树立工匠精神，激发文化自信。

平台概览

类型	代表视频网站/App	用户画像	月活跃用户数（亿）	内容题材	内容时长	变现方式
长视频	爱奇艺	有较多空闲时间、有观剧/影/综艺习惯、35 岁下用户为主、女性较多	5.53	电视剧集、电影、综艺、动漫等 PGC、PUGC、UGC	15min～3h 为主	订阅会员收入、广告收入、版权分销收入、直播/游戏等其他收入
	腾讯视频		5.48			
	芒果 TV	女性用户为主，且 24 岁以下年轻用户占比高	1.34			
	Bilibili	喜欢二次元、关注有趣内容、爱吐槽、“90 后”及“00 后”占大多数	1.06			
短视频	抖音	一、二线城市用户占比 44%，下沉效果显著，男性占比略高，35 岁以下年轻人占比高	4.89	生活日常、定制广告等 PGC、PUGC、UGC	11s～30min 为主	广告收入、直播打赏、商品橱窗（小黄车）等
	快手	三、四线城市用户占比 70%，男性占比略高，30 岁以下年轻人占比高	3.79			
	西瓜视频	男性占比略高，35 岁以下年轻人占比高	1.39			

续前表

类型	代表视频网站/App	用户画像	月活跃用户数（亿）	内容题材	内容时长	变现方式
直播	淘宝直播	以淘宝人群标签进行推荐，即根据买家群体标签，淘宝以千人千面算法，为直播间引流相同或类似标签的人群	0.375	各类所售产品的介绍	不限	产品销售收入
	斗鱼	游戏重度用户 观摩游戏高手	0.5	游戏直播 休闲、才艺、明星直播	不限	发视频、直播音浪收入 打赏分佣、接入广告 直播电商、知识付费
	虎牙		0.31			
	YY	消磨空闲时间，寻求感情陪伴，追求有趣内容	0.23			
	映客		0.18			

数据采集时间：2019年12月。

运营故事

碧桂园直播卖房引爆全网狂欢

2020年5月5日晚8点，碧桂园“5爱5家直播购房节”在抖音首秀掀起全民购房狂欢。数据统计显示，直播2小时内主会场观看人数达670万，连同29个分会场合计观看人数近800万；直播收获总音浪478万，登录抖音直播小时榜第一名。2个小时内，收获了约2.5万名潜在客户，碧桂园是如何做到的？

1. 强化“家圆团圆碧桂园”品牌印记，重新定义“直播卖房”

随着疫情蔓延，房企们纷纷开启线上直播，碧桂园顺势而为，于2020年4月20日启动了一场声势浩大的“5爱5家直播购房节”，创直播卖房之先河。

此次活动碧桂园邀请了著名主持人和明星搭档，通过给粉丝送海量购房福利和畅聊“家”的故事，传递家与生活的价值理念，主打“感情牌”，强化了“家圆团圆碧桂园”的品牌印记。

碧桂园一次性推出参与直播特惠活动的房源约17 000套、覆盖17个省份76个城市。采取了主会场与29个分会场同步直播、主会场与7个分会场连麦互动的直播形式，直播间的两位明星代表粉丝们连麦碧桂园各区域“总裁团”，开启battle模式。湖北区直播，总裁通过推荐碧桂园独有的专利地漏技术、一键呼梯、人脸识别等“黑科技”，谈健康人居的重要性。

直播现场，通过派发海量5.5元抵5.5万元的购房券、享受百万元红包、超级锦鲤大礼，部分特惠房源、车位、商铺享受超低折扣。仅仅是锦鲤大礼包估算总价值就超过10万元，更不用说分会场另外还有特价房限时秒杀、一口价、买房送车位、家电大礼包、成交多重好礼等优惠。

客户在直播购房节期间签约认购后，最长6个月内都可以享受无理由退房，给用户带来莫大心安。

2.“凤凰云”“无人智慧案场”，拥抱创意厚积薄发

2019年6月，碧桂园发布了“凤凰云”全国直营购房平台，实现全国1 700多个项目房源一机在握，并覆盖全流程服务，将找房、看房、选房、购房等买房的各个业务模块都汇聚“掌上”。客户可以通过登录碧桂园线上购房平台“凤凰云”小程序，点击“赚佣金”推介亲友购房，推介成功即可获得佣金奖励。碧桂园充分利用平台化的销售机制，使卖房成为一场“全民销售”。

截至2020年3月2日，线上成交累计金额达到1 467亿元，仅2个月认购已超过30%。

碧桂园首创“无人智慧案场”，客户在售楼部自助扫描案场内的二维码，即可听“顾问讲解”；客户只需带上银行卡和身份证，通过ASM（Automatic Seller Machine）自助购房一体机，就可以自助办理认购等一系列购房流程……如此一来，既方便了客户，又减少了交流接触等环节。

资料来源：佚名．碧桂园直播卖房引爆全网狂欢是怎样练成的？．投资者网．(2020-05-08)[2020-05-17].

分析提示

不是浅尝辄止式的试水，一出手便联手明星开启空前绝后的大型直播秀；不是仅推出少量特惠房造势，而是覆盖17个省份76个城市的17 000套房源，还有实实在在的让利，让消费者无论买不买房都能满载而归。碧桂园以别具匠心的创意及对消费者的诚意，将直播卖房打造得与众不同，才有了如今的好成绩。

知识嵌入

任务一　视频平台定位

一、视频与视频类型

中国互联网络信息中心的数据显示，截至2020年3月，我国观看网络直播用户规模达5.6亿，抖音日活跃用户数突破4亿人次，快手日活跃用户数突破3亿，微信视频号也已上线，短视频成为视频运营的重要平台。

（一）视频与视频运营的概念

视频（Video）泛指将一系列静态影像以电信号的方式加以捕捉、纪录、处理、储存、传送与重现的各种技术。当连续的图像变化每秒超过24帧（frame）画面时，根据视觉暂留原理，人眼无法辨别单幅的静态画面，看上去是平滑连续的视觉效果，故本质上视频就是快速连续的画面。

视频融合文字、图像、音频等媒介的优点，是当今最重要的内容传递形式，更是一种内容密度大、表达效率高的媒体形态。

世界上第一部影片是英国摄影师迈布里奇在1880年制作的《跑马》。为了研究马奔

跑的姿态，他沿跑道架设了很多照相机，在马经过时依次曝光，然后将照片拼成连贯的长条，快速拉动时，马好像真的在飞奔。世界上第一部电影《朗德海花园场景》由法国发明家普林斯拍摄于 1888 年，记录了他的几位家人在花园里聊天，全长只有 2 秒，没有声音。

早期的视频储存介质有胶片和图像，二十世纪二三十年代色彩和声音加入。进入电子时代后，视频正式诞生，50 年代出现磁性介质（录像带），80 年代出现光学介质（光盘），现在主要使用电子介质（硬盘、储存卡、网络）来储存和传播视频。

视频的一个画面称作一帧，每秒帧数称为帧率，帧率越高则视频越流畅。视频由特定尺寸的感光元件录制，在以像素为单元的屏幕上呈现，因而有了分辨率和比例的概念，来表示画面清晰程度。现在主流的格式是 720p 和 1080p，2160p（4K）正逐渐繁盛，视频清晰度开始向 8K 甚至 16K 迈进。具体的视频格式及分辨率如图 5-1 所示。

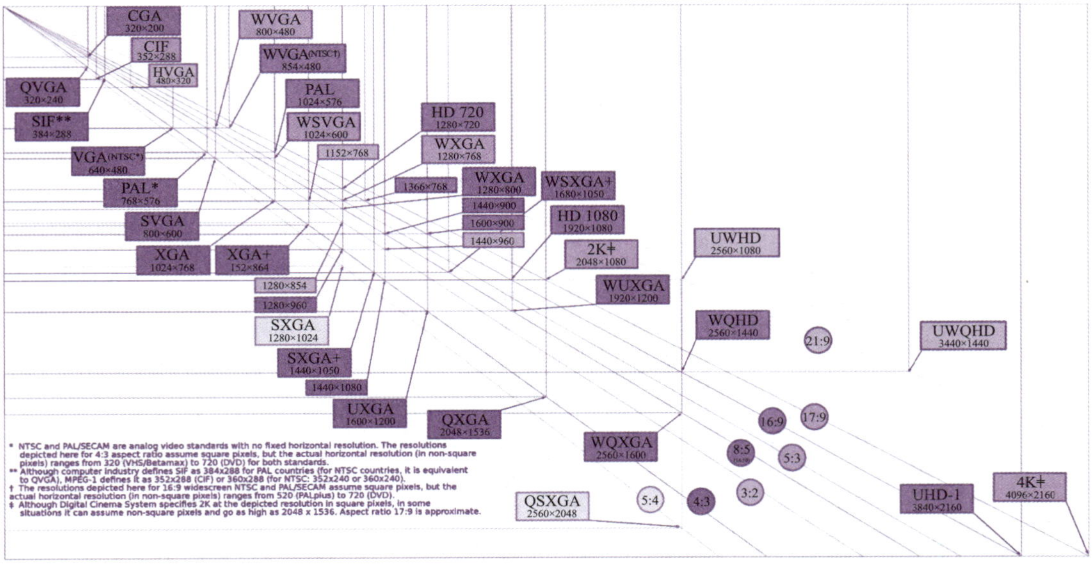

图 5-1　视频格式及分辨率一览表

基于对视频的理解，我们认为：视频平台运营是指企业或个人以内容为核心，以创意为导向，以视频形式为载体，利用精心策划的视频内容，实现产品销售与品牌传播的运营活动。

（二）常见的视频类型

移动互联网时代，视频形式千变万化，视频运营手段和方法层出不穷，视频的类型也多种多样。因平台定位原因，不同的视频平台规定的视频时间长度标准不一。根据时长的不同，常见的视频可以分为长视频、短视频和直播等不同的类型。

1. 长视频、横视频

长视频一般指超过半小时的视频，主要由专业公司完成制作。长视频的代表是网络影视剧，目前的发展越来越专业化，其特点是大投入、大成本和长时间拍摄。长视频一般是横版的，即适合在比例为 4∶3、16∶9、16∶10 等宽屏幕上观看，传播形式多样。这类视频相较短视频内容密度更大，内容更翔实饱满。

根据长视频制作运营主体的不同，可分为两类：

一类是专业生产内容（PGC），包括电影、剧集、节目、课程、纪录片等；除了大银幕（电影院）和小荧幕（电视机）等传统媒介，国内著名的 PGC 平台有爱奇艺、优酷、腾讯视频、芒果 TV、PPTV、搜狐视频、乐视等，国际上有 Netflix、Hulu、Amazon Prime、YouTube 等。

另一类是用户生产内容（UGC），由用户自己制作并上传分享，包括娱乐搞笑、创意分享、想法表达、翻唱翻跳、微电影等题材；国内的 UGC 视频网站有哔哩哔哩（B站）、土豆、Acfun（A 站）等，国际上有 YouTube、Vimeo、FC2、Niconico 等。

2. 短视频、竖视频

短视频是指在各种新媒体平台上播放的、适合在移动状态和短时间休闲状态下观看的、高频推送的视频，其时长从几秒钟到几分钟不等。一般使用手持竖屏设备观看，故一般画面比例亦是竖版。短视频内容丰富多彩，题材方向自由，囊括搞笑幽默、时尚潮流、技能分享、社会热点、视频博客（Vlog）、教育和广告创意等主题。

耳熟能详的短视频平台有抖音、快手、秒拍、腾讯微视、Vine、Tiktok 等，社交软件如微博、微信朋友圈、QQ 空间、百度贴吧、Twitter、Facebook 等也能发布短视频。从短视频平台的所属谱系来看，国内各大巨头都有自己的短视频矩阵，如图 5－2 所示。

图 5－2 短视频平台谱系图

相比于文字、图片和传统视频（如电视、电影），短视频的传播和生产较为碎片化，传播效率高，社交属性强；制作门槛低，消费门槛低，生产者和消费者之间界限很模糊。智能手机和日益强大的无线移动网络（Wi-Fi、4G、5G）催生并繁荣了短视频，使人们在闲暇细碎时间里有娱乐消遣和获取讯息的新选择。

3. 直播、流媒体

流式传输（Streaming）可传送现场实时影音（直播）或普通视频。此处的直播指通过网络来传输、通过终端收看的网络直播，需区别于电视直播。

直播作为一种新媒体手段，能够吸引巨大的网络流量。在网络直播发展初期，网络直播的盈利模式单一，主要依赖用户付费。在整体行业逐步成熟的背景下，“直播+”进一步释放了网络直播行业的价值，如“直播+公益”“直播+电商”“直播+歌舞”“直播+电竞”等，成为各个平台突破自身发展天花板的重要方式。“直播+”模式推动直播平台向产业链各端渗透，促进平台内容创新和产品创新，在增加用户黏性的同时，其强大的传播能力和即时、互动、透明等特点为其他行业带来了新的增长点。

现在很多较大的长视频平台和短视频平台都设有直播板块，比如抖音、快手、哔哩哔哩等。此外，也有专门的直播平台，娱乐类直播平台包括虎牙、YY、花椒、映客、来疯、斗鱼（原属 Acfun，现已和虎牙合并）等，国际上有 Twitch、YouTube 等平台；电商类直播平台则以淘宝、京东为最强。其他还有荔枝微课、腾讯 NOW 等工具型平台。

总之，长视频因对视频时长没有限制，可以展现较为完整的品牌故事和产品概念，借助主流视频网站大剧、热剧增加用户沉浸与黏性，可以较好地实现品牌传播，但成本与门槛较高。短视频平台流量巨大，玩法多而新，头部关键意见领袖（KOL）引流效率高，可以很好地利用用户的碎片化时间，更深入、多维度、高频率地进行互动，因而在时间和空间上能够为品牌带来更高的营销价值。网络直播则能更直观、快捷地将用户带入营销所需场景，为消费者和商家带来激动人心的互动方式，边看边买的体验能使消费者像追剧一样疯狂，从而促进转化，有效达到营销目的。三者具体对比如表 5-1 所示。

表 5-1 长视频、短视频和直播的对比

分类	长视频	短视频	直播
用户时间	整块时间	碎片化时间	整块时间
涉及领域	网络影视剧	Vlog、搞笑、技能分享等，涉及领域广泛	娱乐、电商、电竞等，涉及领域广泛
传播速度	相对较慢	快速	实时
表现形式	制作后呈现	制作后呈现	实时呈现
满足市场	休闲娱乐	休闲娱乐	社交互动
实时性	较弱	较弱	较强
社交属性	较弱	较弱，不强调互动性	较强，强调社交互动

二、主流视频平台选择

视频作为一种数据媒体需要通过平台渠道进行分发、传播，平台的好坏与适切性直接影响运营的效果。不同类型的视频只有搭配适合的视频平台，才能快速有效地实现品牌传播、产品销量转化，获得营销效果的最优化。而今，视频网站和短视频平台、直播平台成了视频营销与运营的主要阵地，它们是品牌与消费者连接的重要媒介。

（一）长视频平台

当前，主流的视频网站俨然成了网络视频用户的重要观影方式。视频网站成为长视频运营的重要渠道。下面从制作运营主体的角度，重点介绍三个长视频平台。

1. 腾讯视频

腾讯视频致力于打造中国领先的在线视频媒体平台，其拥有流行内容和专业的媒体运营能力，是聚合热播影视、综艺娱乐、体育赛事、新闻资讯等为一体的综合视频内容平台。腾讯视频以丰富的内容、极致的观看体验、便捷的登录方式、24 小时多平台无缝应用体验以及快捷分享的产品特性，通过 PC 端、移动端及客厅产品等多种形态为用户提供高清流畅的视频娱乐体验。截至 2019 年 12 月 31 日，全平台日均覆盖人数超过 2 亿，付费会员数达 1.06 亿，月度活跃用户超 5 亿。

2. 芒果 TV

芒果 TV 是以视听互动为核心，融网络特色与电视特色于一体，实现“多屏合一”独播、跨屏、自制的新媒体视听综合传播服务平台，同时也是湖南广电旗下唯一互联网视频平台。2018 年 6 月，芒果 TV 作为湖南广电“双核驱动”战略主体之一，与芒果互娱、天娱传媒、芒果影视、芒果娱乐整体打包注入快乐购，正式成为国内首家国有控股的视频平台，同年 7 月，快乐购正式更名“芒果超媒”。

从独播到独特，再到独创，以及垂直生态的打造，芒果融媒体发展的每一阶段，都是新老媒体突破彼此逻辑宿命的交互式发展，在一步步的探索中打造了芒果 TV 这艘“马栏山的挪亚方舟”，形成了相对独特的媒体融合芒果模式。

3. 哔哩哔哩（bilibili）

哔哩哔哩，简称 B 站，现为中国年轻世代高度聚集的文化社区和视频平台。B 站早期是一个 ACG（动画、漫画、游戏）内容创作与分享的视频网站。经过十年多的发展，围绕用户、创作者和内容，构建了一个源源不断产生优质内容的生态系统。

B 站引领了弹幕这种独特的社交潮流，即悬浮于视频上方的实时评论功能，爱好者称其为“弹幕”，这种独特的视频体验让基于互联网的弹幕能够超越时空限制，构建出一种奇妙的共时性的关系，形成一种虚拟的部落式观影氛围，让 B 站成为极具互动分享和二次创造的文化社区。

目前，B 站已经涵盖 7 000 多个核心兴趣圈层的多元文化社区，在 B 站，富有创意的创作者、庞大忠诚的用户群和优质内容构成了三位一体的良性循环。B 站提供了多样化的产品与服务，成为包含视频、游戏、直播、社区等服务的综合性内容平台。其中 bilibili 游戏中心成为二次元游戏的权威发行平台，bilibili 直播也成为动画、漫画、游戏内容的专业直播平台，涉及领域包括电竞、生活、娱乐等。据哔哩哔哩 2019 年 Q3 财报数据统计：B 站月活跃用户量达 1.28 亿人，18～35 岁用户占总用户 78%。

总之，无论是互联网企业开发的视频平台还是传统电视媒体开发的视频平台，无论是以 PGC 为主要内容的视频平台还是以 UGC 为主要内容的视频平台，在各自的品牌定位、用户画像以及平台特点等方面均有自己的独有特性。主流长视频平台对比如表 5－2 所示。

表 5－2　主流长视频平台对比

视频网站	品牌口号	关键词	用户画像	平台特点
腾讯视频	不负好时光	年轻、IP、生态、时尚	以“80 后”“90 后”为主，三、四线城市用户略高，男女比例较平均	坚持对 IP 的多元开发

续前表

视频网站	品牌口号	关键词	用户画像	平台特点
爱奇艺	悦享品质	品质、青春、时尚	以“80后”“90后”为主，三、四线城市用户差距比例小，女性用户稍多	坚持科技创新与内容原创
优酷	这世界很酷	阳光、真实、主流、有梦想	以“80后”“90后”为主，一、二线与三、四线城市比例分布较均匀，男女比例较平均	坚持头部大剧独播
芒果TV	天生青春	最具青春号召力的平台	以“90后”“00后”为主，兼顾“80后”群体需求。以女性为主，尤其以明星粉丝群体为主	芒果独播＋优质精选＋独特自制
bilibili	哔哩哔哩—（゜—゜）つロ 干杯～	ACG（动画、漫画、游戏）、弹幕、二次元、社区	B站年轻用户占比突出，“00后”“90后”总占比61%，“80后”占比27%，一、二线与三、四线城市比例分布较均匀，男性用户稍多	“以UP主”为核心的专业用户生成视频内容生态，Z时代的文化社区

（二）短视频平台

随着移动互联网的普及以及大数据和人工智能等新技术的加速发展，短视频以极低的技术门槛和便捷的创作和分享方式，迅速赢得了用户的青睐。目前短视频App已达上百个，开启了短视频的“百团大战”。短视频行业主流的短视频平台包括抖音、快手、西瓜视频等，2020年腾讯也推出了微信视频号。

1. 抖音

抖音隶属于北京字节跳动科技有限公司，最开始是一款音乐创意短视频社交软件，上线于2016年9月，其主要用户群体为年轻人。用户可以通过该平台选择歌曲，拍摄音乐短视频。截至2020年1月5日，抖音日活跃用户数已经突破4亿，成为中国最大的短视频平台。

抖音的用户主要分为三类：内容生产者、内容次生产者和内容消费者，其特点和目标如表5-3所示。

表5-3　三类抖音用户的特点和目标

用户类型	特点	目标
内容生产者	专业度高，花精力运营粉丝和社群	打造个人品牌和商业矩阵
内容次生产者	喜欢模仿，渴望表达	满足表达欲，增加知名度
内容消费者	表达意愿低	在碎片化时间娱乐消遣

抖音应用人工智能技术为用户创造丰富多样的玩法，让用户在生活中轻松快速产出

优质短视频。用户可以通过这款软件选择歌曲，拍摄音乐短视频，形成自己的作品。抖音上提供了全球潮流音乐，搭配舞蹈、跑酷、表演等内容形式，还有超多原创特效、滤镜、场景切换等功能，让用户原创视频一秒变大片，为抖音用户打造刷爆朋友圈的魔性短视频。抖音短视频的产品设计具有以下特点：

（1）抖音采取“霸屏”阅读模式，降低了用户注意力被打断的概率。

（2）抖音没有时间提示，用户在观看视频时很容易忽略时间的流逝。

（3）抖音的默认打开方式是进入“推荐”页面，只需用手指在手机屏幕上轻轻一划，就可以播放下一条视频，用户的不确定感更强，这更吸引用户观看，从而打造沉浸式娱乐体验。

（4）抖音凭借自身丰富的工程师储备和人工智能实验室的支持，能够基于用户过去的观看行为进行用户画像分析，为其推荐感兴趣的内容，这种个性化推荐机制是抖音的核心竞争力。

抖音还会定期推出视频标签，引领用户参与到同一主题视频的创作中。这些视频标签激发了用户的创作灵感，由于创作出来的内容具有很高的参与感和娱乐性，所以被其他用户分享的概率也大大提升。例如，抖音发起的“twice 问号舞”和“立扫把挑战”就激发了广大用户的创作热情，用户踊跃参与这一主题活动，纷纷大显神通，展示自己创作的作品，如图 5－3 所示。

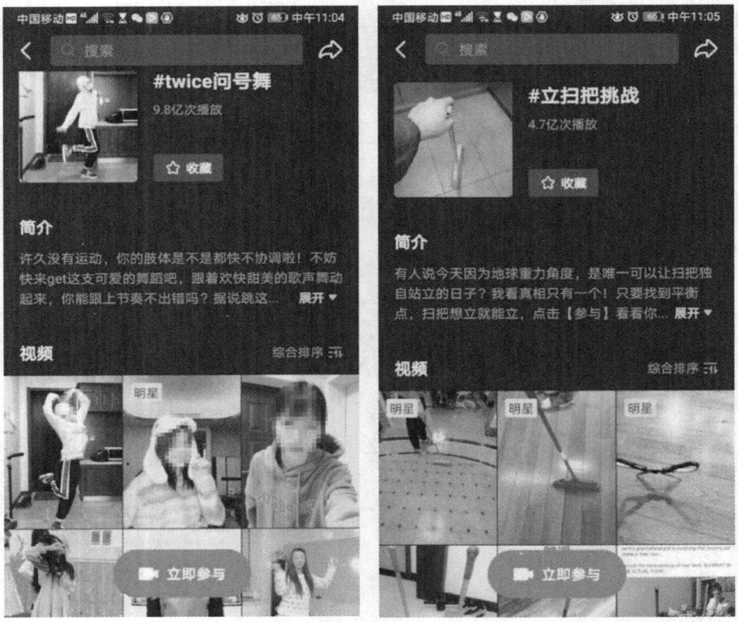

图 5－3　抖音视频标签

除此之外，很多品牌商也在抖音上发布主题创意活动，邀请用户创作各种具有创意的短视频。通过与抖音上的头部“网红”合作，品牌商可以迅速吸引到大量的用户参与活动，并轻松地将其转化为潜在客户。

2. 快手

快手是由快手科技开发的一款短视频应用 App，其前身为“GIF 快手”，用于制作和分享 GIF 图片，2014 年 11 月，正式更名为快手，从纯粹的工具应用转型为短视频社区。截至 2020 年年初，快手日活跃用户数突破 3 亿。

快手定位于国民短视频社区，记录和分享生活的平台，全球超过 6 亿用户使用，每天数百万的原创新鲜视频。在这里，人们能找到自己喜欢的内容，找到自己感兴趣的人，看到更真实有趣的世界，也可以让世界发现真实有趣的自己。

快手主要面向三四线城市以及广大农村用户群体，为这些“草根”群体提供了一个直接展示自我的平台，因此在快手上占据主导地位的不是明星和 KOL，也不是影响力巨大的“网红”，而是普通的“草根”。

在其发展过程中，快手并没有采取以明星为中心的战略，没有将资源向粉丝较多的用户倾斜，也没有设计级别图标对用户进行分类，这样做的目的就是让平台上的所有用户都敢于表达自我，积极地分享生活。

在内容分发上，为了确保每一位用户都能获得平等发布短视频的机会，快手没有设置人工团队干预内容推荐系统，完全依靠算法向用户提供个性化推荐。快手专注于对智能匹配的优化，其算法可以理解用户所发布短视频的内容及特征和行为，如内容浏览和互动历史，在分析和理解信息的基础上，算法模型可以将内容和对其感兴趣的用户匹配在一起。

通过不断优化智能匹配，在算法推荐机制下，用户在快手平台上发布的短视频作品都有可能在“发现”页面获得展示的机会，即使是刚注册的新用户也不例外。用户发布的短视频获得的点赞越多，被机器选中的概率就越大。当用户在浏览“发现”页面时，快手的算法推荐机制会通过分析用户之前的点击、观看和点赞历史，根据其表现出来的喜好来提供对应的内容。

为了方便用户发布更多的“原生态”内容，快手的页面设计以简单、清爽为主，使用户更专注于内容。快手主页上只有 3 个频道，分别为“关注”、“发现”和“同城”，最上方两侧分别是导航菜单按钮和摄像机图标。点击导航菜单按钮，用户可以使用更多的其他功能。由于快手在功能设计上做减法，所以将这些功能选项隐藏在主页以外。

3. 西瓜视频

西瓜视频是字节跳动推出的个性化推荐短视频平台，其前身为头条视频，于 2017 年 6 月 8 日正式升级为西瓜视频。2018 年 2 月，西瓜视频累计用户数超过 3 亿，用户户日均使用时长超过 70 分钟，视频日均播放量超过 40 亿次。

“西瓜视频”是今日头条旗下独立短视频 App。基于人工智能算法为用户做短视频内容推荐，它能让用户的每一次刷新，都发现新鲜、好看，并且符合自己口味的短视频内容。

西瓜视频可以说是视频版的今日头条，拥有众多垂直分类，专业程度较高。在西瓜视频上，95% 以上的内容属于职业生产内容（OGC）和专业用户生产内容（PUGC）。该平台涵盖音乐、影视、社会、游戏、美食、儿童、生活、体育、文化、时尚、科技等。采用人工智能技术精准匹配内容与用户兴趣，通过个性化推荐，致力于为不同人群提供优质内容，同时鼓励多样化创作，帮助人们轻松地向全世界分享视频作品。

在短视频领域，如果说抖音和快手争夺的是竖屏市场，那么西瓜视频争夺的就是横屏市场。横版短视频之所以仍然存在市场，一是因为有大量的专业制作团队依然采取横版构图，从拍摄工具到镜头语言有着一套非常成熟的制作流程，二是因为横版短视频在题材范围、表现方式、叙事能力等方面比竖版短视频更有优势。

西瓜视频还拥有巨大的影视和综艺短视频资源，这些资源主要分为以下三类：

（1）用户发布的剪辑视频。这类影视和综艺短视频资源大多是由喜爱电影和综艺节目的用户剪辑加工而成，汇聚了影视和综艺视频中的精彩部分，资源丰富，类型多样。

（2）西瓜视频自制的影视和综艺节目。西瓜视频拥有版权的影视作品和自制的综艺节目视频有很多，可以更好地满足用户对影视和综艺节目的需求。西瓜视频推出的“放映厅”中，有大量拥有版权的影视和综艺资源。如图 5－4 所示。

图 5－4 西瓜视频“放映厅”

（3）第三方影视和综艺作品宣发。大量影视和综艺节目制作方会选择西瓜视频作为宣发推广平台，与其联手推出一系列的宣传活动，在西瓜视频中放出预告片段。

4. 微信视频号

微信视频号是继微信公众号、小程序后又一款微信生态产品。现如今腾讯在短视频越来越受到用户的欢迎的背景下推出微信视频号，就是想要解决腾讯在短视频领域的短板，借助微信生态的巨大力量突围短视频。

在之前的微信生态下，用户也可以在微信朋友圈发布短视频，但仅限于用户的朋友圈好友观看，属于私域流量，而微信视频号则意味着微信平台打通了微信生态的社交公域流量，将短视频的扩散形式改为“朋友圈＋微信群＋个人微信号”的方式，放开了传播限制，让更多的用户可以看到短视频，形成新的流量传播渠道。

微信视频号虽然在短视频市场中失去了时间上的优势，但依托于微信公众号在内容生态中不可替代的优势，坐拥超过 11 亿微信活跃用户，依然是短视频市场的巨大变量。

微信视频号的入口在微信的“发现”页面“朋友圈”的下方，其视频时长为 3～60 秒，文件小于 30MB，所以微信视频号的核心还是短内容。视频的页面尺寸最大为 1 230 像素×1 080 像素，最小为 608 像素×1 080 像素，高宽比最大为 11∶10。

此外，微信视频号也支持用户发图片，最多发 9 张，文字描述最多为 1 000 字。但是，微信视频号不支持用户自定义封面，而是直接截取视频的第一秒画面，因此第一秒画面的设计至关重要。

用户在微信视频号中可以添加公众号文章链接，这为公众号导流和电商变现提供了巨大的发展空间。主要短视频平台如表 5－4 所示。

表 5－4　主要短视频平台一览表

短视频 App	内容调性（下沉程度）	社区效应（评论活跃度）	媒体效应（头部内容推荐）	用户活跃（MAU/DAU/时长）	中心化程度
抖音短视频	★★★★	★★★	★★★★★	★★★★★	★★★★
快手	★★★★★	★★★★★	★★	★★★★★	★
西瓜视频	★★★★	★★★★	★★★★	★★★★	★★★★
抖音火山版	★★★★★	★★★★★	★★	★★★★	★★
微视	★★★	★★★	★★★★	★★★	★★★★
好看视频	★★★★★	★★★	★★★	★★★	★★★
波波视频	★★★★★	★★★	★★★	★★	★★★
土豆视频	★★★	★	★★★★★	★★	★★★★★
美拍	★★★★	★★★	★★★	★	★★★
秒拍	★★★★	★★	★★★	★	★★★★

（三）直播平台

直播的内容形式种类繁多，从初出道的秀场直播到如今电商直播的跃迁，经历了从图文消费时代到视频消费时代的用户内容消费习惯养成，经历了各大直播平台从风口浪尖到群雄争霸的尘埃落定，经历了中国本土电商品牌层出不穷、生生不息的流量争夺战，直播的商业化已经出现规模。

1. 淘宝直播

淘宝直播是阿里巴巴推出的直播平台，作为电商直播领域的领头羊，定位于“消费类直播”，用户可边看边买，不仅涵盖母婴、美妆、潮搭、美食、运动健身等范畴，还有全球购达人带着粉丝们通过直播镜头逛商城……消费者可以通过淘宝旗下的淘宝直播频道、微淘频道直接收看相关内容并参与互动。

淘宝直播与一般的直播不同，它定位于“消费类直播”手淘平台，目前，女性观众占绝对的主导地位，女性比例约占80%。淘宝直播是一个巨大的流量和带货场所，例如淘宝直播2019年“双11”全天带动成交近200亿，基于阿里的商城生态，为品牌主带来直接的商品转化和销量提升。

当前，淘宝深挖店铺直播，致力于用店铺直播取代详情页和主图视频，为淘宝店铺开展代直播运营。

2. 斗鱼、虎牙直播

斗鱼、虎牙是垂直类直播平台的典型代表，这类平台月活跃用户人数（MAU）很高，主打游戏或颜值类直播，截至2019第四季度，斗鱼MAU达1.66亿，虎牙MAU达1.5亿。

斗鱼tv是2014年1月推出的一款弹幕式直播分享网站。平台以游戏直播为主，主要为用户提供视频直播和赛事直播服务，包含体育、综艺、娱乐等多种直播内容。

虎牙直播是以游戏直播为主的弹幕式互动直播平台，累计注册用户2亿，提供热门游戏直播、电竞直播与游戏赛事直播、手游直播等。

3. 快手、抖音直播

快手平台、抖音平台的用户都是看网红直播的，看节目、看八卦、看美女帅哥、看搞笑等内容，因此电商的成交很大一部分是靠冲动消费。对于电商直播而言，卖货的方式有两种：自己直播和与大流量主播连麦直播，其中KOL带货能力相对较强。

案例链接

市委书记直播助农卖龙虾

2020年4月13日上午，应“粤过千里吃援鄂货”南方都市报直播带货潜江龙虾活动之邀，湖北潜江市市委书记吴祖云现身湖北潜江小龙虾交易中心，在南都云演播室中，现场抓起一只鲜活的“清水虾”，化身“段子手”，脱稿“带货”，从介绍潜江龙虾的品质到养殖、供货保证，还顺带拉上雷军一起站台，金句不断。这是他第一次走进直播间给潜江龙虾“带货”。

据统计，当日10:00—11:30，一个半小时直播共吸引超180万名网友围观。据官方统计，广东中荔集团、国联、点筹网、盒马等多家企业认购超6 000吨小龙虾，其中成品2 000吨，生鲜4 000吨，价值超过2.2亿元。

当前，直播销售的货品也多种多样，有鸭脖、热干面、汉口二厂汽水、花菇、红薯粉等小商品和农副产品，还有水果生鲜、方便速食、休闲零食、数码产品、儿童玩具、棋牌娱乐、健身器材等类目的商品。

资料来源：湖北潜江市委书记直播带货潜江龙虾．今日头条．(2020-04-14) [2020-04-17].

【分析提示】

直播带货的参与人员从明星、网红等开始向各行各业扩散，多种迹象表明一场波澜壮阔的“直播经济”正在到来。

三、视频的未来

在日益增长的信息获取需求和人们时间的碎片化成为天然矛盾的今天，视频应运而生，它是既有局限又有优势的时代产物。无论是长视频还是短视频，都有一个特点：上限很高，下限很低。特别是短视频的异军突起，带动了新媒体行业的快速发展，这不仅让企业大大减少了成本，还可以获得巨大的曝光量、影响力，通过直接和用户沟通，更好地实现流量转化。

随着5G技术的发展和应用，AR、VR、无人机拍摄、全景技术等视频拍摄技术的日益成熟和应用，以及农村互联网的进一步普及，视频发展已成为一种大趋势，具有非常乐观的增长前景。视频运营将呈现以下几个趋势。

（一）从内容出海到媒体出海，视频媒体战略性扩容海外市场

视频本质上属于内容产业，是内容驱动型行业，优质、持续、差异化的内容供给是平台制胜的关键。2019年中国电视剧持续发力海外市场，其中多部网剧表现亮眼，除了国家政策的支持，腾讯视频、爱奇艺等视频平台或推出海外平台，或与境外媒体达成合作，纷纷布局海外市场。

（二）从单纯的技术到区块链，技术创新将推动视频进一步发展

视频行业的技术创新将主要围绕推荐、安全、场景三个方面展开。

推荐方面：视频平台有望利用日益成熟的人工智能技术，更好地解决非个性化推荐和个性化推荐两大问题。

安全方面：可借助区块链技术实现更便捷、更低成本的内容版权保护。

场景方面：未来通过“大宽带，低时延”的5G网络技术，连接海量智能设备，视频的应用场景将被极大地丰富，行业将更具想象空间。

（三）垂直细分内容与平台的商业价值凸显

当前视频行业仍以泛娱乐、泛生活内容为主要的流量入口，未来随着消费升级的进一步推进，用户对垂直细分领域的优质内容会产生更大的需求，内容生产行业将出现一批垂直领域的视频平台。而垂直领域内容和平台的用户群体将更加精准，具有相同特点或共同兴趣，在精准营销方面更具商业价值。只要内容足够垂直，用户在观看时就已经完成了目标用户的筛选，对于其关联商品的需求就非常自然，因此观众画像非常明晰。其中导购类、生活类、评测类视频表现尤为突出，比传统的广告更加接地气和抓人心。该领域在YouTube平台整体商业化提升中受益最为明显。

（四）从看得见到被震撼，沉浸式广告成风

2019年第一季度，抖音上线Top View超级首位广告形式，以沉浸式的广告体验触达用户，助力品牌力的提升，推出不久就受到了林肯、宝马、vivo、MAC魅可等广告主的青睐，随后爱奇艺、腾讯视频等平台纷纷发力沉浸式广告。如图5-5所示。

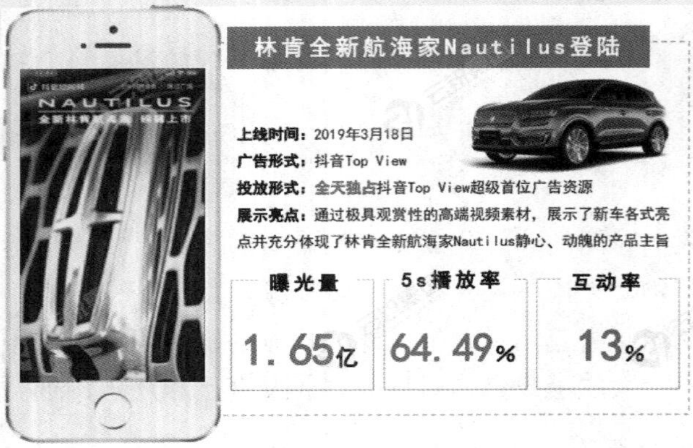

媒体平台	沉浸式广告
抖音	Top view
爱奇艺	开场秀
腾讯视频	One shoot
优酷	超级风暴
芒果TV	超级秀
火山小视频	Hot view
微博	开屏+博文联动

图 5-5　抖音 Top View 的林肯沉浸式广告

（五）从纯曝光到曝光至转化，各平台打通转化链路

2019 年 10 月 15 日，爱奇艺在 iJOY 悦享会公布的 AACAR，即依托创意和科技实现多屏幕、全链路营销解决方案，以及视觉引关注、互动生好感、品效共协同等方面的创新，一举击破行业多个营销痛点的营销模型，至此，打通转化链路的营销思维已经从三大互联网巨头平台（BAT）完成了理论落地。

（六）大屏市场受重视，数据驱动场景化营销升级

2019 年 1 月，阿里巴巴与分众传媒在上海召开“新零售、新营销、新连接”联合发布会，共同宣布推进“U 众计划”，携手引领线上线下全链路、品效协同的新营销模式；爱奇艺凭借技术加持家庭场景营销，助力品牌完成从 TA 到 TH 的精准化营销；2020 年芒果 TV、湖南 IPTV 团队和全国的 OTT 团队，成立了将 IPTV 业务与互联网电视业务进行融合的智慧大屏业务中心。

（七）不止于曝光，广告追踪效果转化

面对经济下行，单纯的品牌曝光已经不能满足市场的需求，助力品牌真正完成“品效协同”的效果传播，成为各平台发力的重点，由此腾讯搭建转化通道跳转微信小程序平台、抖音缩短转化路径的信息流工具、爱奇艺刺激用户转化的福利机制相继上线。

任务二　短视频运营

一、短视频运营及分类

抖音的火爆重新定义了移动社交市场，“两微一抖”的格局基本定型。抖音开始成为越来越多的企业的营销阵地，短视频运营的重要性也越来越被企业重视。如何做好短视频运营成了大家所关心的事情，那么到底什么是短视频运营呢？

（一）短视频运营的概念

短视频运营属于新媒体运营体系下的分支，即利用抖音、微视、火山、快手等短视

频平台进行产品宣传、推广、企业营销的一系列活动。通过策划品牌相关的优质、高度传播性的视频内容，向客户广泛或者精准推送消息，提高知名度，从而充分利用粉丝经济，达到相应营销目的。

总体上看，短视频运营的工作主要包括视频脚本策划、宣传发酵及复盘变现等。具体来说，脚本策划就是规划短视频内容，准备选题及拍摄制作等相关工作，也是短视频运营人员的工作重心所在，花费的时间和精力最多。在泛娱乐化的视频时代，去同质化是短视频运营突围的最好方向。

此外，短视频运营者还需熟知不同短视频平台的运营机制，打通宣传渠道，尽可能对短视频进行传播，才能吸引更多粉丝的关注，并为最终的变现奠定基础。

（二）七大类爆款短视频内容类别

1. 搞笑类

搞笑类是主流的内容类型之一。可以从搞笑的角度着手，运用“剧本＋扮演＋表情”三位一体的内容设计，结合各种创意技巧和方法，对一些比较经典的内容和场景进行视频脚本的“编辑”和“加工”，也可以是对生活中一些常见的场景和片段进行搞笑式的处理，从而打造出完全不同的、能给人娱乐和使人发笑的视频内容。

案例链接

“陈翔六点半”是以家庭社会类话题为主的原创幽默短视频。其视频内容源自生活和网络，也是大家身边发生的事情，他们用比较幽默搞笑的形式表现出来，得到了大量用户的喜爱。同时，其推出的所有内容都是精心打磨的，从标题到视频，大到文案推送，小到粉丝回复，都非常具有自己的特色。目前，“陈翔六点半”在42个平台上播放，平均每部的播放量在3 800万以上，仅抖音平台的粉丝量就达到4 378.4万。

资料来源：从《陈翔六点半》看自媒体作者如何做好内容运营．今日头条．(2020-07-03) [2020-07-13].

自媒体如何做好内容运营

【分析提示】

在这个流量即价值的时代，“陈翔六点半”获得的巨大的播放量和粉丝量就是其最大的资产。

2. 干货类

干货类指的是一种可以为用户提供有用、有价值的知识和技巧的短视频内容。一般来说，干货类短视频内容主要是以有价值的知识内容为脚本核心，这对于想要详细了解的用户来说，是非常有用的，他们也会非常有兴趣观看下去。用短视频进行知识的分享，能大大提高学习的趣味性，降低学习的难度。知识分享类的干货短视频也是各类短视频平台中重要的内容之一。

案例链接

“手艺贾”是抖音平台上一个专做手工银饰品制作工艺介绍的账号。其在介绍各类银饰品制作过程的同时，也向粉丝展现了“工匠精神”，为传承银饰品手工技艺，起到良好的推动作用。目前，其抖音账号粉丝127.3万，获赞1 001.5万。

资料来源：手艺贾．银匠手艺贾带你看雷人古玩．哔哩哔哩网．(2020-05-09)[2020-08-30].

【分析提示】

“手艺贾”通过分享银饰品手工技艺，传承中国文化。

3. 颜值类

关于“颜值”主题类的脚本，除了表示漂亮的含义之外，还附加了一些漂亮所引发的效果。当然，这里的“颜值”并不仅仅是指人，它还包括好看的事物、美景等。

从人的方面看，除了先天条件外，想要提升颜值，有必要在自己所展现出来的形象和妆容上下功夫：让自己看起来显得精神，有神采，而不是一副颓废的样子，这样能明显提升颜值；先化一个精致的妆容后再进行拍摄，更是轻松提升颜值的便捷方法。

从事物、美景等方面来说，可以通过其本身的美再加上高深的摄影技巧来实现。如精妙的画面布局、构图和特效等，可以打造一个高推荐量、高播放量的短视频内容。

4. 萌宠类

“萌”作为一个特定形象，奠定了其在用户中的重要审美地位，同时也得到了很多用户的喜欢，无论男女老少，都有它的忠实粉丝。通过设计“萌”主题的短视频脚本内容，将瞬间的“萌态”和具有“萌态”的事物展现出来，不仅能一秒吸睛，还能起到意想不到的吸粉引流效果，“唯萌不破”说的就是如此。总的来说，包括可爱的萌娃、萌妹、毛茸茸的猫狗等小动物三种类型。

5. 才艺类

短视频的发展让才艺展示的门槛降低，类别变得更丰富，让各类有才艺的人都能够通过短视频发声，实现兴趣用户的聚拢。由于这类短视频内容脚本是操作者在工作和生活中经过长期训练才能做到的，体现了内容的专业性和技艺的精深，故这一类短视频内容能够起到很好的吸粉效果。当然，这类爆款短视频内容并不是所有人都能打造出来的，只适合在某一领域有优势和特长的运营者。才艺类短视频脚本的内容可分为唱歌跳舞等常规才艺和冷门匠人技能才艺两种。

案例链接

“手工耿”是快手、B站平台上一个专做冷门手工技艺的账号。如其“自制铁滑板，滑起来有种御剑飞行的赶脚”视频中，展示了如何用一块长板制作成滑板的全过程，这个2分55秒的视频得到505.3万人次观看，1.8万人次讨论。其“自制倒立洗头机”更是获得985.6万人次观看，4.8万人次讨论。目前，其B站账号粉丝 434.4 万。

资料来源：手工耿．自制铁滑板，滑起来有种御剑飞行的赶脚．哔哩哔哩网．(2019-06-20)[2020-07-30].

【分析提示】

“手工耿”通过各种自制道具的技能，吸引大批粉丝围观、讨论。

6. 美食类

由于美食在我们的生活中占据着重要的位置，因此美食类短视频内容不仅能使人身心愉悦，还能让人产生共鸣。强大的普适性和较低的准入门槛，让众多内容创作者投身于美食类短视频的创作。美食类短视频的脚本内容不仅可以从向观众展示与美食有关的技能入手，还可以从释放拍摄者及出镜人对生活的乐观与热情入手，多维度进行内容创作。

案例链接

“爱下厨的哒哒君”是一个平面设计师，通过抖音变身为美食达人，分享家常懒人食谱。其商品橱窗中主要销售与美食视频内容有关的产品。如“焦糖奶茶的制作”短视频中，用有趣的语言介绍展示焦糖奶茶的简单制作方法，通过视频将味觉以其他形式传递给观众，从而引导用户到其抖音小店购买“金骏眉红茶”茶叶，这个 10 多秒的视频得到 21.9 万人次点赞，5.8 万人次讨论和 15.6 万人次转发。目前，该抖音账号获赞 484.5 万人次，85.3 万粉丝。

【分析提示】

“爱下厨的哒哒君”通过在抖音进行简单的美食介绍，引导消费者到抖音橱窗中购买相关食材，实现了自主创业。

7. 治愈类

当代年轻人的生活压力、工作压力，有时候也需要通过短视频来舒缓，因此，通过“价值观认同＋尖锐文案＋表述力”的方式，设计治愈类的内容脚本，能够直戳用户内心，从而带来忠实度非常高的用户群体。

案例链接

“楚楚有话”抖音号是一个专门通过分享名言警句，治愈人们心灵的抖音号。其商品橱窗中主要销售与治愈名言视频内容有关的书籍。如“洛克菲勒的家信”短视频中，通过优美、励志、治愈的文字和语句，吸引用户观看，从而引导用户到抖音小店中购买相关书籍。这个十多秒的视频点赞量为 52.7 万人次，转发量 9 915 人次。该账号粉丝量共计 190.1 万人，获赞 801 万人次。

【分析提示】

“楚楚有话”通过分享治愈类的名言警句，直击用户内心，达到共鸣，促进转化。

除以上主要的爆款短视频内容外，还有旅行和 Vlog 等类型，随着短视频蓬勃发展，题材类型将会持续拓展和升级。

二、短视频脚本设计流程

视频脚本也可称剧本，是视频的故事大纲和制作规划，指导着前期拍摄、录音、分镜和后期剪辑、特效、配音，起着统领全局的作用。视频脚本一般分为拍摄提纲、分镜头脚本和文学脚本。它们分别适用于不同类型的短视频。

短视频最长都只有几分钟，于是很多创作者便认为短视频不需要脚本，其实这是一种误解。无论是长视频、短视频还是直播，都需要以脚本为基础，它是视频制作的灵魂和钥匙，是内容水准的保障和前提。

与传统的影视剧脚本及长视频脚本不同，短视频在镜头的表达上会有很多局限，如时长、观影设备、观众心理期待等，所以短视频脚本需要更密集的视觉、听觉和情绪的刺激，并且要安排好剧情的节奏，保证在 2 至 5 秒内抓住用户的眼球。

短视频脚本设计流程分为以下五个步骤：

（一）确定短视频主题思想

在创作短视频脚本前，运营者需弄明白两个问题：

一是你想表达什么？即：不要说视频受众看不懂的话，要让你的粉丝一听就懂，知道你在干什么、说什么。

二是你的粉丝看完短视频后会得到什么？对短视频用户而言，休闲娱乐是其较为核心的需求之一，当然也不缺乏希望通过短视频学会某项技能的需求，那么，我们创作短视频脚本的思路就需要围绕“有趣”或“有用”展开挖掘。

（二）人设与场景

在确定主题思想后，接下来需要进一步明确人物形象和场景运用，搭建基本的短视频内容框架。

（1）人物形象。即短视频中的主角人物的人设是什么？或者可以赋予角色一定的职业身份。打造符合目标受众偏好的人设，有助于快速拉近与目标受众之间的距离，便于短视频中心思想的表达。

（2）场景运用。围绕主题思想，结合具体的人设，还需确定短视频内容的展现是在室内还是室外？是特定的职业场景还是一般的生活场景？合理运用不同的场景，可以使短视频内容展现得更充分，有助于吸引目标受众、提升完播率。

（三）整体构思预演

有了上述的基本框架后，就可以进行具体的短视频内容撰写，并开展整体的构思预演。

在整体构思预演的过程中，需要注意：不用刻意限制字数，把该说的要点写出来即可；尽量一气呵成，在撰写的过程中可能会想到更合适的内容，应避免同质化，把内容写得更加有趣。5 秒内有吸引目标受众的爆点，注意细节，确保短视频脚本能准确无误表达主题思想。

（四）分镜

在预演确保无误后，接下来的核心工作就是将整体脚本进行分镜，分镜脚本主要包括镜号、景别、技巧、画面内容、背景音乐、旁边或台词、效果图以及时长等内容。当然，运营者也可以根据具体的短视频内容进行适当调整，使分镜脚本更符合拍摄和剪辑的需求。下面以奶粉的短视频脚本为例说明，如表 5－5 所示。

表 5－5　分镜脚本展示

客户要求：时长：30S；大小：10MB 以内；画面比例：3∶4；用途：淘宝视频主图；需展现内容：细颗粒展示，冲泡展示。							
日期	0730	项目拍摄：奶粉拍摄					
镜号	景别	镜头技巧	画面内容	背景音乐	文案	时长（秒）	备注
1	全景	平拍左右移	介绍场景	轻柔	某某品牌	5S	效果图等
2	全景	平拍上下移	展示包装			5S	
3	中景	平拍左右摇镜	展示独立包装		独立包装方便携带	5S	
4	近景	定拍	展示 logo		品质保障	5S	
5	特写	定拍	奶粉倒进杯子			5S	
6	特写	俯拍推镜	勺子在杯子里搅拌		速溶加锁鲜工艺	2.5S	
7	中景	平拍左右移	包装和杯子合影	特效音	省钱省心更新鲜	2.5S	

分镜脚本在撰写过程中需注意以下几个问题：

（1）旁白或台词时长不宜过长，若是 1 分钟的旁白或台词内容，字数尽量控制在 200～300 字。

（2）语言精练不啰唆，说清楚重点内容，不用介绍太多细节。

（3）调整整体逻辑，短视频重点在前几秒，其次才是之后的内容，故可以运用写作中的“总分总”结构，在第一句话，说出重点，结束前再提一次重点。

（五）短视频效果与风格

在制作分镜脚本过程中，还需注意短视频的效果与风格的呈现。要想使短视频效果与风格达到目标预期，需从以下几方面入手：

（1）眼观。即看到的是什么，包括封面图、标签等给目标用户第一眼的感受如何，是否有模糊不清晰的图像，短视频的视觉效果是否有冲击力，是否能够给目标受众留下深刻印象，这都是在制作脚本过程中需要充分考虑的问题。

（2）听觉。即听到的是什么，配音、配乐是否适合视频内容的呈现，音量大小是否合适，旁白、台词的念词发音是否标准，这些会直接影响短视频的视觉效果呈现。

（3）感受。即看完短视频后的整体感受如何，是否能调动目标受众的情绪，能否表达主题思想，这些会直接影响短视频的主题表达和目标的实现。

三、短视频拍摄与剪辑

（一）短视频拍摄技巧

“工欲善其事，必先利其器。”制作短视频需要从选择合适的器材开始，还要将各种技巧练习到纯熟的地步，如运镜、转场、拍摄、选取音乐、添加字幕、配音以及剪辑等。

1. 拍摄器材的选择技巧

（1）相机的选择。

对初始团队和小团队来说，若受限于资金，可使用手机拍摄制作。一般 1 500 元以上的安卓手机已具备足够的机能，能满足一般拍摄和发布需求；2 000 元以上的安卓设备应该能胜任剪辑的工作。如果预算足够，iOS 手机也是不错选择。

对于预算有限又有视频画质改进需求的团队来说，微单（微型单镜头反光相机）是不错的选择，这里推荐斯莫格 BMPCC、松下 GH5 和索尼 A6300 三款机器。

当短视频团队发展到稳定阶段，要面向广大的用户，甚至可能接电商短视频广告时，对画质和后期的要求越来越高，就需要考虑更专业的单反相机或摄像机了。

（2）灯光设备。

摄影摄像是光影的艺术。灯光造就了影像画面的立体感，是拍摄中最基本的要素。相对于电影复杂的灯光布置来说，大部分短视频的拍摄要求不高。这里介绍一种可以满足基本拍摄需求的三灯布光法。如图 5-6 所示。

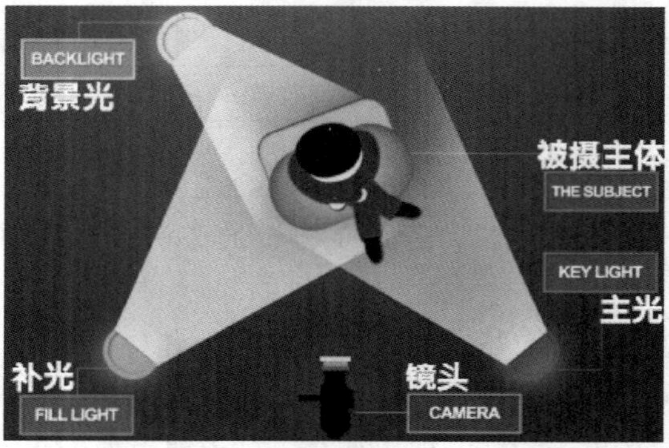

图 5-6　三灯布光法

1）主灯：主灯通常用柔光灯箱，主光能够将主体最亮的部位或轮廓打亮。主光通常放在主体的侧前方，在主体与摄像机之间 45°～90°范围。

2）辅灯：作为补光，亮度比主光小，通常放在主光相反的地方，可以对未被主光覆盖的主体暗部进行补光提亮。这里要提到一个重要概念——光比。光比可以被理解为光照强度的比例。主灯和辅灯的光比没有严格要求，常见的是 2∶1 或 4∶1。

3）轮廓光：也称为发光，本质就是修饰，用于打亮人体的头发和肩膀等轮廓，增强画面的层次感和纵深感。轮廓光的位置大致在拍摄主体后侧，和主光相对的地方。

此外，除了基本的灯光设备外，还可以根据实际情况选择便携灯、反光伞、无影罩、尖嘴罩、匀光膜、闪光灯和引闪器等辅助灯光设备。

当然，除了相机和灯光设备外，还需要根据拍摄需求，有针对性地选择三脚架、静物台、静物箱、摇臂、滑轨、导轨、无人机、话筒/麦克风等辅助设备。

短视频创作者并不需要购买全部短视频设备和辅助器材，具体视拍摄需要决定。很多短视频大号也只是用非常基础的设备。根据对“金秒奖”获奖者的采访，“二更”的拍摄器材是佳能 5D3、索尼 a7、三脚架、小蜜蜂、LED 灯。

2. 运镜技巧

镜头的很多语言是通过运动镜头的方式来表现的，即运镜。动镜能将静态的画面带动起来，不仅带来视觉的冲击，还能推动故事的发展。常用的镜头运用技巧如下：

（1）推镜头。

推镜头是一种最为常见的运镜技巧，是指被拍摄物位置不动，镜头从全景或别的景位由远及近向被拍摄物推进，逐渐推成近景或特写的镜头，主要用于描写细节、突出主体、制造悬念等。

（2）拉镜头。

和推镜头相反，拉镜头是指人物不动，构图由小景别向大景别过渡，摄影机从特写或近景拉起，逐渐变化到全景或远景，视觉上会容纳更大的信息，同时营造一种远离主体的效果。

（3）跟镜头。

跟镜头就是跟拍，画面的主体是运动中的被拍摄物，镜头跟随其运动方式一起移动。跟镜头可以全面详尽地展现被拍摄主体的动作、表情、运动方向，这种方法最为普遍。

（4）摇移镜头。

摇镜头是指镜头遥摄全景或者跟着被拍摄物的移动进行拍摄，它常用于介绍环境或突出人物行动的意义和目的。移镜头是指摄影机沿水平面做各个方向的移动拍摄，便于展现各个角度。

（5）升降镜头。

升镜头是指摄影机在升降机上做上升运动，形成俯视拍摄，以显示广阔的空间。降镜头是指摄影机在升降机上做下降运动进行拍摄，多用于拍摄大场面，以营造气势。

（6）悬空镜头。

即摄影机在物体上空移动拍摄的镜头，这种镜头的拍摄会产生史诗般恢宏的气势。

3. 转场技巧

转场就是场景或段落之间的切换。纯熟的转场能增加短视频的连贯性。转场主要分为无技巧转场和技巧转场两类。

（1）无技巧转场。

即是用镜头自然过渡来连接上下两段内容，强调视觉的连续性，运用时要注意寻找合理的转换因素和适当的造型因素。主要有空镜头转场、声音转场、特写转场、主观镜头转场、两级镜头转场以及遮挡镜头转场等六类常用方法。

（2）技巧转场。

即用一点特技的手法进行转场。技巧转场常用在情节之间的转换，给观众带来明确的段落感。主要有淡入淡出转场、叠化转场、划像转场等三类常用方法。

4. 拍摄技巧

（1）重心左移。

画面构图要尊重屏幕构图基础。以抖音为例，点赞、评论、转发和头像都集中在屏幕的右侧，屏幕的下方也有内容制作者的账号 ID 和标题，这就要求创作者在拍摄时尽量把画面重心往屏幕的左上方移动，避免影响画面的完整表达。

（2）竖屏拍摄。

竖屏的优势在于能够把画面聚焦于人物，也符合用户的观看习惯。

（3）光线布局。

摄影是光影的艺术，好的光线布局可以有效提高画面质量。室内拍摄时，创作者可以通过灯光的组合来实现最佳的拍摄光线，室外拍摄时，除非特殊拍摄需要，尽量选择顺光拍摄，如果光线不够清晰，可以手动打光。

（4）拍摄构图。

拍摄构图法包括黄金分割法、中心构图法、对角线构图法和三角形构图法等。以黄金分割法为例，被摄主体置于画面中的三分线上，能够使画面更加灵活，富有空间感。

（5）网格功能。

构图时建议启用网格功能，以便于把握整个画面的结构。

（6）背景和角度。

拍摄时可以尝试多种灵活的拍摄角度，如从远处将镜头拉近、从近处拉远、斜着拍摄、逆光拍摄或者倒转镜头，让视频画面更加生动、丰富。

（7）画面色彩。

拍摄时，为了突出核心人物，要避免杂乱的背景对人物造成的干扰。建议选取干净整洁的背景，人物服饰的颜色也尽量与背景相协调。

（二）短视频剪辑技巧

剪辑就是借助视频剪辑软件进行镜头的连接，使镜头的逻辑顺序和结构更严密，生成具有不同表现力的新视频。

1. 短视频剪辑六要素

（1）信息。

就是通过镜头呈现给用户的内容，分为视觉信息和听觉信息。

（2）动机。

镜头之间的切换、转场一定是有动机的。例如，画面中的被摄对象陷入了回忆，此时的镜头应该切换到回忆的画面。

（3）镜头构图。

通过调整被摄主体、周边对象和背景的关系，来达到最佳的构图。

（4）摄影机角度。

摄影师和剪辑师一定要考虑几个重要的问题：摄影机该放在什么位置，画面中有几个人物，拍摄的主要对象是谁，如何展现人物的特点。通过一系列的角度设置，获得最佳的效果。

（5）连贯。

好的剪辑能够实现平稳连贯的效果，给观众提供行云流水的感官。

（6）声音。

对声音的剪辑有两个重要概念：对接剪辑和拆分剪辑。对接剪辑就是画面和声音的剪辑点一致，拆分剪辑是指画面先于声音被转换，保证画面切换更自然。

2. 手机端短视频剪辑软件

（1）“蕉片” App。

其是一款集拍摄、导入、剪辑与分享等多功能于一体的、帮助用户快速记录身边发生的美好的视频软件，为短视频拍摄爱好者提供了从视频创作到发布的一站式服务。其主要特色是：滤镜效果多样并智能、多段视频拼剪操作比较便捷、贴纸与字幕样板清新可爱，深受年轻学生喜爱。如图 5－7 所示。

图 5－7　蕉片 App 主页

（2）“UVE” App。

其是 iOS 和 Android 平台上的一款 Vlog 社区与编辑工具，允许用户通过简单的操作实现 Vlog 的拍摄、剪辑、细调和发布，记录与分享生活，还可以在社区直接浏览他人发布的 Vlog，与 Vloggers 互动。其主要特色是：有电影调色专家调制的无数款滤镜，切换至前置摄像头会出现自然的自拍美颜功能，还有六款自带的创作套件可供选择，并且支持分享至社交网络。如图 5－8 所示。

主页面　　　　创作套件

图 5－8　UVE App

（3）“快影” App。

其有强大的视频剪辑功能，丰富的音乐库、音效库和新式封面，在手机上就能轻松完成视频编辑和视频创意，制作出令人惊艳的趣味视频，是用户编辑搞笑段子、游戏和美食等视频的优质选择。特别适合用于 30 秒以上长视频制作，其内置大量音乐，可以添加多段音乐到视频，可以给视频添加个性化的封面，还可以给视频添加多段个性字幕，让作品表现力无与伦比。视频制作完成可一键导出高清作品到本地相册，可以将 10 分钟视频直接上传至快手，并且快影提供基础教程供使用者学习，是目前网红及各年龄段人使用极多的一款 App，如图 5 - 9 所示。

图 5 - 9　快影 App 主页面

(4)“简影”App。

其是视频影视后期制作软件，简便易用。主要特色是：提供目前主流的小视频模板，具体有微商营销、电影改编、文字心情表达、视频表白、恶搞等，一些视频中还具有主流的 3D 场景，具有震撼视觉体验和视觉冲击。

简影制作出的视频可达 720p 分辨率，有较高的清晰度，在高清电视、投影仪下播放无压力，深受网红、微商等人员的喜欢，如图 5 - 10 所示。

主页面兼主题模板　　　　主题模板拍摄页面

图 5 - 10　简影 App

(5)“Bger”App。

其是创意宣传片与电子相册视频制作大师，特有“傻瓜化”AE 特效视频制作系统，不仅可以快速将图片视频合并转化，还可以一键制作超炫企业宣传片、电子相册、广告、淘宝视频主图、详情页、微商相册视频、音乐相册 MV、影集短片等多种宣传营销视频。

Bger的视频模板具有多图展示、可编辑文字特效及华丽的镜头转场，每一个视频模板都经过精心雕琢，手机拍摄或屏幕录制的任何素材经过编辑，立即呈现满满高级感，深受从业电商人员的喜欢。因此，它具有的大多数模板采取收费形式，只有少数免费模板。如图5-11所示。

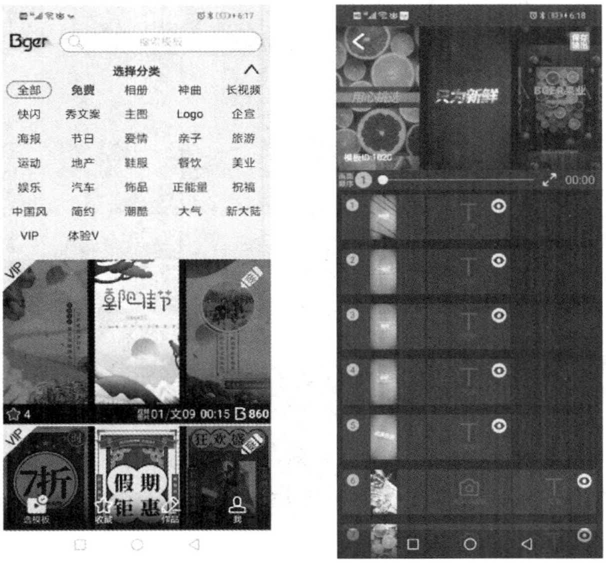

主页面兼模板　　　　模板拍摄页面

图5-11　Bger App

3. 电脑端短视频剪辑软件

（1）爱剪辑。

其是一款全能的免费视频剪辑软件，支持视频与音频格式、逼真的好莱坞文字特效、炫酷的转场特效，拥有最全的卡拉OK效果、MTV字幕功能以及专业的加相框、加贴图、去水印功能等。

（2）会声会影。

其是一款功能强大的付费视频编辑软件，具有图像抓取和编修功能，可以抓取、转换MV、DV、V8、TV和实时记录抓取画面文件，并拥有超过100多种的编制功能。它适合普通大众使用，操作简单易懂，界面简洁明快。其成批转换功能与捕获格式完整支持，让剪辑影片更快、更有效率；画面特写镜头与对象创意覆叠，可随意做出新奇百变的创意效果；配乐大师与杜比AC3支持，让影片配乐更精准、更立体；同时酷炫的128组影片转场、37组视频滤镜、76种标题动画等可提高效果。如图5-12所示。

（3）Adobe Premiere。

这是一款常用的视频编辑软件，是视频编辑爱好者和专业人士必不可少的视频编辑工具。虽然是专业的视频编辑软件，但是它易学、高效、精确。它提供了采集、剪辑、调色、美化音频、字幕添加、输出、DVD刻录一整套流程，用于视频段落的组合和拼接，并提供一定的特效与调色功能，通过第三方插件可实现专业的调色，满足创建高质量作品的要求。

图 5-12　会声会影多重修剪截图

(4) After Effects。

Premiere、After Effects 同属 Adobe 公司，是视频制作领域专业人士常使用的后期特效加工工具。针对营销视频的制作，在 After Effects 里可以完成文字特效、粒子特效、光效、仿真特效、调色技法以及高级特效等，为视频效果提供视觉包装与动效制作的途径。

四、短视频的传播发酵

短视频平台的逻辑与长视频平台大相径庭。长视频平台用户对平台内容产生黏性，而短视频平台用户对平台本身产生黏性。从两种平台的推荐分发机制能看出差异。

当前，抖音 DAU 已逾 4 亿，人均日均使用时长 72 分钟，是使用时长最高的 App 之一。为了更好地说明短视频的传播发酵，我们深入探讨抖音的推荐机制及宣传推广技巧。

(一) 抖音短视频平台推荐机制

短视频平台的推荐机制已经从优酷的编辑模式跨入了机器算法时代。机器获取有效信息最直接的途径就是短视频的标题、描述、标签、分类等。以抖音为例，它的模式被称为“流量赛马机制”，这种算法主要经过以下三个阶段。如图 5-13 所示。

1. 冷启动曝光

对于上传到平台的短视频，抖音平台会对视频内容从视频时长、违规行为、清晰度、是否包含水印、是否有明显的广告痕迹以及通过标题获取视频内容关键词来进行识别。在甄别完成之后，会对上传的视频通过标题获取视频内容关键词进行内容的分类，

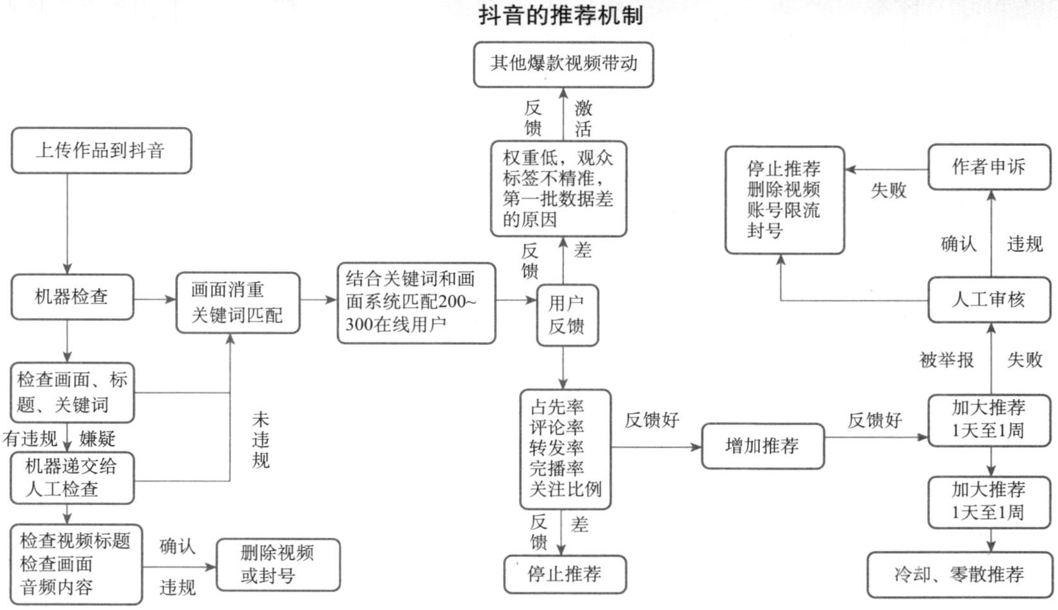

图 5－13　抖音推荐机制

即给视频打上标签，优先派发给关注者及附近的人，再根据视频标签及用户标签进行智能分发给可能对此内容感兴趣的用户。

2. 叠加推荐

经过分发的视频，算法会从曝光的视频中进行数据筛选，对比视频的点赞量、评论量、转发量、完播率等多个维度的数据，选出数据表现出众的短视频，放入流量池，给予叠加推荐，依次循环往复。

3. 时间效应

一方面，当抖音用户出现高峰期，某类视频内容浏览量非常高时，会出现现有视频内容供应跟不上需求的情况，这时，抖音会通过算法，到过去的视频库中进行提取，重新发出该视频的叠加推荐机制。

另一方面，在叠加推荐过程中，抖音的各项热度的权重依次为：转发量＞评论量＞点赞量＞完播率。此外，热度权重也会根据时间择新去旧，一条爆火的视频的热度最多持续一周，除非有大量用户模仿跟拍，故对短视频运营者来说，需要有稳定的内容更新机制和持续输出爆款的能力。简单来说，要做到以下几点：

（1）提升完播率：发布的 15 秒视频看完的人数持续增高，推荐则会慢慢增长。

（2）提升点赞率：抖音官方公布的优质视频点赞率是 3%（即比方点赞比），如果你的比方点赞比高于或者接近 3%，抖音算法机制会给你更多推荐量。

（3）提升互动率：视频评论互动是账号活跃度检测的一个重要标准，跟抖音算法推荐机制直接挂钩。

（4）提升转发率：视频的转发数量越高，抖音算法推荐就越高，推荐到首页的转发量就都不低。

（5）提升复播率：视频重复播放代表着用户对视频的肯定，抖音推荐算法机制也会相应地增加推荐。

总之，短视频运营者需要珍惜基础推荐流量池，提高点赞率、评论率、转发率、完播率，努力提升权重，争取进入叠加推荐。

（二）获取种子用户

在账号创建初期，通过冷启动曝光获取足够多的种子用户，是短视频内容生产者初期运营的重心。

1. 增加曝光率

（1）多渠道转发。

利用个人的社交关系和影响力，在朋友圈、微信群、知乎、贴吧、微博等渠道进行转发传播，增加曝光率，可以获取更多用户的关注。利用微博粉丝通、粉丝头条也是不错的方法，运营者也可以筛选大 V 付费推荐，但应尽量筛选精准的、流量真实的大 V 号。

（2）写优质内容传播。

优质的内容是稀缺的，编写优质的内容，在各大网站发布，从而带动阅读量，嵌入自己的短视频，进而带来用户关注，也是一种有效的方式。

（3）参加挑战和比赛。

很多短视频平台都有挑战项目，这些项目自带巨大流量。例如，抖音每天都有各种主题的热门话题和挑战活动，鼓励用户积极参加；美拍可以制作有亮点的图片，参加话题活动上热门；今日头条的“金秒奖”是短视频行业内标准比较高的赛事，加入比赛不仅可以获得曝光，也可以向优秀短视频同行学习，提升自己的水平。

（4）付费推广。

一些平台提供了付费推广渠道，有助于获取更大的曝光量，如抖音推出的短视频播放率推广工具“DOU＋”，可以将视频推广给更多用户，支持自投放和代投放。使用“DOU＋”的短视频会出现在抖音的首页推荐流里，根据抖音的高效智能推荐算法，视频会展现给可能对该视频感兴趣的用户或潜在粉丝。

2. 蹭热度

可以在流量比较大的大 V 或热门微博下面评论、回复，分享自己的观点，帮别人解决问题或交流问题，用精彩独到的观点引起别人的关注也是一种获取流量的方式。

在微博、百度风云榜等平台搜索热点新闻、热点话题等自带流量属性的事件，也可以获取流量。

3. 活动推广

（1）为各机构拍摄短视频。

为流量比较大的机构拍摄短视频其实是一种高回报的行为。例如，“二更”为公交站、地铁站、航空楼等出行量大的场所拍摄了宣传短视频，也扩大了自己的知名度。

（2）转发抽奖。

转发抽奖是经常被使用的形式。转发抽奖活动奖品的设置比较关键，可以是用户感兴趣的礼品，也可以是其他形式，如向某领域成功人士一对一提问的机会。奖品设置的关键是用户思维，考虑什么样的抽奖设置能激发用户的参与度。

(3) 线下推广。

成功的线下推广能以比较低的成本吸引精准的用户群体。线下推广的活动形式很简单，如扫码关注送小礼物、穿独特的卡通衣服吸引路人。线下推广时，尽量选择商场、地铁站、高校食堂等人多的场所，同时一定要和场地工作人员协商好。

4. 导流

与其他的自媒体人进行合作，相互导流也是沉淀用户的不错方式。但有一些基础知识需要了解：腾讯系与阿里系之间不允许互相导流；今日头条与腾讯系不允许互相导流；微博的兼容性比较好，适合粉丝沉淀。

（三）激活用户

用户激活可以增加用户的活跃度，引导用户持续关注账号，增强用户黏性。

1. 评论互动

互动是短视频算法中一个重要的指标。短视频运营者发布视频后，用户产生了观看、评论、点赞等行为，运营者还需要进一步回应沟通，互相产生更多的交互。各种互动中，评论的价值最高，因为评论互动最方便，运营者能看到很多留言。运营者可以通过以下几种方法来增强评论互动：

(1) 视频内容中引导用户关注、点赞、评论。

我们在观看抖音的过程中，很多时候可以听到一句话叫“双击 666”，这就是一个引导用户点赞的话术，运营需要在设计视频内容脚本时，通过各种话术，以润物细无声的方式，引导用户关注、点赞、评论。或者视频内容能为用户提供其所需的技能，粉丝会自然而然地通过关注账号成为忠实粉丝，通过评论索取制作方法，提升点赞、关注、评论数。

(2) 回复评论。

运营者及时反馈用户的每一条评论，可以激发用户的参与热情，是激活用户最直接的方式。一旦发现高质量、幽默、有代表性的评论，运营者可以将其作为精选置顶，借此引导更大范围的互动。

(3) 与粉丝进行互动。

在视频内容吸引到一定的粉丝群后，需要开展粉丝运营活动，通过定期、不定期地开展抢红包、评论区盖楼等活动，引导粉丝始终关注、评论和点赞，并始终保持活跃度。

2. 私信

对于一些互动频率高和回复质量高的用户，运营者可以将其作为重点培养的用户，增加关注度，进行跟进评论，甚至私信沟通。

3. 话题活动

富有创意和传播性的活动是短视频运营的一种重要形式，也是激活用户的有效方式。鉴于短视频平台的局限性，运营者可以通过社群的方式将粉丝沉淀下来，通过后续各种活动来获取用户反馈，增加用户黏性，也可以鼓励用户积极表达，鼓励他们成为内容的生产者。有一点要注意，单纯的有奖活动并不是很好的方法，有能够带动人群参与热情的话题才是关键。

案例链接

“柯铭”是宠物类抖音账号。其根据不同狗狗的性格特点，为四个“熊孩子”打造了“呆萌的悟空、乖巧听话的南方、总是睡不醒的卷卷以及调皮捣蛋的颜艺帝哈尼”的清晰鲜明的“狗设”，再加上总是套路狗狗们的“反派老爸”形象塑造，为“柯铭”的混剪萌宠视频奠定了反转、搞笑的基调。以此博得目标受众开心一笑的同时，也为吸粉引流奠定基础。

1. 确定创意内容

围绕这些用户可能感兴趣的主题，“柯铭”通过观察生活里能让大家捧腹大笑的梗和画面，将其纳入“脑洞云数据库”，并根据需要设计成“包袱”，灵活运用到自己的每一期视频作品中，让故事反转，有时还不止一个。

2. 剧本创作

“柯铭”这种“提出问题＋找出真凶＋结局反转”爆笑反转的包袱结构，加上动物表情的配合，使整体视频的包袱密集度非常高。此外，“柯铭”的许多视频并不是独立的，而是像连续剧一样有连贯剧情。不论是侦探类、上课类、宫斗类，还是一些段子，都能从我们每个人身上找到动物也有的共性。

3. 短视频制作

画面处理上，经过精心策划、拍摄和剪辑的视频素材，保持前后角色的一致性，采用“动态字幕＋贴合视频内容”的形式，把动物的情绪充分地表达出来，又不至于画面不协调。“柯铭”短视频中的四只狗狗有最通人性的回应和堪比演员的精湛演技。在配音上，为了加强效果，前半段加入了节奏背景音，加快了演员的语速。同时在音轨处理上，几乎没有留白。通过使用多种音效留给观众反应时间。这种处理在喜剧中比较常见，可以通过音效突出主题，强化笑点。

资料来源：运营黑客．抖音大V“柯铭”上热门的3大关键因素、5个核心要点．搜狐网．(2019-03-16)［2020-07-30］.

【分析提示】

“柯铭”通过头脑风暴确定系列创意内容，将宠物拟人化并赋予人格，以“提出问题＋找出真凶＋结局反转”爆笑反转的包袱结构，结合“动态字幕＋贴合视频内容”的形式，加之合集打造的系列剧情，将单一视频串联，既能实现自我引流，增加视频点击，又增强了用户黏性。

任务三　直播运营推广

一、直播带货内容及模式

当前，从直播平台来看，多个平台开发直播功能、开放直播流量入口、出台直播扶持政策；从直播品类来看，教育、汽车、房产等以线下运营为主的行业也开始试水线上直播；从直播主播来看，主播群体更加多元，除了直播达人，越来越多的明星、KOL、商家、政府官员等开始进入直播领域。因此，我们主要从“人、货、场”三维度探讨直播带货的内容及模式。

（一）“人”：五大派系，多种带货方式并存

目前，已经诞生了以网红企业家为主、营销为主带货为辅的营销派；明星、头部KOL为主的流量派；专业背书、垂直领域的专家派；具有头部议价能力的供应链派和拥有扎实销售体系的销售代理派等五大派系。如图5-14所示。

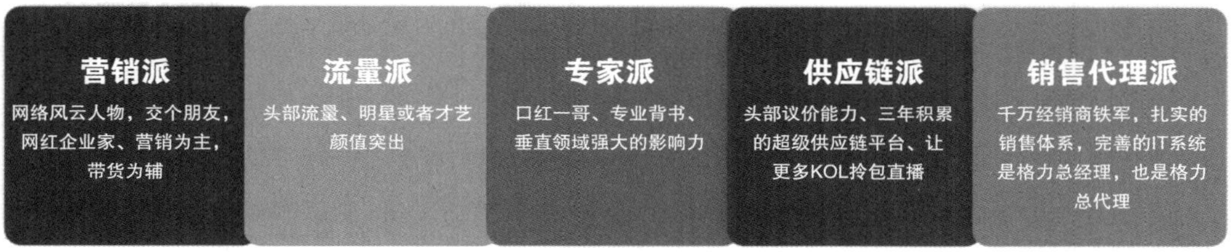

图5-14　直播带货五大成功流派

无论是哪种派系，根据货品和服务对象的不同，直播带货模式也各有不同，主要表现有以下三大类：

1. 主流直播带货模式

（1）秒杀模式：即主播凭流量优势获得对品牌商的议价能力，以低价回馈粉丝，从而吸引大批忠实粉丝的模式。

（2）达人模式：即在某个领域积累专业知识，成为消费KOL，以个人魅力和信誉背书的模式。

（3）网店直播模式：即主播对店铺在售产品逐一介绍，依靠商品引起观众互动的模式。

2. 特定地点直播模式

特定地点直播模式受限于特定地理位置。主要有以下三种类型：

（1）基地走播模式：即在供应链构建直播基地，主播在基地直接开直播的模式。这种模式能提升消费者信任感。

（2）产地直播模式：以农产品为主，主播直接到产地直播，去掉中间商的环节，给消费者高性价比的产品。

（3）海外代购模式：即主播在海外给粉丝导购的模式，商品随镜头变化，给用户更多选择权。

3. 垂直类型直播模式

垂直类型直播模式适用于特定的商品类型。主要有以下三种类型：

（1）砍价模式：即主播针对高价商品向卖家砍价，协商一致后由粉丝购买。

（2）博彩模式：如直播赌石、珍珠开蚌等，这类模式的内容趣味性较强，能引起消费者好奇心。

（3）专家门诊模式：这类模式获取稳定流量比较困难，但是转化率较高。

（二）“货”：四大象限，品类丰富

根据单价和线上化程度，我们把直播品类按照四象限归类，如图5-15所示，直播

带货品类集中的行业具有低价格、高线上化程度的特点。但可以看到，汽车、房地产等传统实体产业也在积极尝试线上直播。

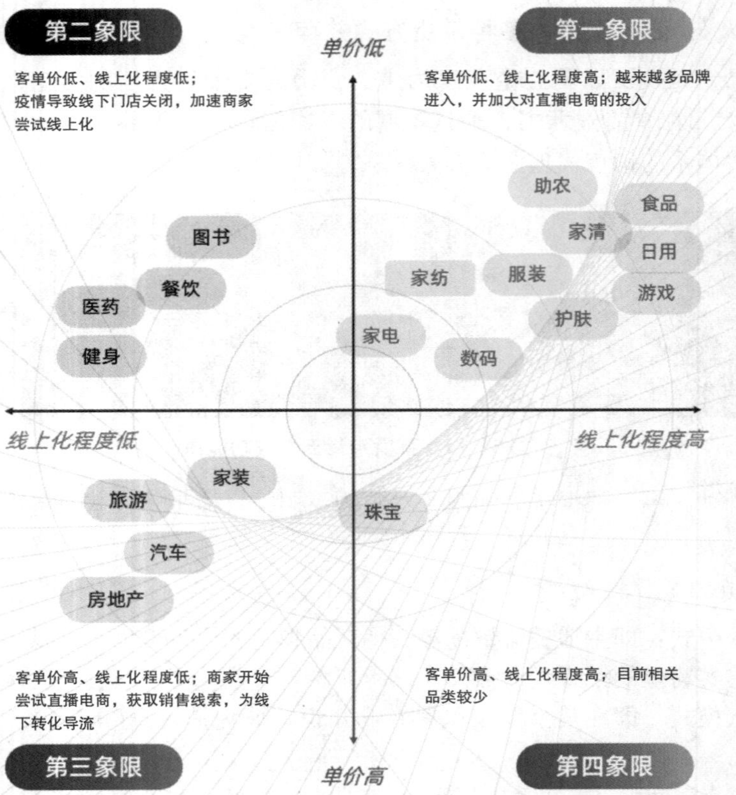

图 5-15　直播带货品类分布

第一象限的品类主要集中在食品、日用、游戏等快消品行业，这类行业具有复购率高、毛利率高、客单价低的特点，是目前直播带货的主流。

对于专业需求较强的商品品类，如珠宝、汽车、家装、房地产等，带货主播需要与顾客进行专业化双向交流，推动购买决策，靠近产品产业链上游的主播往往更加具备说服力。

直播在提升消费者购买效率的同时塑造了透明的消费环境。

（三）"场"：三类平台，四类合作

如果说直播将成为电商的标配，那么所有的流量平台，理论上都有机会切入直播带货。从目前切入的类型看，有三大类平台：电商平台（淘宝、拼多多、京东等）、内容社交平台（抖音、快手、微博等）、种草类平台（小红书、B站）。其他的还有知乎、百度贴吧等辅助性平台。具体带货模式对比如表 5-6 所示。

直播带货大致有专场包场、整合拼场、佣金+坑位费、纯佣金等四种类型，其中前两种是从合作方式做区分，后两种从收益分配的方式进行区分。

专场包场类指整场直播都是播自家的产品。这类方式费用较高，但是效果显著，一般情况下 1 小时起包。

表 5-6　主要直播电商平台带货模式对比

平台	淘宝直播	快手	抖音（火山）	微博	京东直播	小红书
平台属性	电商	社交＋内容	社交＋内容	社交＋内容	电商	种草基地
流量来源	公域流量，内容矩阵 & 庞大用户基础	偏私域，“老铁文化”达人品牌崛起，扶持产业带直播	偏公域，直播流量少	偏公域，直播流量少	公域流量，庞大用户基础	公域和私域流量并存
带货 KOL 属性	头部主播高度集中	头部主编相对分散	头部主播相对集中	头部主播相对集中	缺乏代表人物	头部 KOL 大部“歌红人不红”，缺乏代表人物
带货商品属性	淘宝体系内全品类 主要靠头部达人，出货价格 200～500 元，退货率高	百元内低价商品为主 食品、日常生活品、服装鞋帽、美妆等为主 高性价比，白牌居多	美妆＋服装百货占比高 商品价格集中 0～200 元 品牌货，有调性	服装、生活日用品、鞋帽配饰等非标品类为主	京东电商全品类 依靠孵化超级红人＋推荐优质产品 退货率高	美妆类为主 商品价格待确定 品牌货，有调性
带货模式	商家自播和达人导购模式	达人直播、打榜、连麦等	短视频上热门＋直播带货种草转化，内容为主	话题热搜＋直播＋名人背书	为超级网红提供优质商品	种草内容为主，直播＋笔记共同发力
分润模式	以坑位＋佣金为主，佣金一般为 10%～20%，坑位费根据主播等级而有所不同					
机会点	淘宝内机构入驻，现有客户维护	网红矩阵和性价比供应链，“低价爆量”	内容和新奇特供应链	和阿里打通，主播流量互通	商家持续入驻和庞大用户基础	新入局，流量扶持 直播内容模块精细化、精准用户迅速转化

整合拼场类指整场直播中有多家店铺的产品一起直播。这类方式费用较低，效果也基本能达到企业需求，适合经营能力有限的中小型卖家。

佣金＋坑位费类指最终商品售卖金额由约定比例佣金和固定坑位费两部分构成。商家承担 5%～10%的平台抽佣，带货主播享有 10%以上的佣金分成，即佣金一般在 10%～20%，头部主播还会收取坑位费，即上链接的费用。

纯佣金类指客户根据直播商品的最终售卖金额支付一定比例的雇佣费用。佣金一般在 60%左右，按销量计算。

二、直播脚本设计

直播由于具有信息密度高、真实感强、体验场景广、互动效率高等特性，正成为未来商业变现和数字化营销的重要模式。开展一场完美直播的前提是设计和撰写详细的直播脚本。

（一）直播脚本的四大核心要素

1. 明确直播主题

主题就是核心，整场直播的内容需要从用户需求出发，围绕中心主题进行拓展，突出鲜明核心，比方说配合品牌上新举办店庆活动或回馈客户等。

2. 把控直播节奏

直播节奏的制定简单来说指的就是对于时间的规划。确定每段时间的直播内容，这样有助于主播从容不迫地把控整个直播间走向，同时也优化了直播的流畅性，增强了粉丝的观感体验，不至于直播途中突然卡住不知道该做什么或是遇到突发状况就乱了方寸。以下节奏点一定要在直播脚本中规划并体现：

（1）根据直播的内容进行海报、软文的设计，并且多渠道宣传。一场直播，不是说等直播开了坐等流量进来，而是要主动出击，广而告之，让对这个主题有兴趣的粉丝都来参加。这也是为什么专业直播机构流量往往多于商家流量的原因。普通的商家太过于依赖某一个渠道的帮助，而不是反推如何结合各个渠道综合增加自己的曝光和流量，就像举办活动，成熟卖家永远思考的是如何增加付费渠道引入更多的流量，而中小卖家举办活动仅仅是为了节省推广费。

（2）直播中要反复明确自己直播的目的。无论是开场预热还是品牌介绍，或者是整场直播活动的简单介绍，给粉丝传输直播的目的是非常关键的一点，要让粉丝明白“我在看什么”“我能得到什么”“有哪些福利和产品”。

一件产品大概用15～20分钟进行讲解、表演、演示，然后用5～10分钟来重复自己直播的目的，希望达到的目标或者消费者互动能够得到的好处。节奏的把控很重要，这也是专业主播和业余主播最本质的区别。

3. 调度直播分工

直播是动态的过程，涉及人员的配合、场景的切换和道具的展示，前期在脚本上一定要做好标注，一方面更方便直播的筹备工作，另一方面使现场的配合更默契。

优秀的直播脚本是一定要考虑到这些流程的各个环节和团队的配合的，以便让正式直播的内容有条不紊，而不是处处随机。总的来说就是要做好时间、场景、人员、道具、产品的综合性调度。

4. 引导直播互动

互动、游戏、福利等是在什么时段插入，也要提前制定好执行方案，并体现在脚本上，这样让主播有一个明确的操控节点。

也可以设置一些限时、限量的利益点，在特定的时间发放。比如说主播可以给出一个口令：如“0520”，前20名私信客服的观众可以领取一个神秘大礼包，强调仅限20个名额，先到先得。

一般来说抽奖是预约获客高峰期，合理使用套路，能有效提升转化效果。主播一定要营造紧张的氛围，反复强调参与方式，比如“还差×个预约就抽免单，马上点击预约参与抽奖”。奖品如果有实物，主播一定要拿在手上。诸如此类的互动方法还有很多。

除此之外，还可以有情感性互动、故事性互动等，这些互动做得好，往往会有出其不意的效果。

（二）整场直播脚本撰写

整场直播脚本指对单次的整场直播活动完整表述的脚本撰写。由于整场直播大概要4～6个小时，中间不会休息。因此，在直播过程之中，最重要的就是对直播套路进行一个规划和安排，重点是逻辑和操作的编写以及直播节奏的把控。

一场完整的直播活动包括以下流程：

（1）开场预热：包括打招呼、介绍自己、欢迎粉丝到来、介绍今日直播主题。

（2）话题引入：根据直播主题或当前热点事件切入，目的是活跃直播间气氛，调动粉丝情绪。

（3）产品介绍：根据产品介绍单品脚本，重点突出产品性能优势和价格优势。

（4）粉丝互动：直播间福利留人；点关注、送礼、抽奖、催单话术、穿插回答问题等。

（5）结束预告：整场商品的回顾，催付；感谢粉丝，引导关注，预告下次直播时间、福利和产品活动。

整场直播脚本需包括以上直播流程的具体内容，如表5－7所示。

表5－7　整场直播带货脚本模板

××直播脚本		
直播主题		例：××夏季新品发布（从用户需求出发）
主播		例：烈儿宝贝
主播介绍		品牌主理人、时尚博主、模特
内容提纲（流程）		
1	前24小时	前期准备：直播宣传、明确目标、人员分工、设备检查、产品梳理等
2	10分钟	开场预热：适度互动、自我介绍等
3	10分钟	品牌介绍：强调关注店铺、预约店铺
4	10分钟	直播活动介绍：直播福利、简介流程、诱惑性引导
5	每件产品30分钟	产品讲解：从外到内，从宏观到微观，语言生动真实
6		产品测评：360度全方位体验，站在顾客角度
7		产品性观众互动：案例讲解、故事分享、疑问解答等
8		试用分享、全方位分析：客观性、有利有弊、切勿夸夸其谈
9		抽取奖品：穿插用户问答
10	10分钟	活动总结：再次强调品牌、活动以及自我调性
11	10分钟	结束语：引导关注、预告下次内容
12	结束后1小时	复盘：问题发现、脚本调整、优化不足等

整场直播脚本撰写需注意以下几个方面的内容：

（1）梳理直播流程。直播脚本首先要起到梳理直播流程、掌控直播时间、保证直播内容有条不紊地进行的作用。

（2）管理主播话术。在直播过程中，直播脚本可以非常方便地为主播每一分钟的动作行为、话语话术提供详细的指导，让主播清楚地知道在某个时间段该做什么。

（3）便于复盘总结。有助于在直播结束后的复盘总结会中进行对比，方便直播团队快速观察、识别本场直播过程中的优点与不足，为下一次的直播提供经验。

三、直播的传播发酵

2019年是直播电商元年，直播行业格局从“百花齐放”向“巨头争霸”过渡，流量、主播和资本都开始向头部平台聚拢。同时2020年因疫情原因使直播电商获得爆发式增长。如何让直播吸引更多的目标受众观看并最终实现转化，这需要将传播发酵的技巧贯穿整个直播活动全过程。

（一）直播前期宣传引流的六种方法

直播前期引流的细节执行主要包括两部分：第一部分是引流物料的筹备，包括海报、视频、H5、文案等，物料根据直播具体内容设计，一般需在引流宣传开始前三天准备好；第二部分是引流渠道的组合，通过将硬广、软文、视频、直播、问答、线下等形式的引流物料布局在社交平台、资讯平台、音视频平台等，发挥吸引用户关注的作用。

1. 硬广引流

硬广是硬广告的简称。企业新媒体运营团队可以利用官方媒体平台直接进行直播宣传推广。常见的官方媒体平台包括官方网站、认证微博、官方微信公众号等。由于官方媒体平台属于企业的自有媒体，因此可以直截了当地将直播时间、直播账号、参与嘉宾、抽奖与惊喜等详细的内容列出，完整地告知粉丝，并邀请其传达给自己的好友，实现信息裂变式传播。

2. 软文引流

与硬广相比，软文突出一个“软”字。一般从用户角度，在标题、开头、正文等部分看不出任何广告的迹象，读者阅读到结尾后才会发现直播的宣传信息。

软文引流需要注意两个细节：一是相关性，软文需要投放到目标用户活跃的平台或账号，否则推广效果就会大打折扣；二是目的性，虽然是软文，但需要在文末引导用户点击直播间网址链接或下载直播软件。

3. 视频引流

由于视频比文章更容易理解，降低了受众的认知门槛，因此，视频是必备的直播引流方式之一。当前网民普遍生活节奏变快，大多没有一个小时以上的完整浏览时间，所以短视频尤其受到用户的喜爱。

直播开始前，企业可以在抖音、快手、新浪微博、今日头条、微信视频号等平台发布精心制作的宣传短视频，吸引目标用户关注直播间。

4. 直播引流

直播平台通常都有“推送”、“提醒”或“发布”等功能，在直播正式开始前，可以将直播消息直接推送到关注直播间的粉丝面前，吸引其点击进入。因此，在直播开始之前，运营者可以在同一直播平台进行预热，一方面，鼓励观众关注直播间，积累原始粉丝；另一方面，调试软件与硬件，争取在直播开始前达到最佳状态。

5. 问答引流

传统的问答平台包括百度知道、搜搜问问等，用户可以在问答平台获得想知道的答案，企业也可以借助问答平台友好地回答网友提问，同时为直播间做宣传，引导粉丝前往直播间，关注直播信息。

除了以上传统问答平台外，豆瓣、知乎、悟空问答、果壳问答等，也都可以作为运营者宣传和引流的渠道。

6. 线下引流

线上引流固然重要，但传统的渠道引流效果也不容小觑。如果企业有线下的渠道，如产品体验店、营业厅、线下门店等，完全可以借助线下渠道，以海报、宣传单、门店视频广告、导购员介绍等形式，宣传直播内容，引导线下消费者关注直播。

（二）直播过程中的互动玩法

1. 直播互动四象限

与传统电视直播相比，网络直播更具有参与感。观众可以发弹幕与主持人互动，参与评论或质疑；同时，主持人也可以根据弹幕内容与观众互动。毫无互动性的直播会导致观众流失，直播效果自然受影响。

直播活动中的互动包括发起方和奖励两个要素。其中，发起方决定了互动的参与形式与玩法，奖励则直接影响互动的效果。以发起方为横轴，奖励为纵轴，可分割出四个象限，包含了直播活动的互动分类，如图 5－16 所示。

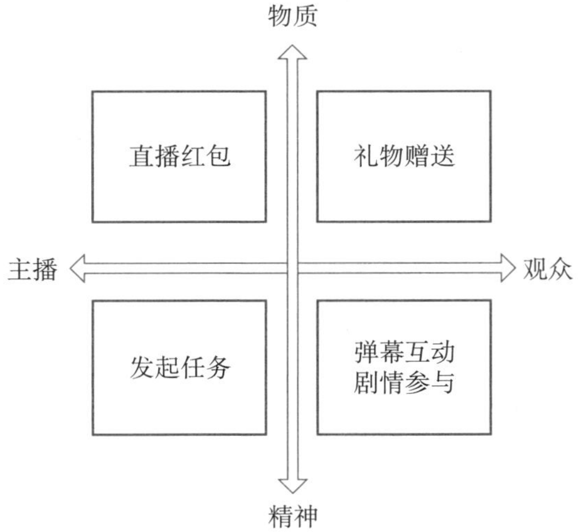

图 5－16　直播互动四象限

第一象限：礼物赠送。由观众发起互动，以物质作为奖励。即观众通过直播平台的礼物系统送给主播礼物，礼物形式根据平台而定，包括“火箭”“跑车”“玫瑰”“粉丝团灯牌”等。

第二象限：直播红包。由主播发起互动，以物质作为奖励。主要以直播红包的形式，现场赠送红包或抽奖后快递寄送等价礼物。

第三象限：发起任务。由主播发起互动，以精神作为奖励。主播可以在直播中邀请观众一起完成某项任务，完成后统一授予称号、截图感谢，或口头念出参与者的姓名予以感谢。

第四象限：弹幕互动，剧情参与。由观众发起互动，以精神作为奖励。在直播中观众通过弹幕参与讨论，通过共同制定剧情参与直播下一步的发展，这些都代表观众对于主播或直播主办方的支持。良性的参与及互动对直播活动大有裨益。

2. 五种直播互动的具体玩法

常见的直播互动包括弹幕互动、参与剧情、直播红包、发起任务、礼物打赏。

(1) 弹幕互动。

弹幕，即大量以字幕形式弹出显示的评论，这些评论在屏幕上飘过，所有观看直播的观众都可以看到。

目前，直播弹幕主要包括以下两类：

第一类：观众相互之间的评论。如“支持刚才这个朋友说的”“给刚才这条弹幕点个赞”等，只要内容符合言论规范，主播对这类弹幕一般无须处理。

第二类：观众与主播之间的互动。这类弹幕经常出现在电商直播过程中。如“能介绍一下10号链接产品吗”“什么时候抽奖啊，主播”等，这类弹幕需要主播与观众及时互动，幽默地回应观众提出的质疑，或详细地帮助观众解答相关问题。

(2) 参与剧情。

这类互动多见于户外直播。主播可以邀请观众一起参与策划直播下一步的进展形式，增强观众的参与感。

邀请观众参与剧情发展，一方面可以使观众充分发挥创意，令直播更有趣；另一方面可以让被采纳建议者获得足够的尊荣感。

(3) 直播红包。

为了聚集人气，主播可以利用第三方平台进行红包发放或等价礼品发放，与更多的观众进行互动。

直播红包发放步骤分为以下几步：

第一步：约定时间。主播可以告诉观众“5分钟后我们会发红包”“20:00咱们准时发出红包”等，一方面通知在场观众抢红包时间，另一方面暗示观众邀请好友加入直播间等待红包，增加直播间的人气。

第二步：平台说明。除在直播平台上发红包外，主播可以选择支付宝、微信、微博等平台作为抢红包平台，提前告知观众，为站外平台进行引流，便于直播结束后的效果发酵。

第三步：红包发放。到约定时间后，主播或其他工作人员在相应平台发红包。在红包发放前，主播可以进行倒计时，让“抢”红包更有氛围。

除了红包，主播可以用礼物回馈观众，同样可以达到良好的互动效果。

(4) 发起任务。

直播中可发起任务，类似“快闪”活动，即在一个指定的版块，在相同的时间同时做一系列指定的行为，然后迅速离开。在现实生活中，个人力量有限，但一群人一起做一件事可以迅速形成规模，在引起他人注意的同时满足自我的成就感。

在直播中可以发起的任务主要有以下形式：

1) 建群快闪。即邀请观众共同进入一个QQ群或微信群，在群内喊出自己不敢说的话，直播结束后此群解散。

2) 占领留言区。邀请观众共同在某公众号评论区、微博话题评论留言。

3）晒出同步动作。号召粉丝一起做出相同的动作，随后大家分别晒在微博、微信等社交平台上等。

（5）礼物打赏。

在直播过程中，出于对主播的喜爱，观众会进行礼物赠送或打赏。如以抖音为例，在抖音上开直播的时候，抖音直播间观众可以为主播赠送“粉丝团灯牌”等礼物，以增强与主播之间的亲密度，表达对其的认可与喜爱。主播收到了礼物以后可增长音浪，而音浪可以换成金钱提现。音浪的兑换比例为 10 个音浪等于 1 元钱，主播的提成比例为 30%～60%。

无论是斗鱼、虎牙、花椒、YY 等以泛娱乐为主的直播平台，还是淘宝、京东、荔枝微课、腾讯 NOW 直播等以实用性为主的直播平台，“感谢打赏”已经成为一种常用方式。

（三）直播结束后的传播发酵

直播进行过程中，运营者可以利用直播页面引导粉丝关注加入群，也可以由主播在开场及结束时说明加群方式，吸引粉丝加入 QQ 群、微信群或淘宝群，以观看同一场直播，或者面对同一个主播，或者一起发出弹幕。因为有共同体验的观众更容易有共同话题，更容易与主播形成长期互动。

在直播结束后，运营者还需要对新加入的粉丝进行及时的维护，与积极互动的粉丝交流，并在群内发起活动，提升粉丝黏度，实现“观众→粉丝→客户→忠实客户”的转变，这样才能使直播间的粉丝量保持稳步增长，最终形成良性循环。

对于通过直播加入的粉丝，在直播结束后，运营者可以通过策划线上活动、分享最新信息、邀请直播参与、发起专属线下活动四种方式进行粉丝维护。这四种方式可根据粉丝程度逐层递进。

1. 策划线上活动

在粉丝刚刚加入直播社群的时候，新媒体运营团队可以通过策划一系列线上活动来制造熟悉感。

与线下活动不同，线上活动不受地点、天气等限制，发起更便捷，因此运营者可以将线上活动作为常规活动，定期举办。这样可增强群内粉丝的互动，提升认同感。

2. 分享最新信息

在熟悉起来后，新媒体运营团队可以定期在群内分享专属的信息，让群内粉丝优先得到最新的折扣、促销信息。

企业直播粉丝群需要营造的氛围主要是“好玩”“有趣”，但与此同时，运营者也需要将企业相关信息友好地分享在群内。

企业对外发布的广告、购买提示等，尽量不要直接发到群里，否则粉丝群逐渐会演变为广告群，群成员的参与度将逐渐降低。运营者可以定期在群内分享粉丝需要的信息，促进群成员的好感。可以分享的信息包括：专属折扣链接、爆款产品提前购、群红包口令、新品内购链接、买即赠暗号等。这样既能增强互动感，又能提升用户的黏度。

3. 邀请直播参与

逐步邀请粉丝一起参与下一场直播，良好的参与感是粉丝对社群产生好感的前提条件。

激发直播粉丝群参与感的最佳方式就是邀请群粉丝当“军师”，共同加入下一次直播，这样一方面可以缓解企业的运营压力，从粉丝群发现设计、文案、推广等创意和人才；另一方面可以让粉丝得到充分的尊荣感，让其愿意在下一场直播中自觉扮演“自己人”角色，参与到直播宣传、直播现场秩序维护当中。

运营者可以邀请粉丝参与很多直播环节，如表 5－8 所示。

表 5－8　群粉丝可参与的直播环节

直播环节	群友可参与项目
直播筹备	选题探讨、场地选取、文案策划、图片设计、主持人票选等
直播进行	直播间互动、线下助威等
结束发酵	微博转发、朋友圈分享、论坛传播、视频推广等

4．发起专属线下活动

定期发起线下活动，让线上聊天变成线下互动。

面对面交流容易产生更多思想的碰撞，直播活动运营也不能拘泥于线上，而需要适时发起线下活动，促进粉丝交流。常在同群交流的粉丝，可以进行线下聚会。聚会的同时，新媒体运营团队可以借机邀请粉丝试用新品并反馈建议，回馈粉丝，增强粉丝的归属感与参与感。

四、品牌“速爆”的黄金法则

当前，构建多元带货主播体系，形成“短视频平台深度种草＋直播带货快速收割”的传播发酵矩阵，成为品牌重视的长线策略。

短视频平台以专家型、影响力型的 KOL 导购为主，以“专业＋场景”为营销内容的核心，通过制作精良、符合用户需求的短视频内容，达到提升品牌知名度，且重视对目标消费者进行长效的“种草”教育，形成忠实粉丝的效果。但短视频种草模式存在互动性较弱的缺陷。

直播带货以强带货、强情感渲染型的主播开展拼购促销模式为主，以“货＋低价”为营销内容的核心，通过对商品开展短期降价促销，长期降低品牌溢价的方式，吸引粉丝跟随，实现商品快速销售转化，故直播带货互动性较强。

根据短视频平台和直播带货两种模式各自的特点，将两者进行优势互补，先利用短视频深度“种草”，使产品在消费者心目中形成一定印象，塑造目标消费者需求，然后再通过直播带货的方式实现快速变现，是企业搭建“短视频种草＋直播带货”传播发酵矩阵，实现品牌“速爆”的基本方法。

实例分享

某知名主播一直采用“抖音、快手＋微博、微信＋淘宝直播”的全平台矩阵模式进行直播间的前期宣传预热，为淘宝直播间带货做好铺垫。

2020 年 5 月 21 日，其策划了一年一度的粉丝感恩节直播，早在 5 月 13 日就通过抖音、快手等平台，以宣传片短视频的内容形式释放出“521××感恩节”的信号，吸引了7.1万人次的点赞和1 484人次的评论。

5月16日，活动方在微博继续发力，展现感恩节筹备情况的短视频开始5天倒计时，在微博平台每天一更，提醒粉丝关注活动。17日还在微博进行了一次感恩节直播的预热抽奖活动，吸引了142万人次的点赞、117万人次的转发和68.8万人次的评论。

5月18日，活动方除了在抖音、微博持续发力外，还在微信公众号“××惊喜社”发布了感恩节活动的具体商品信息和嘉宾信息，并配以活动产品介绍的内容的短视频，继续炒热感恩节直播活动主题。

5月19—20日，活动方在抖音、快手、微博等平台发布的直播间抢货攻略等短视频，吸引了35.6万人次的点赞和4.3万人次的评论。同时，其在淘宝直播开始进行感恩节直播活动宣传，发布各明星预祝的短视频内容，吸引了总计4 007.12万人次观看。

5月21日，活动方在微博进行了最后一次预热，以短视频的形式展示节目彩排等情况，让明星成为个人IP和品牌的媒介，实现“明星＋品牌＋粉丝”的声量共振。这次活动吸引了28.2万人次的点赞、16.5万人次的评论和1.7万人次的转发。

这场直播从该主播在杭州日常的直播间搬到了外场，新华网客户端、中国网、中青网、北京青年报、北京时间、优酷、爱奇艺、新浪、搜狐、一点资讯等平台同步直播，众多明星助阵演出。最终，为本次感恩节活动吸引了1.17亿人次的观看和1.23亿的点赞。

在5月15日至6月20日期间共产生271.5万条相关信息。最高搜索热度超315万。“521××感恩节”活动引发全媒体关注。

这场全民狂欢的直播盛宴，不但有利于巩固忠实粉丝，持续强化主播和他们之间的情感联结，更能助力行业吸引大批直播购物用户，为下阶段传播策略的推进奠定更加广泛的口碑基础和人气热度。

该主播采用“各平台短视频种草＋淘宝直播平台带货”的全平台传播矩阵模式，打造了一场全民狂欢直播盛宴，在固化忠实粉丝的基础上树立了良好的品牌形象。

任务四　视频复盘变现

一、短视频的变现模式

短视频的创业战场瞬息万变，但变现始终是创作者们关注的一大核心问题。

从微博、美拍到今日头条、企鹅号、大鱼号等，各平台都在抢夺优质的短视频资源，抖音、快手和西瓜视频等纷纷拿出丰厚的补贴政策和流量扶持、商业变现计划，吸引短视频达人们入驻。然而对很多短视频团队来说，平台补贴是远远不够的，更多的还得靠广告、电商等方面的变现。

目前，短视频大致的变现盈利模式主要分为直接变现、间接变现及特色盈利模式。

（一）三大直接变现模式

直接变现是指用短视频直接获利，这种盈利模式对短视频本身有很高的要求，一是内容质量要高；二是本身传播流量要大。其变现主要有内容付费、签约独播和渠道分成三种模式。

1. 内容付费

几大视频网站对于付费会员模式的探索具有一定成效，越来越多的创业者和投资人都对内容付费的未来充满期待。用户选择为内容付费的原因主要有版权、需求、猎奇和崇拜等。

（1）版权。即“这里有其他地方没有的独家内容”。比如，几大视频网站每年砸重金购买大剧和制作优良的独家网剧，就是为了保证自己平台独播版权的丰富，从而吸引用户付费。

（2）需求。这是一种对投资回报的比较心理，就是“我从内容中得到的回报远远大于为内容投入的成本”，这种心理通常表现在知识付费的短视频上。

（3）猎奇。人总是对与自己的平常生活不同的内容充满好奇和探索欲望，这也可以解释为什么一些八卦能引起轰动。

（4）对某些人或事物的崇拜心理。这也可以理解为“粉丝经济”带来的红利。公众对于行业精英似乎自然而然有一种崇拜的心理。比如，某明星开一次付费直播，会有他的“粉丝”进行消费。

2. 签约独播

当今网络上各大视频平台层出不穷，为了能够获得更强的市场竞争力，平台纷纷开始与短视频制作者进行签约独播。于是与平台签约独播也成了一种视频快速变现的模式。不过，这种模式比较适合运营成熟、“粉丝”众多的“短视频达人”。

签约独播是一个平台与短视频制作者之间互相选择的过程。视频平台为了能够更好地吸引制作者，往往会采用高价酬金的方式。签约独播目前是短视频平台用来争夺头部玩家的重要筹码。

同时，为留住、挖掘平台内的优质短视频创作者，会采用高补贴的方式鼓励短视频创作者创作优质内容，然后选择具有潜力的短视频达人进行签约，以保证平台短视频的内容质量。当前，各短视频平台纷纷推出直播相关扶持计划。如快手的品牌C位计划、2020快手电商合伙人计划、抖音“线上不打烊”活动为线下商家提供3亿流量扶持、淘宝直播宣布线下商户零门槛免费入驻等。

短视频创作者想要与平台进行签约独播，必须是已经达到了一定的发展水平，或者可以让平台看到该视频创作者存在的潜在发展空间。签约独播是视频直接变现方式中要求较高的一种，需要短视频制作者在前期进行较多的准备。

（1）选择合适的平台。

在短视频平台的选择上，短视频创作者的首要考虑是自己的目标用户。每个短视频平台都有其自身的定位，所以其吸引而来的用户群体也是不同的。短视频创作者完成的短视频本身就是面向某一类特定用户群体的，只有其目标用户与短视频平台高度符合的时候才能在平台上取得较好的效果。

（2）保证视频质量。

短视频的质量是一个短视频平台最为看重的要素之一。只有高质量的短视频才能最大限度地吸引用户的注意力，从而保证该视频平台上用户的流量，避免平台出现倒退情况，这也是短视频平台之所以要与创作者进行签约独播的原因。所以一个短视频创作者在选择了合适的短视频平台后想要与其成功签约，首要任务就是要保证视频的质量。

高质量的短视频内容必须是原创，只有创作者原创的作品才能真正打动用户。在保证短视频的原创性基础上，短视频创作者还应该不断加以创新。创新可以使得短视频焕发新的活力，避免目标用户产生审美疲劳。

（3）展现发展空间。

有许多短视频平台不仅会与已经成名的短视频创作者进行签约独播，还会寻找一些有发展潜力的新人进行培养。这样培养出来的新人对于平台的感情较深，等到获得知名度后也不易跳槽，不会带走用户，从而可以保证一个短视频平台的长期稳定发展。这是一种长线投资方式，短视频平台付出较少的成本而获得较大的回报。

3. 渠道分成

对于短视频企业或个人创作者来说，渠道分成是初期最直接的收入和变现手段之一，选取最合适的渠道分成模式可以快速积累短视频制作上所需要的资金，从而为后期其他短视频的制作与运营提供便利。在不同的短视频平台上，针对短视频本身的分成渠道主要有推荐渠道分成、短视频渠道分成和粉丝渠道分成三类。

（1）推荐渠道分成。

推荐渠道分成模式是指短视频通过系统推荐到用户面前，根据播放量表现，视频制作者和推荐平台进行分成。比如，今日头条信息推荐的资讯平台，当短视频制作者度过新手期后，被推荐过的短视频超过 10 篇即可申请分成。当然，不同短视频渠道有不同的推荐算法，短视频创作者要根据不同短视频平台的特性，有策略地进行短视频投放，增加曝光度，以达到增加播放量的目的。

（2）短视频渠道分成。

短视频渠道分成模式主要通过短视频平台的搜索推荐来获得播放量，在好的推荐位宣传会得到比较好的效果和分成。在这种分成模式下，推荐位的获得是非常重要的，越好的推荐位就越容易被用户第一时间发现。

短视频平台和短视频创作者是相互成就的，平台靠内容来运转，内容靠平台带来粉丝和流量。当前，短视频平台分成收入越来越低，甚至不如各个短视频平台为鼓励优秀作品而定期、不定期给予的奖金高。其从体量上来看，不足以覆盖一个优质的短视频节目的成本。故现在的短视频创作者更看重的是创作的作品在平台上带来的流量，希望从粉丝方面获得收益。

（3）粉丝渠道分成。

粉丝渠道分成模式主要通过粉丝打赏的形式来使短视频平台和短视频创作者得到分成，粉丝数量对短视频的播放量会产生很大的影响，美拍就是依靠这种模式的。在这种分成模式下，短视频创作者想要获得高收益，就必须注重“粉丝”量的积累。

渠道分成模式中虽然存在不同的分类，但是其能够获得收益的原因还是要依靠短视频本身的质量，高质量的短视频无论在哪种分类方法下都能获得较高的收益。除了质量以外，更新频率也是影响渠道分成的一个重大因素。高频率更新可以增强曝光度，从而使用户能够更多地关注该短视频作品，以新带旧，形成一个完整的短视频运营链条，以实现长期的发展效果。

（二）四大间接变现模式

间接变现指不通过短视频本身而通过一些额外的收入，达到短视频价值变现的方式。由于其方式更加灵活多样，短视频平台和短视频创作者操作的空间较大，间接变现成为现在短视频的主要盈利模式。其主要分为广告植入、知识培训、短视频＋电商、加盟代理等。

1. 广告植入

在短视频中植入广告，即把短视频内容与广告结合起来，是短视频获利的最常见模式之一。其类型可以分为贴片广告、植入广告和信息流广告等。

贴片广告是传媒业最常见的广告类型之一。贴片广告主要是指在短视频片头、片尾或者中间插播的广告，还包括短视频背景的广告。这种广告覆盖范围广、曝光度高，但是用户体验感较差。特别是对于短视频来说，一般短视频最多不会超过 5 分钟，且用户经常在碎片时间使用手机流量观看，因此会很难容忍在短视频前放置贴片广告的行为。

相比独立于短视频内容外的硬广告而言，软植入的广告模式更受媒体和企业的欢迎。植入广告是指将广告信息和短视频内容相结合，通过品牌露出、剧情植入、口播等方式来传递广告主的诉求。这种软植入模式包括台词植入、道具植入、定制植入等方式。

信息流广告是指出现在短视频推荐列表中的信息流广告，也是应用较多的广告形式之一。

总而言之，短视频广告效果一般有两种形式：一种是硬性植入，不加任何修饰硬生生地植入视频；另一种是创意植入，即将短视频的内容、情节很好地与广告的理念融合在一起，不露痕迹，让观众不易察觉。相比较而言，很多人认为创意植入的方式效果更好，而且接受程度更高。

目前，短视频平台的很多视频倾向于直接介绍产品，并在视频中展示购物车，用户如果对产品感兴趣，直接点击购物车跳转到成交页面完成交易。但根据对带货视频的数据分析，发现点赞率高的短视频还是以剧情创意为主的情节性广告的产品植入。

知识延展

抖音平台 0 粉丝的三种变现技巧

1. 小程序变现

在抖音下载“抖推猫 App”，使用剪映等手机录制软件录制一段使用该 App 上某一小程序玩法的视频内容，如漫画人像、艺术签名等，将录制剪辑好的视频上传到抖音时，选择“添加小程序”，并带上该小程序的标签。抖音粉丝刷到该视频时，只要点击小程序试玩即可获得流量佣金。若该小程序需付费使用，则可以与平台进行现金分成。

2. 全民变现

在抖音的创作者服务中心选择任务中心，可以查看到所有的全民任务。全民任务是由企业发起的，要求带活动话题，并@活动发起企业的任务。用户只要按照要求制作相关视频并发布，即可获得流量加热或现金加热。

3. 游戏变现

游戏任务同样可在任务中心中选择，用户可通过录制游戏闯关环节，吸引粉丝点击游戏链接试玩，从而获得广告分成。需要注意的是：做游戏任务的抖音账号需要做到垂直。如“瓜皮小彩蛋”抖音号目前推广的都是“最强大冒险 2”，其在视频中会反复提醒粉丝点击左下角试玩游戏。

2. 知识培训

知识培训模式是知识型短视频变现的一种主要手段。其模式大致是通过短视频节目积攒人气，然后利用社群经济的方式，利用课程、讲座、俱乐部等其他手段进行变现。

此类模式需要短视频创作者本身在某一领域具备较专业的知识，使得用户从中有所收获，这样可以建立健康的短视频与用户之间的关系，保证用户的稳定性。

想要通过知识培训的模式来实现短视频的间接变现，首先要确保短视频的内容有一定的知识性，形成完整的知识结构体系，然后使用户在经过课程培训后产生认同感，最终形成忠实用户。

2019 年，国家网信办等相关主管部门，组织抖音、快手、火山小视频等短视频平台试点上线了青少年防沉迷系统，已于同年 5 月底在全国主要网络短视频平台中推广，意欲形成行业统一规范。家长登录后手动操作选择“青少年模式”，观看超过 40 分钟就需要家长输入密码解锁。“青少年模式下”禁用打赏、充值、提现、直播等功能，每天 22 时至次日 6 时期间，用户不能登录使用。

在此背景下，许多教育培训机构通过各短视频平台，推出针对儿童、青少年的知识类培训的收费短视频内容，这也将成为教育培训企业通过短视频实现知识培训变现的主要渠道。

实例分享

猿辅导在线教育旗下的“斑马 AI 课”抖音号，除了利用各种家庭教育的剧情内容和促销信息吸引家长关注、下单外，还在其抖音号中定期推送相关学习短视频内容，让家长在了解课程内容的同时进一步购买更多课程。

“斑马 AI 课”抖音号将课程内容做成短视频来吸引家长，从而实现课程销售目标。

3. 短视频+电商

目前，各大视频和社交平台深感变现无门，各大电商平台也一直苦于站内流量不足，为实现共赢，社交视频与电商之间的桥梁就此建立。例如，抖音和快手账号可以绑定淘宝、京东等平台，实现产品的直接销售。而抖音、快手也开始加紧布局自己的小店体系甚至物流体系，以期摆脱对电商平台的完全依赖。阿里系电商则发力新浪微博，想找到除抖音以外的导流工具。

例如，在抖音卖货，第一个要改变的思维方式就是性价比逻辑。抖音用户消费不追求性价比，这也使得在抖音上存在商品价格高于淘宝。无论是选品还是定价，运营者只需要做到“绝对价格低，相对价格高”这个原则，就能利用价格调动顾客的购买欲望。

让产品使用的直接效果展示大于价格，大于效果对比图，想办法让那些无法展示的产品效果通过内容展示出来，就能吸引短视频用户观看并下单。当然，这里所谓的效果对比要注意尺度，不要过度夸张，否则官方会限流，或者 Dou+审核不会通过。一个好的效果对比，可以增强真实感，将产品有效融入短视频拍摄过程中。

对于广告主和品牌主来说，矩阵式营销可能效率更高。以抖音为例，若广告主预算充足，可以投放抖音挑战赛、抖音好物节、开屏和头部 KOL 带货等品牌广告形式，这种方式的好处是曝光量大、品牌效应好，缺点是成本高、难回收等，如同电视广告。若广告主打算细水长流，则可以考虑投腰部 KOL 种草阵列、巨量引擎信息流广告等，这种广告模式的优点在于准入成本很低，适合中小企业和打算卖货的企业，投入和产出是即时透明的。较小企业可以选择巨量引擎（字节系的广告系统）的 SMB 账号投放效果广告，稍大规模的企业和品牌可以寻求广告代理商帮助，进入字节 KA 和 LA 体系。

实例分享

“温仙女”美妆博主的抖音号通过介绍产品卖点，展示产品使用方法和功能，对短视频内容中推荐的商品提供了购买链接，让受众在观看视频的同时，可以直接点击链接跳转到淘宝商品销售页面领券购买。其一款售价 89.9 元的腮红，因其短视频推荐成交单数达到 1.32 万笔。

“温仙女”抖音号以产品展示的形式引导消费，实现销售目标。

短视频与电商之间的合作性盈利也需要注重自身内容的塑造和适度。短视频本身是对个人或内容的塑造过程，如果一味地想通过这个渠道使得电商方面能够获得盈利，很容易招致用户的不满，从而导致用户流失。

4. 加盟代理

当前，在二、三线城市的“小镇青年”普遍存在有闲钱、有时间、缺少好的赚钱项目的现象。有越来越多的人准备在老家创业。从调研数据可知，2018 年上半年新增创业人数环比增长 64%，同比增长 158%。24～39 岁是中国创业年龄段，占整体创业人群的 50%，与此同时，快手、抖音等短视频平台用户中 24～40 岁人群占比为 66.8%，中国创业年龄段与短视频人群契合度高。基于此，加盟代理招商的企业通过短视频渠道能快速低成本获取优质客户资源。目前，加盟代理类的短视频变现形式，最常见于餐饮加盟。如一点点、益禾堂、书亦烧仙草、正新鸡排等，都通过短视频展现加盟店销售情况，以吸引加盟商的关注。

实例分享

“一点点”奶茶店的加盟人群主要为 24～30 岁所处地域为广东、福建、海南等华南、华西等沿海城市的创业女性群体。因此其在抖音上投放加盟招商及成功案例的短视频已经有 5 279 粉丝，获赞 10.9 万。

“一点点”奶茶店以短视频的形式投放加盟招商信息，吸引了很多年轻人加盟。

（三）三大特色盈利模式

除了上述盈利模式以外，短视频制作本身也是一种盈利的方式。其中最常见的是短视频创作培训课程、短视频周边支持产品及短视频制作支持工具。

1. 短视频创作培训课程

高水平的短视频剪辑可以使短视频作品脱颖而出，在最短的时间内给用户留下深刻的印象，从而很大程度上提高用户转化的效率。因此，当短视频的红利越来越引起人们的重视以后，如何进行短视频创作就成了短视频创作者的必修课。

系统地学习短视频的制作方法可以帮助企业、团队或个人快速提高自己的技术水平，从而通过精美的短视频作品在用户脑海中留下深刻的印象。因此教授短视频创作课程也就成了短视频实现盈利的新手段。例如，腾讯课堂中就有专业的影视后期剪辑师推出了“零基础学剪辑”系列课程，内容涵盖了软件使用、粗剪精剪、图像抠像、调色校色、渲染输出等剪辑基础技巧。这些剪辑技巧是一个短视频作品在制作阶段中经常被用到的，是每个短视频创作者必备的基本技能。腾讯课堂因此吸引了很多用户，达到了盈利的目的。

2. 短视频周边支持产品

短视频盈利不仅仅依靠付费观看或者接广告收取广告费，现在制作周边产品也变成短视频运营常见的盈利手段。周边产品指的是以短视频的内容为设计基础所制作的产品。

想要通过短视频周边产品来实现盈利，首先要使短视频本身成为一个 IP。当短视频系列作品和创作者本人成为 IP 之后，就意味着其在网络与现实生活中具备了较强的影响力，会被更多的用户所熟知，利用其形象制作的周边产品在出售的时候也会有较高的销售额，从而获得利润。

通过周边产品盈利，利用的是粉丝对于短视频的喜爱心理，源于这种心理，粉丝愿意购买这些周边产品留作纪念。周边产品的销量也是与短视频的人气分不开的，可以说这是短视频真实人气具象化的表现，也是一种好的宣传方式。

3. 短视频制作支持工具

随着短视频产业链的日趋完善，现在很多软件公司都纷纷推出了不同的短视频剪辑软件，它们的功能各有不同，从入门级到专家级应有尽有。

短视频的制作支持工具分为免费与收费两种。免费的短视频制作工具具备基本的短视频剪辑所需要的功能，上手简单，便于掌握，可以满足基本需求。收费的短视频制作工具则功能更多，能满足专业制作视频的需求。

短视频能够实现盈利是维护团队及平台持续发展的唯一方法。利润获取越多，团队所能够投入到后期制作的资金也就越多，最后呈现的效果就越好，从而形成良性循环。

二、直播的变现模式

（一）四大直播变现模式

当下的直播行业，人人都想具备强大的变现能力，直播的变现模式越来越多元化，但核心的变现模式仍然是以下四种：

1. 直播带货

直播带货升级了“人货场”，使消费场景聚集效应更强、效率更高，改变了消费者的消费习惯，商品以性价比、限量为卖点，激发粉丝购物欲，商品种类繁多。目前，直播带货的变现模式主要有两种。

（1）平台分销的直播带货。主要是通过在直播过程中，介绍产品功能，分享商家的产品链接，消费者点击链接直接到相应网店下单，最终网店与主播之间根据约定进行利润分成。目前，以商品交易为主的直播电商核心营收来源于佣金分成，与用户形成双向互惠的关系。

大多数主播在最初都是采用这种方式。商家付给主播的费用分为基础的服务费和佣金，佣金一般在 45 天后结算，占据带货额的 20%左右，而主播带货时顾客可以直接在直播间去相应的旗舰店下单。这种模式适合刚刚起步、没有货源的小主播。

（2）自己拿货的直播带货。现在大多数知名主播都是自己选货，企业或商家只提供货品，定价都由主播自己决定。这种模式使主播的话语权更大，可以使主播树立自己独特的风格，为将来树立直播品牌形象奠定基础，这将成为未来的直播电商发展趋势。

2. 打赏分佣

在抖音直播过程中，主播可以要求粉丝加入粉丝团成为家人，用抖币购买各种礼物或者点亮灯牌，以此提升直播间的活跃度通过粉丝赠送不同的礼物获得音浪。如：一个小心心是 1 个抖币，直播间如果有 1 000 名粉丝，每人送一个小心心，则该主播获得 1 000 音浪；1 个快乐水是 99 抖币，如果有 20 人送出，则该主播会获得 1 980 音浪。主播获得的音浪收入将与“抖爸”对半分成。1 抖币的礼物看似无用，但其既能满足消费人群的需求，也能促进养成用户的打赏习惯。

为了增强直播间的活跃度，主播可以时刻提醒粉丝互粉，如“请关注榜 1、榜 2、榜 3 的家人”等，以此来提升直播间的氛围。

在打赏礼物时，抖音平台还会有一次赠送 88 个、520 个、1 314 个的选项。很明显，特殊的数字会使打赏这一行为更有气势，也能更好地为平台创收。拥有众多粉丝的明星主播还会有专门量身打造的卡通形象、主播喜欢的美食等专属礼物，充分发挥头部主播对于直播平台的引流和变现能力。

3. 接入广告

当主播拥有一定的名气之后，不少商家就会看中直播间的流量，委托主播宣传产品，主播收取一定的推广费用。在直播中可以通过带货、产品体验、产品测评、工厂参观、实地探店等形式满足广告主的宣传需求。这种变现方式平台一般不参与分成。当然平台也可在 App、直播间、直播礼物中植入广告，按展示/点击和广告商结算费用。

想做好接入广告变现，直播达人的商业销售能力和内容策划能力非常重要。只有创作策划符合消费者喜好的内容才能吸引其观看，才能将产品广告植入目标消费者心中，最终实现产品销售的目标。

当前，许多直播大 V 都将自己的链接作为广告位出租，如："口红一哥"在 2019 年的"双十一"当天，零食的坑位费为 6 万元，佣金率 20%起；按照不同的时间段，不同类产品的费用不等，具体如表 5－9 所示。

表 5－9 "口红一哥""双十一"直播广告报价单

时间：2019 年 10 月 22 日—2019 年 11 月 9 日

内容	类别	价格/（元）	佣金
线上混播	美妆、生活类	80 000/链接	正常佣金
		120 000/链接	低佣
		另议	无佣
	零食类	40 000/链接	20%起
	口红试色	100 000/链接	30%起
		另议	低佣或无佣

2019 年 10 月 21 日；2019 年 11 月 10 日—2019 年 11 月 11 日

内容	类别	价格/（元）	佣金
线上混播	美妆、生活类	150 000/链接	正常佣金
		200 000/链接	低佣
		另议	无佣
	零食类	60 000/链接	20%起

1. 以上为未税报价，下 V 任务需加 6%税点。
2. 专场为混专模式，费用按选品后的链接费累计计算。

4. 知识付费

知识付费的出现是基于移动社交的高速发展，充分把人们的碎片化时间价值化。知识付费是一种获得高质量信息服务的手段，提供者通过将个人知识或技能转化为知识商品，消费者通过付费交易知识。

一对一直播、在线教育等付费模式的直播也越来越流行，粉丝通过购买"门票"等方式，获取进入直播间观看的权限，从而实现直播变现。但是知识付费直播对内容质量要求较高，有好内容才能有效地留住粉丝，并且持续靠内容盈利。

随着越来越多的教育内容开始线上化、数字化，直播在教育中的应用也开始成为一种常态，教育直播模式也从最开始的“一对一”发展为目前的“一对多”模式。教育直播的内容领域不断丰富，关注度不断增加，人们对知识价值转化的需求越来越高。

在未来，垂直化、细分化将成为知识付费领域的发展趋势，大众化平台逐步向专业化细分产品转化，知识付费场景正在不断拓宽，最终将回归到精品内容。只有不断满足用户深度学习的需求，才能提高用户黏性，提高复购率，实现最终的变现目标。

（二）五步实现直播间流量变现

淘宝第一女主播曾经创造过单场销售额超过 2.67 亿元的纪录；“口红一哥”在 2019 年天猫双十一的预售首日，仅仅用了 5 分钟就卖出了上万支口红。流量是变现的前提，但直播电商的核心是提高转化，而如何实现从流量到变现，如何在直播间进行高转化的销售呢?

1. 提出痛点，引出需求

痛点是最能吸引用户注意力的部分，因此在直播间销售的第一步是提炼用户的痛点，提炼痛点的方法可以使用反向思维，从直播间的产品出发，对这款产品的目标人群进行划分，提炼他们的特点和痛点。

例如在直播间推一款祛痘膏，可以先从脸上长痘痘对身体的危害，对外貌、形象的影响等用户的痛点入手，直播间里的精准用户就会觉得戳中了他们内心最想解决的问题，自然会下单购买。

2. 放大痛点，引发关注

在引出用户的需求后就开始推产品，会让用户觉得有广告的嫌疑。因此，还要对提出的痛点进行放大。仍以祛痘膏为例来说，可以从“如果不解决目前的问题，长久以往会对皮肤和身体造成哪些危害”等角度，引起目标用户的重视。当然，放大痛点是建立在事实的基础上，从而引发关注。

3. 利他思维，提炼卖点

进一步提炼卖点，针对用户痛点提出解决方案。要让用户觉得用了这款产品后会有效果和改变，这个在心理学上叫作“利他思维”。“戳中痛点、解决问题、对用户有利”，当综合这几种情况的时候推出产品，用户就会开始有购买的冲动了。

4. 增加高度，提升价值

经过上面的三个阶段，用户的购买心理增强，但是对于产品或主播来说，还要赋予产品更多的价值。即：还要对产品的价值进行包装、品牌等附加值方面的升华。

当然，这个步骤不是必须要做的，在没有把握的前提下可以直接进行性价比优势对比。因为一旦没有掌控好节奏，会让用户购买欲望降低，甚至会产生反感心理。

5. 降低门槛，临门一脚

性价比优势是直播产品的核心，最后一步是宣布这款产品在直播间里的优惠力度，原价现价对比，排除用户对价格的顾虑。除此之外，还可以根据实际情况限量限时抢购，营造紧张感，从而促进成交。

案例链接

“口红一哥”直播带货变现技巧

截至 2020 年 7 月，“口红一哥”已经开播 141 场直播，共计粉丝 2 837 万人，近 30 天内的场均点赞评论数为 1 653.34 万人次，带货销量为 85.68 万元。

1. 直播前准备

(1) 准备销售辅助道具。这里指的是除了商品本身，用于更好表现商品卖点的道具，即销售工具。比如：当需要谈价格优势，展示打折力度大的时候，小助理会拿出计算器；当谈到产品是与某明星同款，小助理会拿出准备好的大幅照片；当需要演示如何下单购买时，小助理会拿出手机或 iPad，演示下单的步骤和界面。

(2) 准备卖点。在推荐每款产品的时候，都有“口红一哥”提炼出的 1～2 个主推亮点。他会用有限的几分钟将这个亮点讲透，用多种表现方法来佐证他的观点，打动观看直播的用户。比如：他会亲自试用；会展示产品的成分，讲解专业的名词；会讲解化妆中的问题、技巧、小知识；会讲故事，可能是自己或周围人的经历，也可能是商品的背景故事；会让团队的小助理、其他同事配合化妆或做一些趣味的试验等来展示商品的核心卖点。总之，他的发力点会集中到商品的一个卖点上；在用力形式上会力图多样，减少观众的重复观感。

(3) 保持亢奋的主播状态。看“口红一哥”的直播，你会发现他时刻处于一种亢奋的状态。理性上，没必要用那么大的音量来讲推荐词，毕竟带着领夹麦；但现实中，当每次看到他那么充满激情地卖力推荐，总会更愿意多停留几分钟，有时其实并不是受到当前所售产品的吸引，仅仅是被他的激情所感染。

2. 直播过程中的技巧

(1) 用多种趣味实验演示，增强观众对产品的信心。除了真人演示之外，“口红一哥”直播间还常用多种趣味实验来展示和产品核心卖点相关的特性。比如：用洗面乳打泡泡，然后在打出的泡泡上放一枚硬币，泡泡不塌，用来说明泡泡的致密细腻等趣味实验。其除了直观地表现产品核心卖点之外，本身的趣味性会让直播间变得活跃，让直播变得好看、有趣，吸引住用户。用户停留的时间越长，越有可能产生消费。

(2) 善表达，用讲故事、做类比、讲场景的方式，让说词更加有穿透力。描述一个商品使用的场景，把客户的思维带入这个场景中，让客户觉得在那种情况下，有这个商品就会很方便。

(3) 放大价格/价值优势。价格的“低”是“比”出来的。“口红一哥”善于给他的产品选一个参照物，放大价格优势。对于有些产品，并不是直接给出减钱的折扣，是采用赠品的方式给予优惠。他会把所有赠品按克重折算成线下实体店的零售价。

(4) 善用销控，把握节奏。在“口红一哥”的直播间，商品链接是逐步上架的。这样做的好处有两个：一是人为营造了上架一款，短时间秒光的火爆氛围；二是调动了用户“抢”的心态。

3. 收单变现细节

（1）打消下单顾虑。解决买单顾虑，即在消费者出现犹豫的时候，及时洞悉消费者的疑问，主动讲出消费者顾虑的问题，给出让消费者放心的解答。

（2）关注下单流程。在“口红一哥”直播间，会多次听到他不厌其烦地讲解下单流程，作用有两个：一是引导下单行动，二是排除下单过程中客户不熟悉操作的隐患，起到“推一把”的作用。

【分析提示】

“口红一哥”直播时前期做好充分准备，直播过程中采用多种形式引导、打消消费者的下单顾虑，以最终实现高成交量。

素养园地

抖音“非遗合伙人”计划让更多的非遗项目变成新风尚

2020 年 6 月 11 日凌晨 1 点，35 岁的银川市非物质文化遗产名录拓展项目“乔家手工皮艺”的传承人乔雪完成了在抖音上的第 56 场直播。这天晚上，她卖出 16 万元的皮艺制品。2019 年 7 月，她开设了抖音账号“皮雕大师乔师傅”，通过短视频和直播展示手艺。不到一年，乔雪已经累计通过抖音直播卖出超过 200 万元的皮艺制品，其中单场最高成交额达 45 万元。目前，除乔雪之外，年入百万的非遗创作者还有铜雕大师朱炳仁、芜湖铁画锻制技艺传承人储铁艺、富阳纸伞制作技艺传承人闻士善、苗族银饰锻造技艺传承人潘仕学等。

2019 年 4 月，抖音推出“非遗合伙人”计划，旨在通过短视频和直播让非遗更好地传播与传承。2020 年 6 月 12 日，在文化和自然遗产日前夕，抖音发布数据报告称：截至 2020 年 5 月 31 日，抖音相关视频涵盖了 96% 的国家级非遗项目，共涉及 1 318 项。一年来，已有 5 位传承人年收入超百万元，40 多位非遗创作者赢得百万粉丝。共计超过 4 800 万个非遗视频被播放了 2 000 亿次，获得点赞数近 65 亿。相声、京剧、黄梅戏、咏春是抖音平台用户关注最多的非遗项目，而且粉丝大都是“90 后”和“00 后”。

2020 年 4 月，抖音推出首张非遗音乐专辑，将 10 种非遗元素融入现代音乐，其总播放已超过 17 亿次。6 月 9 日至 13 日，在文化和旅游部指导下，抖音推出“非遗市集”直播活动，希望“非遗好货”进入更多人的生活。

资料来源：抖音非遗大数据发布：非遗视频获赞超 64 亿次．经济参考网．(2020-06-12)[2020-06-25].

问题：视频运营有哪些规则？本案例讲述的视频内容营销蕴含着怎样的精神？视频运营如何传播中国文化和传统美德，帮助更多的手艺人走出困境，弘扬工匠精神，让激发文化自信成为新媒体人的责任担当。

视频平台运营规范

【职业技能训练】

1. 训练目标

（1）培养学生利用短视频、直播平台规则开展视频营销运营的能力。

（2）使学生掌握基本的视频脚本撰写能力，能够拍摄剪辑短视频，并利用短视频、直播平台变现。

2. 训练内容

（1）通过分析自己网店产品的情况，进行具体的产品短视频和直播脚本的撰写。

（2）通过掌握抖音、快手等视频平台推荐机制开展短视频拍摄剪辑，为直播活动做好前期准备工作。

（3）开展具体的直播带货的变现活动，统计分析短视频和直播的数据，分析运营效果，为下一次直播活动积累经验。

3. 训练评价

（1）短视频和直播脚本设计图文结合、内容翔实。（20 分）

（2）短视频拍摄和剪辑准备充分，镜头运用、画面构图合理，短视频传播目标明确。（30 分）

（3）直播前期预热效果明显，直播过程中的话术运用到位。（30 分）

（4）短视频引流效果好，直播活动变现效果好。（20 分）

参 考 文 献

1. 第45次中国互联网络发展状况统计报告．中国互联网络信息中心（CNNIC）．（2020－04－28）[2020－09－10].

2. 2019上半年中国在线音频市场研究报告．艾媒咨询．（2019－08－29）[2020－08－20].

3. 唐绪军，黄楚新．新媒体蓝皮书：中国新媒体发展报告No.11（2020）．北京：社会科学文献出版社，2020.

4. 唐绪军，吴信训，黄楚新．新媒体蓝皮书：中国新媒体发展报告No.10（2019）．社会科学文献出版社，2019.

5. 肖凭．新媒体营销实务 [M]. 北京：中国人民大学出版社，2018.

6. 李灿辉，施薇．新媒体编辑实务 [M]. 北京：中国人民大学出版社，2020.

7. 施薇，李灿辉．自媒体营销 [M]. 北京：中国人民大学出版社，2020.

8. 叶龙．从零开始学新媒体运营推广 [M]. 2版．北京：清华大学出版社，2019.

9. 新媒体商学院．新媒体运营一本通：营销推广＋活动策划＋文案写作 [M]. 北京：化学工业出版社，2019.

10. 新媒体商学院．短视频运营一本通：拍摄＋后期＋引流＋变现 [M]. 北京：化学工业出版社，2019.

11. 叶龙．新媒体运营完全操作手册 [M]. 北京：清华大学出版社，2019.

12. 陈政峰．新媒体运营实战指南 [M]. 北京：人民邮电出版社，2019.

13. 袁国宝．抖音运营 [M]. 北京：中国经济出版社，2019.

14. 向登付．新媒体运营与营销实操手册 [M]. 北京：中国商业出版社，2020.

15. 龙飞，等．新媒体运营一册通 [M]. 北京：电子工业出版社，2020.